国家社会科学基金一般项目"京杭运河传统体育文化的传承与发展研究"（16BTY037）研究成果

聊城大学学术著作出版基金资助出版

运河体育文化发展研究

张永虎 张雅琪 著

中国社会科学出版社

图书在版编目(CIP)数据

运河体育文化发展研究 / 张永虎，张雅琪著.
北京：中国社会科学出版社，2025. 1. -- ISBN 978-7
-5227-4089-8

Ⅰ. G80-054

中国国家版本馆 CIP 数据核字第 2024S590P1 号

出 版 人	赵剑英	
责任编辑	朱华彬　李　立	
责任校对	谢　静	
责任印制	李寡寡	

出　　版	中国社会科学出版社
社　　址	北京鼓楼西大街甲 158 号
邮　　编	100720
网　　址	http://www.csspw.cn
发 行 部	010-84083685
门 市 部	010-84029450
经　　销	新华书店及其他书店

印刷装订	北京君升印刷有限公司
版　　次	2025 年 1 月第 1 版
印　　次	2025 年 1 月第 1 次印刷

开　　本	710×1000　1/16
印　　张	20
字　　数	330 千字
定　　价	108.00 元

凡购买中国社会科学出版社图书，如有质量问题请与本社营销中心联系调换
电话：010-84083683

前　言

　　进入 21 世纪，学术界将京杭大运河作为一种线性区域文化全面展开研究，涉及文化、历史、经济、建筑、水利、旅游等学科。然而，在运河沿岸各个城市，极富特色内涵的运河体育文化依然没有一席之地；在各级各类普通中学和高等院校，运河传统体育项目没有得到普及。这种现实表明：运河体育文化挖掘、传承与研究亟须展开，而运河体育文化的元素与特征有哪些，如何"传承遗产、保护遗产、发展遗产、创新遗产"成为问题之关键。本书以京杭大运河成功入选世界文化遗产名录为背景，紧扣"大运河文化带"和"大运河国家文化公园建设"发展规划，借助体育学、历史学、文化人类学、地理学、经济学等学科及其相关分析理论，对京杭大运河传统体育文化资源的保护、传承与发展问题进行了系统全面的研究。

　　首先，本书应用当今"行政区域""历史文化区"和"自然地理"相结合的方法，兼顾部分运河城市历史变迁的现实，将运河体育文化区域划分为运河京津冀段体育文化区、运河山东段体育文化区和运河江浙段体育文化区，以处于明清运河两岸各 100 公里范围内的市、县、区所组成的带状区域为主线，调研整理运河传统体育项目资源和形态，把三个子区域中典型传统体育活动的衍生、适应与变迁过程纳入其土生土长的生态和文化背景中，进行解剖麻雀式微型研究。

　　其次，以文化人类学的视角，对运河体育文化现象进行了逻辑归纳与升华，深入剖析古典兵家军事思想和儒家人文精神对运河体育文化发展的影响，及其与三大地域文化即燕赵文化、齐鲁文化和吴越文化之间相辅相成的关系；借助文化线路理论和点—轴系统理论，对运河体育文化旅游作了点—轴模式设计，并对运河体育文化的产业化发展问题进行了 SWOT 分析；运河传统体育文化遗产保护与生存现状，是基于国家、省、市、县四级五批非物质文化遗产保护名录的遗产项目分析，基于田野调查与访谈的运河非物质文化遗产保护现状的研究报告，本书进而分析运河体育文化遗产保护与传承的绩效与成果、困境与原因，提出运河体育文化遗产保护与传承路径。

再次，针对运河体育文化当代发展的核心问题，本书认为需要深刻认识与把握新时代社会主义核心价值观与运河体育文化的互动关系，从如何拓宽传承形式，组建运河城市体育文化联盟，传统体育校本课程的开发，"经济搭台、文化唱戏"，运河体育文化保护层次分类与利用模式，"互联网+运河体育文化"建设的内容与任务等方面，提出了针对性的措施与建议，并构建了运河体育文化软实力评价指标体系。

最后，选定沧州武术、江南船拳、运河镖局、龙舟4个典型个案，对运河传统体育文化的传承与发展进行了应用性案例研究，力求将个案置入国家与地方、历史与现代以及传统文化主体的日常生活中进行深度描写，以期能够探寻到一些带有普遍性和规律性的问题，进而为全面分析当前运河传统体育文化之现状，传承与发展运河传统体育文化提供可靠依据。

对于京杭运河流域体育文化研究，目前为止尚未有系统的成果出现，亦未见一本全面、系统的专著问世。本书调查与研究的5年，也是推介、博采群议"运河体育文化"的5年，本书的研究理念和旨归得到很多专家学者的认可和支持，期望未来能够引起沿京杭运河各级政府部门、体育部门、文化部门以及广大民众的重视，并带来深刻的社会影响。

目　　录

第一章　导论

　　京杭大运河是世界上里程最长、工程最大的古代运河，也是最古老的运河之一，与长城、坎儿井并称为中国古代的三项伟大工程，并且使用至今，是活着的、流动着的文化遗产，也是中国文化地位的象征之一。京杭大运河浓缩了中华民族两千余年的兴衰沉浮，它所承载的文化思想、人文精神和传统美德，对于当今社会仍然有指引和借鉴意义。运河体育文化折射了沿运河民众生产生活方式的演变与社会文明的进步，随着社会交往的扩大、网络信息的飞跃发展和体育产业化进程的提速，沿运河民众对高品质体育文化的精神需求日益强烈。目前运河体育文化资源分散，体育文化产品开发深度与可持续发展能力不足，品牌意识缺乏，特别是体育文化传承与发展存在着混乱无序、盲目照搬、重复建设、各自为政的现象，背离了"见利思义，见得思义"传统美德，这必须有一个根本的立场转变和行为改造。

　　西方竞技体育霸权地位的确立，对其他国家民族体育文化带来毁灭性的吞噬，传统体育文化生存与发展问题是世界各国体育发展中存在的重要问题。而运河传统体育文化是底蕴深厚且人文荟萃的运河文化中的一颗璀璨明珠，在运河文化中占有至关重要的地位，并在运河文化的沃土中根深蒂固。运河体育文化丰富多彩且风格迥异、个性鲜明且众脉相承，为文化自信提供了深厚土壤，是涵养当代中国文化自信的重要源泉之一。而树立运河体育文化自信，就要加强对运河传统体育文化的挖掘和开发，对其中至今仍有借鉴价值的内容和形式加以改造，赋予其新的内涵和表达方式，增强其影响力和感召力，让运河体育文化的传统基因与当代文化相适应、与现代社会相协调。

　　悠久的历史、灿烂的文化，给运河沿岸城镇带来了取之不尽的文化旅游资源和光彩夺目的文化遗产。运河文化研究内容丰富，然而，体育史料的短缺，收集有价值图文资料的难题等，运河体育文化一直没有被置于合理位置，体育学界和运河学界至今还没有将其作为一个整体进行研究，单一的某个运河城市体育文化资源研究的成果寥若晨星，也缺乏了相互之间的关联性。本书认为，"运河体育文化研究"是运河文化研究的重要组成部分，运河体育文化属于体育区域史或体育流域史的研究范畴。运河体育文化展现沿运河民众生产生活方式的变迁，在我国古代体育史上有着重要地位。目前对"运河体育文化"的研究，无论是溯源与历史、传承与保护、技能风格与锻炼价值，还是"运河体育文化"沿岸城市特征与未来发展策略等，都缺乏客观、系统、全面的研究。寻根运河传统体育文化本源和特质的真正意义和价值，在于重新发现和激活传统体育文化的活力，以京杭运河为主题、以体育文化为纽带，通过体育文化的传播与交流，可以向世界展示中华文化和中华文明、彰显文化自信。

第一节　选题依据

一　保护京杭运河非遗文化的需要

历时十年的工作，京杭大运河成功入选世界文化遗产名录：从 2005 年世界遗产中心将运河遗产拓展为世界遗产名录项目开始，2006 年 5 月，全国政协大运河保护与申遗考察团于北京成立，并揭幕由工艺美术大师朱炳仁设计制作的运河申遗纪念标，大运河被国务院批准列入全国重点文物保护单位名单；2006 年底，以运河文化为主题的大型专题博物馆如京杭大运河博物馆在杭州建成开放，大运河列入《中国世界文化遗产预备名单》；2011 年 4 月，在扬州召开大运河保护和申遗工作会议，大运河的申遗工作进入倒计时；随着 2013 年运河山东段被列入申遗项目的 8 个重点河段、15 个重要遗产点保护项目全部完成，且顺利通过世界遗产组织专家的现场评估，2014 年 6 月 22 日，第 38 届世界遗产大会宣布，中国大运河项目成功入选世界文化遗产名录，成为中国第 46 个世界遗产项目。这次申遗共包括河道遗产 27 段，以及运河相关遗产 58 处。中国是世界上拥有世界遗产类别最齐全的国家之一。至 2021 年，全世界共有 1121 处世界遗产，分布在 167 个国家，包括文化遗产 869 项，其中中国的世界遗产已达 55 项，世界文化遗产 37 项、世界文化与自然双重遗产 4 项、世界自然遗产 14 项（表 1-1），运河城市北京是世界上拥有遗产项目数（7 项）最多的城市。京杭大运河被正式列入《世界遗产名录》，成为世界第 6 条世界遗产运河。如何按照世界遗产的要求进行更有效的管理，便成为大运河文化保护传承利用的重中之重。

表 1-1　世界遗产数量与中国世界遗产数量比较（截至 2021 年 6 月）

分类	跨国界遗产	退出名单	濒危遗产	文化遗产	文化景观遗产	自然遗产	混合遗产	缔约国	遗产总量
世界	39	2	53	869	从属文化遗产	213	39	167	1121
中国	1	0	0	32	5	14	4	/	55

来源：https://baike.baidu.com/item/保护世界文化和自然遗产公约/400233? fr=aladdin

习近平总书记 2017 年 6 月视察枣庄大运河时作出重要批示："大运河是祖先留给我们的宝贵遗产，是流动的文化，要统筹保护好、传承好、利用好。"为了有效保护大运河，推进运河经济可持续发展，2019 年，中共中央办公厅、国务院办公厅印发了《大运河文化保护传承利用规划纲要》；2020 年，文化和旅游部、国家发展和改革委员会等部门印发《大运河文化和旅游融合发展规划》；2021 年 4 月，中共中央办公厅、国务院办公厅印发了《关于加强社会主义法治文化建设的意见》，在主要任务——加强社会主义法治文化阵地建设中，明确提出"把法治元素融入长城、大运河、长江、黄河等国家文化公园建设，融入国家重大文化建设项目，发挥示范带动作用"等，一系列国家政策相继出台，从国家顶层设计推动运河文化建设，为运河沿岸城市经济、文化发展带来了千载难逢的机遇。当今中国，非物质文化遗产已成为政治、经济、文化、教育、旅游等领域内的热门词语，世界文化遗产的经济价值有目共睹，一旦贴上世界遗产的标签，就能够身价倍增。保护并利用好运河沿线体育非物质文化遗产，对于发扬和继承民族传统优秀文化、加强民族团结和维护国家统一、促进社会主义精神文明建设等，都具有非常重要而深远的意义。

二　彰显运河体育文化地位的需要

不同地区自然地理环境、社会经济政治条件、历史传统以及思想文化的差异，造就了中国境内区域性文化异彩纷呈，诸如中原文化、岭南文化、江淮文化、陕甘文化、徽文化、三秦文化、秦陇文化、河洛文化、满洲文化等等，均带有鲜明的地方特色。中华传统文化的形成有一个历史发展的过程，纵观华夏文明 5000 年的发展史，京杭运河纵贯南北地域的燕赵文化、齐鲁文化、吴越文化以及荆楚文化等，既构成了我国庞大的传统文化体系与框架，也是中华文化的重要组成部分，运河文化的发展离不开中华民族文化的根基。"橘生淮南则为橘，生于淮北则为枳。"① 特殊的地理位置让京杭大运河贯通了粗豪、持重与豁达的华北和富饶美丽、快速发展的江南，而且在中国东部版图上囊括平原、丘陵、高山、湖泊，聚拢燕赵文化、齐鲁文化、荆楚文化、吴越文化于一体的京杭运河文化区域，与长城、长江和黄河等文化板块一同构建成中华民族博大精深的传统文化。史上京杭运河流域曾经是多民族先人的立根之地，薪火相传 2500 余年，创造了辉煌灿烂历史，其漕运习俗、商业经营习俗、造船习俗、城镇集市习俗、行帮会馆习俗等，无不体现着工商业文化的深厚积淀，为中华民族伟大复兴留下了宝贵的经验和财富。漕运的货畅其流，曾经带来了沿河运城镇的商业繁荣，商业的繁荣，则又带动了手工业的发展，形成了良性的循环。

民族传统体育是中国多民族文化塑造的结果之一。作为一种身体活动，体育贯通于人类的起源和进化、社会的更替与发展，文化是民族之魂、和谐之本，是沟通之桥、发展之要，亦是崛起之基、创新之道。运河体育文化在运河文化和中国体育文化中都有着举足轻重的地位，源自运河文化历史悠久，影响深远，并在整个中国传统文化中拥有一席之地，两千余年来一直绵延不绝，前后相接，是中华民族文化的重要源泉之一，因此，运河两岸传统体育的形式和内容是中国传统体育文化的重要组成部分，为了更好地传承与发展中国传统体育文化，运河体育文化的重要地位有待于进一步得到彰显。

三 复兴中国传统体育文化的需要

从历史学的视角来看，古老的京杭运河两岸，孕育了我们伟大祖国的远古文化，以京杭大运河为中轴繁衍、形成了运河文化共同体，进而迸发出灿烂多彩的人类文明，在中国文化史上有着不可替代的地位。在当今社会变迁

---

① 《晏子春秋》，中华书局 1985 年版，第 28—29 页。

和传统文化流失的境遇面前，蕴含浓重风土人情的传统体育项目在快速社会变革中逐渐衰落，只有在一些边远村落方能寻求其踪迹。究其原因，首先是社会科学技术的进步使陈旧的诸如农耕、渔猎、狩猎和畜牧等生产方式的功能丧失，近现代工业社会和农业文明的变革推动着社会各领域的质量变革、效率变革和动力变革，为生存和追求更高层次的生活，民众价值观、社会观和幸福观发生了日新月异的变化；其次，现代教育体制的推行和高等教育的大面积覆盖等，使传统文化的生存空间岌岌可危且慢慢脱离人们的视域，导致与传统体育文化休戚与共的土壤和处境逐渐消失，"其正当性和合理性遭世人质疑，无力适应主流的社会需求及价值观，遂之在与现代休闲活动和西方竞技体育项目的抗衡中败下阵来，而我们在主观条件上亦无法要求大众具备文化危机的意识，主动维系共同的传统体育文化"①。令人欣喜的是，濒临没落之际，在运河文化复兴的呐喊声中，多年来众多有识之士陆续投入运河文化、艺术、古迹、遗存等的传承与沿袭队伍之中。2005 年 12 月，文物专家罗哲文（82 岁）、古建专家郑孝燮（91 岁）和中国工艺美术大师朱炳仁（62 岁）三位运河申遗发起人联合署名向京杭大运河沿线 18 城市递交《关于加快京杭大运河遗产保护和申遗工作的信》，并得到了社会各界的认可，希冀为流淌了 2500 余年的京杭大运河留下珍贵的人文资源。而运河沿岸各级政府也意识到了传承和弘扬运河传统文化、顺应国家加强文化建设战略的必要性和重要性，如何传承遗产、保护遗产、发展遗产、创新遗产等工作已势在必行。

世界体育文化形态的单一化趋势和西方竞技体育的扩张与冲击，使我国传统体育文化发展出现了前所未有的僵化与萎缩，因此，怎么融合、吸收、利用西方体育文化意识形态的精髓或精华，如何维系包含运河体育文化在内的中国传统体育文化的主体性，进一步建设带有中国特色与新时代特质的体育文化，当数亟待解决的主要问题。56 个民族都有责任和义务推广和传承民族文化，只有通过文化的深入交流、融合与传播，才能鼎立于世界文化之林，进而有效有力地弘扬民族文化。京杭大运河流域是中国传统文化的集结地和散播带，根植于生存和生活的需要而衍生的运河文化，包括各种各类非运河

---

① 孟林盛：《三晋传统体育文化研究》，博士学位论文，山西大学，2014 年。

非物质文化遗产，是沿运河民众一种集体的、地域性的传统和记忆，体现了浓重的原生态性。由此，本书以京杭运河沿线城镇为主阵地，挖掘运河体育文化之精髓，展示运河传统体育文化的社会功能、保护理念和开发价值，探讨传统体育文化的传承与发展路径，这对于复兴中国传统体育文化的声誉和地位，充实世界体育文化内涵等都有一定的理论与实践意义。

四　传承中国传统体育文化的需要

"文化是一个国家、一个民族的灵魂，文化兴国运兴，文化强民族强。没有高度的文化自信，没有文化的繁荣兴盛，就没有中华民族伟大复兴。"[1] 党的十九大为推动中国特色社会主义新时代的文化大发展作出新的战略部署，鲜明提出了"坚定文化自信，推动社会主义文化繁荣兴盛，加快推进体育强国建设"的战略思想和宏伟目标，具有划时代的里程碑意义。体育不仅仅是赛场和竞争，在建设社会主义文化强国的背景下，传统体育文化传承与发展是一种必然。中国传统体育文化历史悠久，而保持世界体育文化的多元化，在世界范围内广泛传播独具特色的中国传统体育文化，不但是建设体育强国、提高国家文化软实力和复兴中华文明的需求，也是促进国际体育繁荣兴盛、和谐健康发展的需要。翻阅中国古代体育的发展历程，"当世界绝大部分国家与地区处于混沌朦胧状态之时，以中华民族传统体育文化为代表的东方体育逐步形成了自己的个性。而此时，以欧洲及地中海为代表的西方古代体育才刚刚起步，经过公元前 8 世纪至 5 世纪的发展，西方体育才逐步形成。因此说，在早期是东方体育占据主导地位，并对世界体育发展起到了促进作用。但作为东方典型代表的中国古代体育，在中华民族漫长的历史上，有的项目在风行一时以后消失了"[2]。国外传统体育文化，如印度瑜伽文化、古埃及奥林匹克文化等闻名遐迩、风靡全球，对我国传统体育项目进行深层次文化内涵的挖掘和整理还需付出更多努力。

中国传统体育文化日益衰微的今天，体育工作者包括体育文化研究者既是中国传统体育文化的积极引领者和践行者，又是传统体育文化的忠实传承

---

[1]　本刊编辑部：《党的十九大报告之文化篇——坚定文化自信，推动文化事业和文化产业发展》，《中国生漆》2017 年第 4 期。

[2]　王景贤：《中国古代体育及其文化思考》，《浙江体育科学》2010 年第 4 期。

者和弘扬者，要把握国家文化发展的大好机遇，深入研究传统体育文化，挖掘中国传统体育文化蕴含的人文精神、社会价值和道德规范，紧跟时代要求继承创新，进而推进国内国际传播力，让中华传统体育文化展现出永久魅力。体育是文化传播的载体，随着 2022 年北京—张家口冬季奥运会、2019 年第七届世界军人运动会、2014 年南京青年奥运会、2011 年深圳世界大学生运动会、2008 年北京奥运会和各单项大型体育国际赛事等在我国频繁举办，充分展示了中国文化的厚重和活力，大大推动了我国体育文化的广泛交流和发展。然而作为中国文化重要组成部分的传统体育文化在世界范围内的影响和声音依然较弱，要想尽快尽早跨出国门走向世界，就必须形成中国特色。就本书运河体育文化的研究命题而言，以京杭运河城市为主阵地，如何打造具有运河特色的体育文化品牌，进而探讨运河传统体育文化的传承与发展问题，是当前运河文化研究和体育文化研究的重点，而包含运河体育文化在内的中国特色体育文化的传承与发展离不开中华民族的文化根基，更需要核心价值观作支撑。

第二节 研究目的与意义

一 研究目的

（一）京杭运河连通我国 5 大水系，运河沿岸城市与村镇处于我国工农业发达地区，农业、工业、人类活动对环境影响巨大。以京杭运河为主线，将中国东部作为整体，梳理、分析京杭运河不同段落体育文化资源，研究其发展路径，借以推广，为城镇文化发展服务。

（二）从空间跨度上对运河体育文化资源分布特征、发展现状及迁移规律进行调查分析，填补数据空白。为政府找出运河体育文化建设的主要指标和影响因素，判别薄弱方面的程度，利于选择重要方面进行改善。

二 研究意义

京杭运河承载着丰富的人文历史故事，运河传统体育文化丰富多彩，蕴含着对现代社会发展必需的极其珍贵的体育文化遗产。首先，运河传统体育文化传承与发展研究，可以直面运河沿岸传统体育文化的生态危机，如运河两岸传统体育文化严重萎缩，传统体育文化生存空间的逐步丢失，运河传统体育文化价值的消解与流失，"文化搭台、经济唱戏"冲击运河传统体育文化发展等问题。其次，科学分类和深入推广运河沿线丰富的传统体育文化资源，弥补运河文化研究的不足，拓展和丰富运河文化理论，并为城乡居民参与体育文化活动提供一个良好的服务平台，是一个更具理论与实践价值的研究命题。因此，本研究有以下三方面意义。

一是指导运河沿线欠发达地区，如何利用良好的体育人文环境和体育文化资源禀赋，形成具有地域特色体育文化产业集群的思路与方法，促进地方文化经济增长。

二是指导运河沿线发达地区，如何依靠运河体育文化支撑文化旅游业，保持持续竞争力，改善城市、城乡之间体育文化发展出现的"各自为政""恶性竞争"现象。

三是指导运河城市体育文化产业的统筹发展，找准体育、文化、科技与信息融合发展途径，使京杭运河城市体育文化发展发挥五指并拢的"拳头效应"。

第三节　相关研究综述

一　运河文化研究特征、热点及演化分析

（一）文献来源与研究方法

国内相关文献选择 CNKI 作为数据源，检索"主题词=运河文化（精确匹配）"，时间跨度为不限，期刊来源选择"全部期刊"，截止日期"2021-02-28"，检索到有效文献 922 篇作为本部分的计量指标。而国外相关文献选择 Web of Science 作为数据源，以 canal culture 作为主题词进行检索，时间跨度为所有年份，语种选择英语，通过选择文献类型 article 进行精炼，经数据清洗得到符合条件的文献 20 篇。

采用 Cite SpaceⅢ（版本号：Cite Space3.8.R）可视化分析软件，对文献作者、研究机构进行词频、共现分析，客观分析国内外运河文化研究领域中

核心作者、研究机构以及合作情况；对关键词进行词频分析，并采用可视化技术，揭示运河文化领域的研究热点；结合二次检索和重点文本阅读，把握国内外该研究领域中的核心内容。操作程序为：将获取的中英文献以 down-loadtxt 形式命名并输入 Cite Space，通过合并关键词处理，反复对比聚类效果，最终确定 CNKI 文献中 Time Slicing 设置为"1995—2021 年"，单位时间片的长度为 1 年；WOS 文献中 Time Slicing 设置为"2003—2021 年"，单位时间片的长度 1 年。Term Source 同时选取题目（Title）、摘要（Abstract）、作者给出的关键词（Author Keywords）和数据库附加关键词（Keywords Plus），文献抽取范围为 Top50，节点类型分别选取作者（author）、机构（institute）和关键词（keyword）。

（二）国内外运河文化学术论文的时间分布

统计近 30 年来国内运河文化研究的期刊成果（图 1-1），据此把我国关于运河文化研究的进度历程分为 3 个阶段：（1）探索起步阶段（1995—2006 年），运河文化研究年度发文量为个位数，所涉领域聚集不足，学术研究关注度较低；（2）稳定发展阶段（2007—2010 年），年度发文量呈两位数，究其原因：2007 年，京杭运河申报世界文化遗产活动启动以来的第一年，随后 2008 年北京奥运会的成功举办，掀起了京杭运河研究的高潮；（3）快速上升阶段（2011—2021 年），该阶段出现了波动起伏且快速上升的现象，可理解为复杂系统中的规模变化在没有明显引发事件时表现出的自组织临界性[①]。根据以上时间分布特征和节点规律，随着京杭运河文化带、京杭运河经济带建设的陆续提出，依托"一带一路"、长江经济带等热点战略，京杭运河这条古代"高速公路"将迎来新的发展"增长极"，相关研究必然日趋增多，未来 10 年可望迎来一个新的高峰。

（三）运河文化研究的作者分析

高产作者是某一研究领域的骨干，其数量可以代表该研究领域的科研力量。依据普赖斯定律来确定高产作者的选取标准，计算公式为 $M = 0.794 (N_{max}) 1/2$，其中 M 为高产作者最低发文数量，N_{max} 为最高作者的论文数量。运河文化

---

① Bak P. Chen K., "Self-Organized Criticality", *Scientific American*, Vol. 26, No. 1, 1991, pp. 46 - 53.

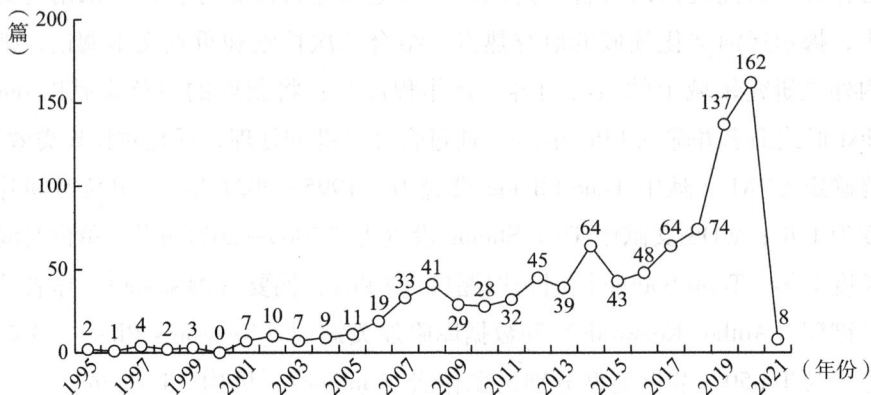

图1-1 国内运河文化研究论文数量年度分布

研究领域 Nmax = 12，计算 M = 3.464 ≈ 4。即发表 4 篇及以上科研论文的作者为高产作者，共计 10 人。从发文量来看（表 1-2），柳邦坤发文量最多，主要围绕运河文化形象与传播展开研究；其次是刘怀玉，针对江苏运河文化产业展开研究；郑民德围绕运河文化保护与开发进行研究；处于第二梯队的核心研究作者，从陈菲的运河文化旅游、张永虎对后申遗时代京杭运河体育文化资源的研究、宋春花的运河文化建设，到王建波对运河沿岸国家历史名城进行的研究，再到李永乐和徐业龙围绕运河文化遗产所做的探索，等等，反映出高产作者关注的焦点与运河文化领域的热点前沿相吻合。

突出的问题在于，尽管学术共同体内的高产作者是推动学科发展的重要内在动力，但是从合作网络来看（图非常分散故省略），这些高产作者尚未形成合作网络，还处在"各自为营"状态，合作意识有待加强。研究人员通过科研合作可以产生更具影响力的科研成果，而合作频率与合作强度较高的作者会形成研究团队。运河文化领域的研究机构（后文具体分析）和学者数量初具规模，但形成固定团队的人员数量有限，合作程度亟待提升。跨学科领域的研究是对单一学科研究的挑战与革命，唯有有目的地将多学科或者从事不同专业的研究者组织起来，协同创新，才有可能取得研究的进展和突破，这是科学发展与技术进步的必然趋势，必将对未来运河文化研究及其发展产生深远影响。

（四）运河文化研究的机构分析

研究机构的共现分析反映了该领域研究力量的分布、结构和影响力[①]。表1-2列出了发文量10篇及以上的机构，其中淮阴师范学院以40篇的载文量排名第一，成果数量多于其他机构，表明淮阴师范学院是目前国内运河文化研究的一大驻地。聊城大学以37篇排名第二，在运河文化研究领域担当着重要角色。从机构所属的地域分布来看，72%以上的研究机构在京杭运河流经的城市，这与研究机构得天独厚的运河文化资源有关。再从不同地域的合作网络来看，这些研究机构之间的合作较为稀少，离散程度大（图省略），处于一种各自为政、孤军奋战的学术状态，迫切需要加强机构之间的联系与合作。

表1-2 **高产作者发文量和前十名发文机构一览表（单位：篇）**

序号	作者	发文量	序号	发文机构	发文量
1	柳邦坤	12	1	淮阴师范学院	40
2	刘怀玉	10	2	聊城大学	37
3	郑民德	9	3	扬州大学	24
4	陈菲	7	4	江苏师范大学	16
5	张永虎	4	5	常州工学院	14
6	宋春花	4	6	淮阴工学院	13
7	王建波	4	7	同济大学	13
8	李永乐	4	8	浙江大学	12
9	徐业龙	4	9	山东华宇工学院	11
10	王健	4	10	扬州工业职业技术学院、南京林业大学、南京大学、东南大学、枣庄学院等	10

（五）运河文化研究的热点主题分布

关键词是一篇文章核心内容的高度概括和凝练，利用Cite Space进行关键词聚类可以得到某一研究领域的重点研究主题。按照关键词共现网络的聚类

---

① 王珂、王健、曲鲁平：《我国体育信息资源研究可视化分析》，《武汉体育学院学报》2019年第2期。

连线，把运河文化研究分 6 个聚类群，体现并反映了运河文化领域研究的热点（图 1-2）。以"大运河"为核心形成的子网络即聚类群 1，结合引文历史和参考文献记录，发现该聚类群主要从史学和艺术学角度来探讨运河文化，在史学方面，包括仓修良、朱士光对安作璋主编的《中国运河文化史》进行了点评，认为该书详细梳理了运河开凿历史及其在政治、经济和文化方面所发挥的价值，是截至目前结构完整、内容充足、研究价值较为突出的运河文化史学术专著；蓝杰、孙婷、李惊涛等认为上千年大运河孕育了丰富的文化遗产，建议加强京杭运河历史档案建设和研究，采用多种途径利用运河历史档案，使其价值得到充分开发。在艺术方面，杨忠国、王沂探寻了戏曲与运河文化的融合发展，秦洪伟借助杨柳青古镇景观对运河文化的影视基地进行了特色规划设计，杨曦帆从民族音乐学角度探讨了江南运河对民间音乐文化形成和流布的重要作用。

聚类群 2 以"历史街区"为核心形成子网络，结合引文历史和参考文献记录，发现该聚类群主要围绕运河国家历史文化名城进行研究，代表性成果为王建波、阮仪三、吕金杰等人对山东段运河沿岸古镇和江南运河古镇，从概况与历史沿革、街区现状、传统居民特征及公共建筑诸方面，对其价值特征进行了总结并提出了保护建议①。

聚类群 3 以"文化遗产"为核心形成子网络，该聚类群专注于运河文化遗产的保护和传播，包括吕卓民探讨了运河文化遗产保护与传播的重要意义；张强针对运河淮安段文化遗产形态及其所遭受的不同程度损坏，建议纠正经济建设偏差实施保护②；李剑从器具的数字复制、虚拟展示和非影像"微传播"等视角探讨了无锡运河文化数字化保护传播策略；郑亚鹏则以"互联网+"思维提出了运河山东段文化遗产开发策略等。

以"运河文化"为核心形成的子网络即聚类群 4，则紧密围绕运河文化旅游和特色而展开。文化旅游方面，有吴承忠等以市井休闲文化打造运河旅

---

① 阮仪三、柯昌礼：《为扬州古典私家园林的兴起点赞》，《世纪》2019 年第 4 期。
② 张强：《京杭大运河淮安段文化遗产保护与利用研究》，《南京师大学报》（社会科学版）2013 年第 2 期。

游文化名城——运河古镇临清市①，也有沈山等提出的构建运河文化主体性旅游协作联盟的合作战略模式②，吴元芳通过运河文化塑造的"好客山东"旅游形象，还有张永虎、唐明探究的运河文化与体育旅游的关系及其发展路径。运河文化特色方面，从张曙光介绍聊城大学图书馆三大运河文化文献特色③、张弘等总结明清时期运河区域图书馆业经营特色④，到田沂阐述了天津运河文化的景观特色，再到成志芬等通过实地调查揭示了通州三个传统村落居民对运河文化的认知特点⑤等，均对运河文化旅游和特色进行了系统整理。

聚类群5以"京杭运河"为核心形成子网络，深描了运河文化资源。如孙春、张永虎等人提出建立运河体育文化产业基地，加快体育赛事与生态体育文化旅游资源的深度融合发展⑥；张秉福建议全面实施运河文化旅游适宜性评估，合理开发运河非物质文化旅游产品，以推动运河非物质文化旅游开发的区域联动⑦；陈永金阐释了加大运河文化资源开发可以推动地方社会经济发展等，均对运河文化资源的开发与利用进行了大量、有价值的研究。

以"运河"为核心形成的子网络即聚类群6，涉足运河文化产业现状与发展。该领域有代表性的成果如下：刘怀玉提出江苏运河文化产业应以旅游、美食、地方工艺为基础，依托古城博览业和文化产业园，以图书报刊业、演出业、影视音像业、动漫创意业为载体打造江苏特色运河文化产业；周微解析运河古城的文明与繁荣生成了宋元话本，并产生了经济效益；杨志娟认为伴随回族向运河沿岸迁移，伊斯兰文化复兴也随之兴起；何丽丽指出随着运河移民和商业

---

①　吴承忠、于永达、李淑美：《临清市旅游业的发展定位与战略目标》，《城市问题》2007年第1期。

②　沈山等：《主题性旅游协作联盟及其构建——以运河文化主题协作联盟为例》，《地理研究》2008年第6期。

③　张曙光：《聊城大学图书馆运河文献建设与运河研究宣传》，《图书馆》2012年第6期。

④　张弘、韩帅：《明清时期坊刻图书业经营之道探析——以运河区域为考察中心》，《东岳论丛》2014年第11期。

⑤　成志芬、唐顺英、华红莲：《大运河（北京段）传统村落居民对运河文化的认知及认同研究——以通州三个传统村落为例》，《北京联合大学学报》（人文社会科学版）2018年第2期。

⑥　张永虎、胡洪泉：《京杭运河体育文化建设路径研究》，《武汉体育学院学报》2017年第4期。

⑦　张秉福：《京杭运河非物质文化遗产保护与旅游开发互动机制研究》，《中州学刊》2019年第8期。

发展，柳子戏吸收了乱弹、青阳等客腔曲牌，并达到阶段性高度①等，这些研究均对运河文化产业现状做了梳理，在研究方法上以田野调查为主，研究内容具体，有较强的针对性，研究结果对运河文化产业发展具有重要指导意义。

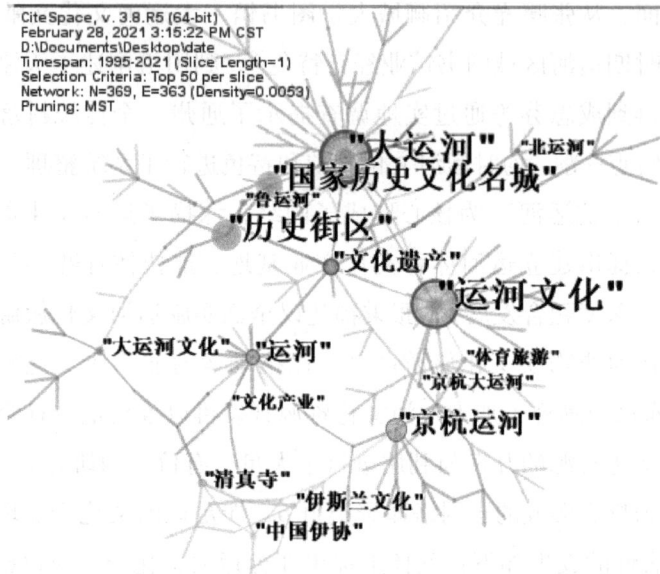

图 1-2 国内运河文化研究关键词共现知识图谱（作者绘图，下同）

国外期刊运河文化研究成果较为鲜见，从查阅到的符合条件的 20 篇文献看，研究重点包括运河水质环境、运河城市生态规划及运河建筑风格等，如 Zhou X. H. 等对运河沿岸沉积物中厌氧与氨氧化菌的分布特征进行了研究，发现运河沿岸沉积物中厌氧与氨氧化菌明显空间变异②；Zhang Q. 等以杭州大运河某支流为研究对象，采用气相色谱-质谱法（gc-ms）测定水样中的有机氯农药的含量，进行了非致癌风险、致癌风险和细胞毒性实验，以评估这些持久性有机污染物对健康的潜在风险③；Dong R. C. 等以地理生态学为

---

① 何丽丽：《"东柳"与运河文化互动关系研究——以客腔曲牌为例》，《中国音乐学》2014 年第 1 期。

② Zhou X. H.，Li Y. M.，Wen C. Z.，Liu D.，"Distribution Characteristics of Anammox Bacteria in Ancient Canal（Guyun River）Riparian Sediment of Zhenjiang，China"，*Geomicrobiology Journal*，Vol. 36，No. 3，2019，pp. 243-250.

③ Zhang Q.，Wang X. M.，Zhu J. Q.，Li Z.，Wang Y.，"Occurrence and Risk Assessment of Persistent Organic Pollutants in a Branch of the Grand Canal in Hangzhou，China"，*Environmental Monitoring and Assessment*，Vol. 190，No. 4，2018，p. 211.

理论框架，对中国大运河香河段地理生态规划进行了初步研究，探讨了在生态规划过程中融入居民感官信息的重要性和面临的挑战，提倡混合进行数据和物联网的应用①；Rong Q. W. 和 Wang J. G. 以中国大运河杭州段为案例，提出了一种从历史事件角度解读运河遗产的方法，通过评估建筑和场所与大运河之间的关联程度，考察运河在塑造与运河有关的区域文化景观中的作用，探讨了哪些历史作品和地点与运河的核心价值相关，以及这些作品和地点在发展过程中如何通过相互作用而连接成一个网络，并揭示了运河发挥决定性作用的机制，进一步制定了有关运河保护和城市设计的策略②。这些国外期刊有关运河文化的研究成果具有一定的实践性和可操作性，为本书关于运河体育文化的相关研究提供了一定的学术思路和学科基础，可以从中吸取经验。

（六）运河文化研究的热点主题演化

通过时区知识图谱分析（图1-3），展示了我国运河文化研究热点在1995—2021年的转变和演进过程。虽然关键词大都聚积，但仍可以看出从1995年至今该领域学者主要关注的内容为：大运河、历史街区、运河文化、文化带等。如用每个时间阶段出现频次最高的关键词代表该阶段的主要内容，则这一研究领域核心研究主题的演进过程为：大运河→历史街区→运河文化→文化遗产→文化产业→形象传播→后申遗时代→运河文化带等。由此可以推断，在运河文化推进与改革的背景下，通过后申遗时代运河文化资源开发和运河文化带建设等方面的科学化研究，并有效实现对运河文化遗产的保护与传承，是新时期广大科研工作者关注的焦点。相对于国内，国外运河研究始于21世纪初，20年来主要集中在运河沿线地理学、建筑学、生物学和水利学等学科，总体而言研究进程缓慢而且主题单一。

---

① Dong R. C., Liu X., Liu M. L., "Landsenses Ecological Planning for the Xianghe Segment of China's Grand Canal", *International Journal of Sustainable Development and World Ecology*, Vol. 23, No. 4, 2016, pp. 298-304.

② Rong Q. W., Wang J. G., "Interpreting Heritage Canals from the Perspective of Historical Events: a Case Study of the Hangzhou Section of the Grand Canal, China", *Journal of Asian Architecture and Building Engineering*, Vol. 20, No. 3, 2021, pp. 260-271.

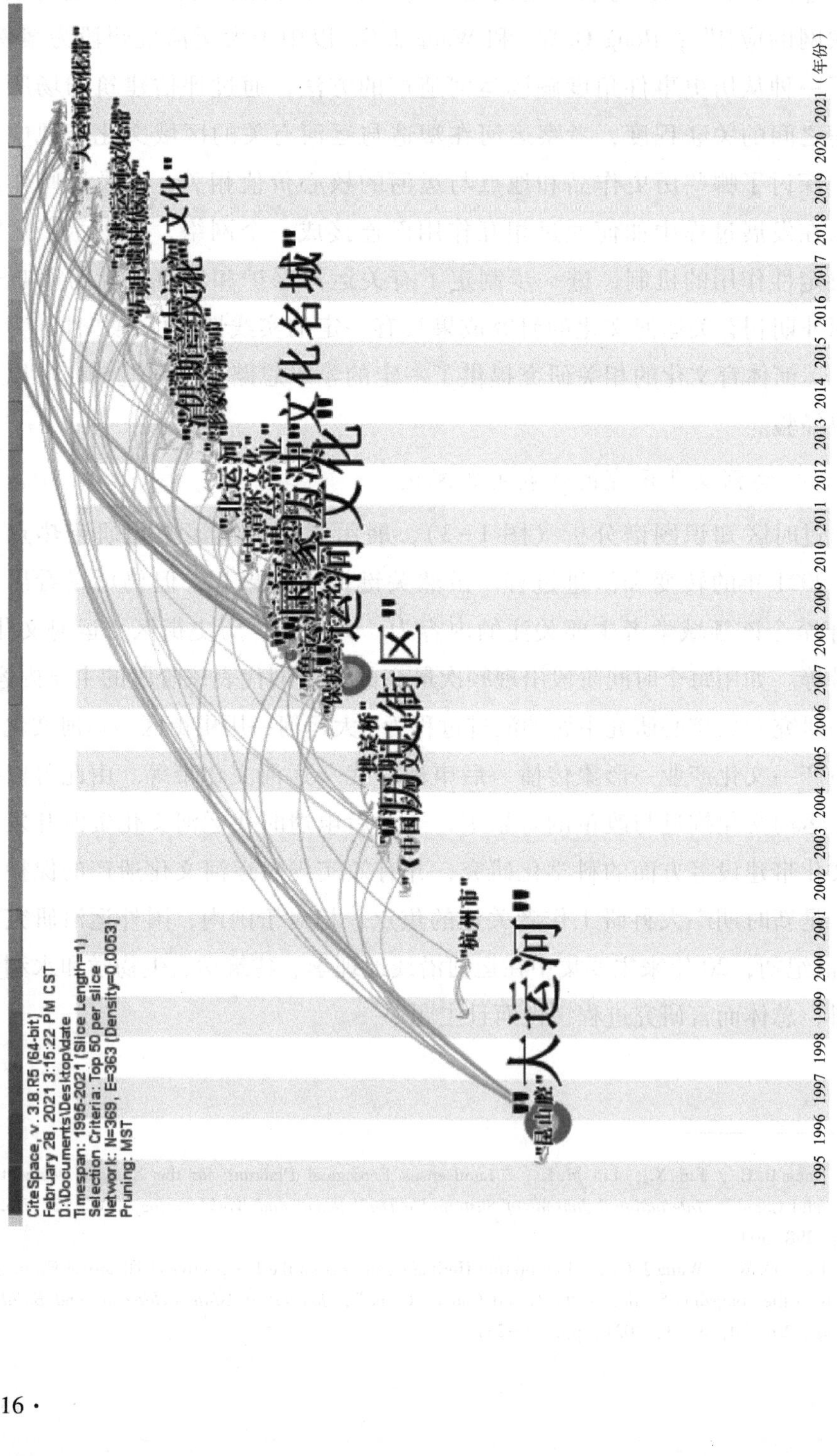

图 1 - 3　国内运河文化研究关键词时区知识图谱

（七）述评与小结

运河文化是产生于京杭运河流域优秀的中国传统文化，历经几十年运河文化的学术研究与沉淀，硕果累累，收益斐然，但是这些成果主要集中在省、市、县区域运河文化的理论研究上。运河沿岸不同的自然地理环境和复杂交错的社会结构、物质生产方式、宗教信仰、风俗习惯等因素，都潜移默化地影响着燕赵、齐鲁和江浙三个地域内传统体育活动形式的起源、成长、变迁和进化。运河文化的内容丰富，五彩缤纷，鉴于它对中国传统文化的形成所起到的显著作用和在中华文明中的重要地位，必将引起愈来愈多国内外学者的普遍关注。以 CNKI 和 Web of Science 数据库中收录的运河文化文献为研究对象，借助 Cite Space Ⅲ 可视化软件，运用定量与定性相结合的研究方法，把运河文化研究的核心内容分为 6 个聚类群，划分其进度历程为 3 个阶段，即探索起步阶段、稳定发展阶段和快速上升阶段，厘清了该领域的研究现状、热点、演化进程等一系列问题。结果发现以下特点。

（1）高产作者关注的焦点与运河文化领域的热点前沿相吻合。

（2）研究机构和高产作者均未形成合作网络，还处在"各自为营"状态，合作意识有待加强，合作程度亟待提升，迫切需要加强机构之间的联系与合作。

（3）运河文化研究主题的演进过程为：大运河→历史街区→运河文化→文化遗产→文化产业→形象传播→后申遗时代→运河文化带等。

（4）通过后申遗时代运河文化资源开发和运河文化带建设等方面的科学化研究，并有效实现对运河文化遗产的保护与传承，是新时期广大科研工作者关注的焦点。

二 体育文化研究种种

（一）文献的数量与质量

笔者在中国期刊网全文数据库中多次进行检索，确保所选取文献的真实性与时效性，尤其阅读近5—6年出现的最新研究成果。截至2021年7月，以"体育文化"为主题词的检索结果，显示文献总量46529条，其中期刊文献31638条，硕博士学位论文4436篇，会议文献2035条，报纸材料3234份；运用超星数字图书馆、读秀、百链引擎软件，检索到与"体育文化"相关的中文图书 52766 种。足以看出"体育文化"研究文献数量之庞大（图 1-4）。通过二次检索搜集到体育学、文化学、地理学、民俗学等相关学科的学术专著和核心期刊论文 130 余篇（部），用于本研究直接参考文献 70 余篇，为本研究提供了丰富而翔实的参考资料。

自 20 世纪 80 年代中期起，我国掀起了文化热，体育文化和传统体育逐渐成为一种显著的社会文化现象，如吕树庭、熊晓正、梁进、韩丹等学者最先对体育文化定义、特征、组织、演变和中西体育文化异同诸问题展开研究。仅 2000 年，就有 208 篇体育文化研究相关的文章，证明体育文化的相关研究已经引起了学术界的重视，但是研究视域相对狭窄，很少涉及更为广阔的自然科学领域，未能超越传统体育理论的藩篱[1]。伴随国家文化发展战略的实施，体育学科获得迅猛发展，自 2010 年至今出现了一个持续十年的体育文化研究热潮。一是研究机构继续扩充，相关体育文化活动迅速壮大。例如继 2006 年国家体育总局文史工作委员会更名为国家体育总局体育文化发展中心，截至 2021 年共建立了 55 家体育文化研究基地。二是以"体育文化"为题的文献著述大量出现，除了 2018 年 2896 篇以外，历年文献总量均保持在三千篇以上。就主要议题而言，很多属于同一议题的成果中，阐明的观点大体相仿，亟待创新。

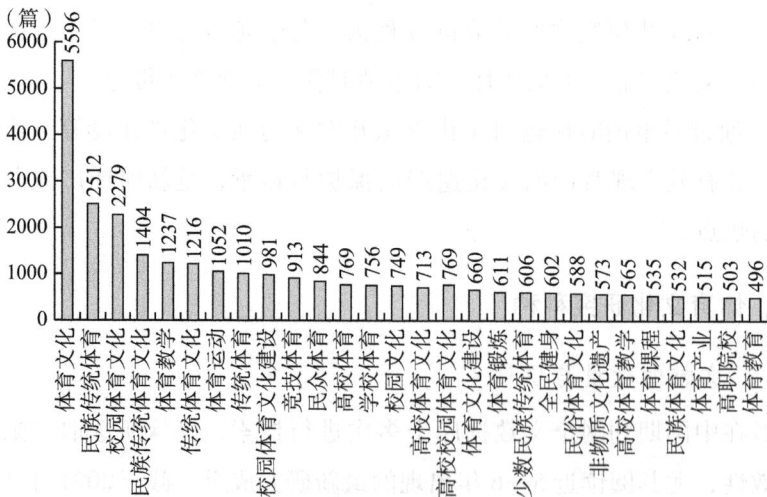

图 1-4 体育文化研究主题分布

---

[1] 任红勇：《基于系统自组织理论的中西方体育文化发展的研究》，硕士学位论文，山东大学，2008 年。

（二）传统体育文化的区域性研究

回顾中华人民共和国成立以来尤其是改革开放以来学术界对区域文化研究的进程，不同学者对风格迥异的区域文化进行了细致的归类与研究，例如商业发达的江淮文化、唐宋盛行的河洛文化、厚重包容的中原文化、齐鲁腹地的泰山文化、天府之国的巴蜀文化、陕甘宁夏的三秦文化、黄河孕育的三晋文化以及近几年频现的海洋文化等，不胜枚举。这些成果立足于不同时期各个地域的民族特征、民俗宗教、文化变迁、政权更替等社会文化现象，进行了起源、形成、发展和演变脉络的梳理与研究，论证了不同区域文化与中华文化的渊源关系，揭示了从自然到政治、从宗教、民俗再到精神的演进轨迹，凸显了不同区域文化的精神内涵与现实意义。

以 1998 年易剑东出版《体育文化学概论》为标志线，学术界对体育文化进行了众多的、有价值的质性研究。主要包括传统体育文化概念内涵、特征、价值研究，传统体育文化的变迁、传承与发展研究，传统体育文化建设研究，异域体育文化比较及发展趋势研究等。任海（2006—2011）在梳理中国古代体育文化研究的重要成果和论证奥林匹克运动的产业化基础上，分析了全球化与我国奥林匹克运动的文化多元化。黄亚玲（2006—2009）从社会视野中的奥林匹克文化与东方文化的自觉与融合，探讨当代中西方体育文化的差异与融合，并通过对体育全球化、多元化的理念反思，阐释了世界体育文化的动态和谐理论。王玉珠（2005）对有关体育组织文化布局、特点、类型、社会化和现代化以及体育组织文化建设等进行了理论分析与研究。赵明楠、葛春林（2014）为了进一步探讨体育文化发展问题，对体育文化多元共享理念进行了重新探讨。尽管研究展现的一些问题已经发生了变化或正在变革，但是这些成果前瞻性与现实性相结合，对本书进行规范性、创新性与系统性研究提供了有益的参考。

白晋湘（2010）把湘鄂渝黔地区少数民族传统体育文化冠之以山寨文化，生动反映了区域自然地理和人文地理面貌。王俊奇对巴蜀岁时体育特征、岭南龙舟文化、江西舞龙文化、赣皖边区村落体育文化进行了系统整理研究。而丁丽萍（2008）的吴越武术文化、郭守靖（2008）的齐鲁武术文化、王家忠（2009）的荆楚武术文化、徐烈（2010）的关东武术文化等博士学位论文，均以民族体育中的武术项目为对象进行系列研究。以敦煌学为基础的丝绸之路体育文化研究，是从易绍武（1985）、李重申（1992）关注敦煌壁画中的传统体育，崔乐泉（1992）研究的敦煌民俗与中国古代体育，到黄艳（2012）研究敦煌壁画中的体育文化等，形成了一种具有重要研究价值的敦煌区域体育文化，他们以敦煌壁画、考古与史志分析为基础进行研究，为当前丝绸之路文化发展战略提供了重要依据。刘青健（2010）对妈祖体育文化的内涵和价值进行了系统的研究，为区域城市文化交流与建设起到积极推动作用。这些成果为本研究提供了重要的理论架构和方法参考。

阅览有关中国与地方体育史研究的论著达 30 余部，其中 2000 年以前的中国古代体育史研究著作，包括 1997 年版《中国体育史》（北京体育大学出版社，谷世权编著）、1990 年版《中国古代体育史》（北京体育学院出版社）、1989 年版《中国体育史》（北京体育学院出版社，林伯原、谷世权著）、1984 年版《中国古代体育史简编》（人民体育出版社，李季芳、周西宽、徐永昌主编）等，这四部论述中国古代体育史研究的专著，从宏观上阐述了中国古代体育的根源、演变动因和发展趋势①。而 2000 年以后有代表性的中国体育史研究著作，例如罗柏林的专著《唐宋时期的体育史》主要论述了唐宋知名人物的体育思想、兵器进展、时下官民体育、气功保健、唐宋民间风俗与体育等内容。黄伟、卢鹰《中国古代体育习俗》（陕西人民出版社，2004 年）一书，阐述了春秋战国时期军事色彩浓厚的体育习俗、两晋南北朝时期起伏不定的体育习俗、略有规模的两汉习武民风等。郝勤主编《体育史》（人民体育出版社，2006 年）整理了从史前社会直至 21 世纪初的中国古代体育文化的演变历程和内容。夏书宇、巫兰英、刘薇对古代中国夏、商、周体育史进行编写，在《中国体育通史简编》（河南人民出版社，2007 年）中还添加了近十年中国体育简历，对中国当代体育进行了理性透析。崔乐泉主编《中国体育通史》（人民体育出版社，2008 年）共分八卷，各卷分别对不同时代中国体育的发展历程进行了研究和梳理，重在发现并揭示体育发展的规律，探索体育发展过程中各种问题的解决途径和方法，从而促进体育更加全面、协调、可持续发展。作为断代史著作，2009 年版的史料典籍《汉代体育》（齐鲁书社，刘秉果、赵明奇著）

---

① 杨绍华：《汉唐时期河洛地区体育文化研究》，博士学位论文，河南大学，2013 年。

图文并茂，陈说翔实，用 20 个篇章据实研究了汉代之长跑、投壶、角抵、斗兽、手倒立、马术、武术、导引、击剑、弋射、骑射、蹴鞠、蹶张、龙舟竞赛等传统项目，堪称汉代传统体育研究的全科书。研究可贵之处在于广泛收集、应用了中国大江南北出土的汉代文献和实物资料——汉画像石，可谓是研究方法与撰写材料的创新。总之，21 世纪以来的中国与地方体育史相关论著，无论在质量还是数量上，均占主导地位，为本书研究运河传统体育文化提供了思路与视角。

（三）传统体育文化传承与发展研究

近十年来我国体育社会学者对传统体育文化的调查、分析与研究颇有建树，尤其从文化遗产保护与传承的角度探究民族传统体育文化的传承与发展问题。如《三晋传统体育文化研究》一文中，孟林盛运用历史文献学、考古学和体育地理学等学科的研究方法，以三晋大地的传统体育事项为纬，总结出晋地体育文化的内涵、构成与特点，对三晋区域体育文化进行了概括①。涂传飞借鉴人类学理论与方法，以个案整理为基础，从认识论入手，归纳了传统龙舟、新旧秧歌和古代奥运等民俗体育文化变迁规律和变迁路径②。

杨绍华对汉唐时期河洛体育文化进行了梳理与研究，认为汉唐王朝引领和主导了周边地区的体育文化③，一些体育项目如女子蹴鞠、少林武术等滥觞于河洛地区。夏青将法约尔的组织管理理论应用于女性体育文化事业管理，把 S-C-P 产业组织理论应用于女性体育文化产业管理，分析了中国女性体育文化产业在未来的发展趋势，对于提升女性体育文化管理水平具有重要的意义④。

秦钢针对我国民族传统体育文化的特征、资源分布、传承模式以及产业发展等问题进行分析，明确提出民族传统体育文化传承的内涵是一种内在的意识形态与精神现象⑤。饶平以文化生态学为基本理论研究了中国民族传统体

① 孟林盛：《三晋传统体育文化研究》，博士学位论文，山西大学，2014 年。
② 涂传飞：《农村民俗体育文化的变迁——江西省南昌县涂村舞龙活动的启示》，博士学位论文，北京体育大学，2009 年。
③ 杨绍华：《汉唐时期河洛体育文化研究》，博士学位论文，河南大学，2013 年。
④ 夏青：《中国女性体育文化管理研究》，博士学位论文，山东大学，2015 年。
⑤ 秦钢：《我国民族传统体育文化资源与产业发展研究》，博士学位论文，武汉理工大学，2012 年。

育文化生态，划分了中国民族传统体育文化生态的"1-4-12-56"独特结构①。

马克思主义学科、东北师范大学牟丽平从阐释中国特色社会主义体育文化的含义与相关理论入手，多维度剖析体育文化发展存在的问题及成因，探寻中国特色社会主义体育文化发展对策②，为本研究提供了新视角。郑国华依据社会学失范理论，通过对两个个案的田野考察与分析，建议通过规范创新来矫治我国民族传统体育文化传承失范，在实践层面必须改变传统体育活动"重结果、轻过程"的目标选择，引导民族传统体育走综合化发展道路③。

曹莉从中外体育文化产业现状和我国体育文化产业 SWOT 分析入手，阐述了体育文化产业资源配置、品牌打造、市场营销、风险控制、国际化的传播和人才管理等一系列问题，提出了基于儒家人文精神的体育文化产业战略构想，建立了相关发展理论、方法体系与模式结构④。艾安丽运用历史复原法、田野调查法和剖面分析法对三个典型个案进行深描，分析了汉水流域民俗体育文化变迁的特征、原因与功能⑤。隋东旭以文献记载为基础，以汉唐时期东北边疆民族体育文化的演进与历史逻辑为主题，阐述不同族系体育文化发展特征，对民族体育文化发展的总体特征进行了总结⑥。

横向比较以上文献成果，无论是针对特定生产生活背景下如何审视、体验、运作传统体育项目，将实践措施上升到理论规范的角度，研讨传统体育文化保护与传承，以期化解传统体育文化在价值领域、文化领域等出现的诸多实际问题，还是以独到视角和跨学科意识研究中国丰富的传统体育文化，阐释论证以武术为主体的武艺理论与实践、以气功导引为主体的养生理论与实践，和以游戏形式满足人们娱乐需求为主体的民间传统体育理论与实践，等等，在一定程度上完整阐释了中国传统体育文化的发展脉络，对本研究帮

---

① 饶平：《中国民族传统体育文化生态研究》，博士学位论文，湖南师范大学，2015 年。
② 牟丽平：《中国特色社会主义体育文化发展研究》，博士学位论文，东北师范大学，2015 年。
③ 郑国华：《我国民族传统体育失范研究》，《中国体育科技》2011 年第 3 期。
④ 曹莉：《儒家人文精神与我国体育文化产业发展战略研究》，博士学位论文，曲阜师范大学，2012 年。
⑤ 艾安丽：《汉水流域湖北段民俗体育文化的变迁——以"三龙文化"为例》，博士学位论文，福建师范大学，2015 年。
⑥ 隋东旭：《汉唐时期东北边疆民族体育文化史研究》，博士学位论文，东北师范大学，2017 年。

助很大。

三 国外体育文化研究

（一）国外5个世界遗产运河的研究

迄今为止，全世界共有6条直接与运河相关的世界遗产，依照被列入《世界遗产名录》的时间顺序，分别是：法国米迪运河（1996）、比利时中央运河（1998）、加拿大里多运河（2007）、英国庞特基西斯特水道桥与运河（2009）、阿姆斯特丹运河（2010）以及中国大运河（2014）。

1. 法国米迪运河研究

以"Canal du Midi"（米迪运河）为主题词，运用 Web of Science 检索到24篇相关文献，内容涉及米迪运河的建造历史、工程介绍、风格、融资等方面，与运河文化相关介绍的仅有3篇。例如（英）L. T. C. 罗尔特、（法）大卫·爱德华兹-梅所著《两海之间：图说米迪运河史》，是对于法国米迪运河进行系统研究的专著，该书第一个特点在于其文献价值，详尽阐述了米迪运河产生、发展、变化的完整历史过程，尤其是对各色人物发挥作用之事无巨细的描述，有很强的历史真实性，见人见物，鲜活生动；第二个特点在于其科学价值，有大量篇幅是关于供水系统、运河选线、通航必需的船闸设置以及开山通渠等大量水利工程的方案研究和分析，从中对以米迪运河为代表的欧洲运河工程达到的高水平也有较深入的认知；第三个特点在于其思想价值，如在运营制度上采用国家管理和家族管理并置而带来世袭的对于事业追求的热情；在综合管理上运行有造林经理、私人法庭、特定养护时间和相关土地及水资源拥有者议价等法律法规；对于工程方案和建设有竞标制度等[1]，即使在今天读来仍有很强的参考意义和思想性。

Comair G.，Fredrich A. J. 指出，米迪运河建于17世纪下半叶，是自罗马帝国灭亡以来欧洲最大的公共工程建设项目，它定义了法国，代表着法国本土的天才[2]。钱德拉·穆克吉在 Impossible Engineering（《不可能的工程》）一

---

[1] ［英］L. T. C. 罗尔特，［法］大卫·爱德华兹-梅修订：《两海之间——图说米迪运河史》，钟行明译，中国建筑工业出版社2021年版。

[2] Comair G.，Fredrich A. J.，"Water Management for the 17th Century French Royal Canal of the Two Seas"，World Environmental and Water Resources Congress，2015.

书中对米迪运河进行了政治文化功能的探索与审视，认为这条水道是集体智慧的产物，依赖于农民和工匠，将现代国家权力与人类对自然的控制联系起来，就像它将海洋与海洋联系起来一样①。

我国学者于冰通过实地考察，发现米迪运河管理难度很大，除了技术层面保护，需要尽早加强与交通、水利、建设、土地、环保等部门和各级地方政府的合作。运河遗产的完整性，不能依靠将庞杂的遗产捆绑在一起来体现，更重要的是运河河道本身及其功能的完整保存与实现②。万婷婷、王元通过对米迪运河有关管理部门的调研，法律、法规的翻译及运河节点的实地调查和研究，解析了世界文化遗产米迪运河在保护和管理上成功的经验，并结合我国正在进行的中国大运河保护规划和申遗工作，提出了建议③。李博认为米迪运河的建设不仅满足了航运和农业灌溉，而且把它的物质作用同社会发展的政治文化、旅游文化、宗教文化有机串联了起来④。

2. 比利时中央运河研究

通过 Web of Science 查阅 "Canal du Centre"（比利时中央运河），未查到有参考价值的相关文献。

3. 加拿大里多运河研究

以 "Rideau Canal"（里多运河）为主题词，应用 Web of Science 查阅相关文献，共检索到 25 篇，有关里多运河文化相关 9 篇。研究视角包括里多运河地峡闸站的内部控制与劳动过程、旅游营销、气候变化、土地利用、空间生态、船闸对物种影响、遗产规范、城市发展等方面，最具代表性的成果，是 D. Mezzino 通过研究里多运河与穿过的一个特定区域——渥太华 Lansdowne 公园之间的重建关系，概述了城市发展与文化景观保护之间的关键和挑战。作者通过收集运河目前在其缓冲区内的保障措施，评估了缓冲区以外的保护措施与运河沿岸变化管理之间的差距，并深入研究与保护里多运河各利益方面有关的现行管理计划、政策和立法，得出了文化、社会和经济相关角度到水

① Mukerji Chandra, *Impossible Engineering*, Princeton University Press, 1969.
② 于冰：《法国米迪运河考察记》，《中国文化遗产》2009 年第 3 期。
③ 万婷婷、王元：《法国米迪运河遗产保护管理解析——兼论中国大运河申遗与保护管理的几点建议》，《中国名城》2011 年第 7 期。
④ 李博：《法国路易十四王朝的荣耀——米迪运河》，《中国文化遗产》2006 年第 1 期。

利基础设施与城市发展之间可持续一体化的替代战略。

国内学者与里多运河直接相关的成果文献，如田德新等通过梳理文献发现，里多运河文旅项目经验：（1）对运河价值的层级认识明晰，对运河遗产的独特性把握准确；（2）培训教育正规，宣传公关到位；（3）工作人员充足，经费投入有保障；（4）重视管理上的协调和法规履行；（5）注重文化遗产保护的法规建设。主要启示在于顺应天时地利，有效转型其功能与角色，全盘谋划，打包推销，并推出里多运河文化遗产廊道一揽子生态旅游项目①。敖迪等通过剖析加拿大里多运河的遗产立法、管理机构的设置、景区运作等保护管理体系，为我国京杭运河的保护与管理提供依据，并从加强活态立法、健全管理机制、进行协调合作、提高景区管理质量等方面提出了对于我国运河保护与管理工作的启示性措施②。

4. 庞特基西斯特水道与运河研究

利用 Web of Science 引擎查阅 "Pontcysyllte Aqueduct and Canal"（庞特基西斯特水道桥与运河），检索到国内外相关文献各有 3 篇，成果匮乏。国外文献均以"庞特西尔特渡槽"项目为主，仅是介绍了这一世界遗产，尚无涉及运河文化的其他内容。

国内学者关于此领域的研究，包括王元解析庞特基西斯特水道桥及运河的管理规划，指出对于"活态"遗产的保护管理，管理主体的协作是其内在要求，全面系统的法律、规划构成了根本保障，专业分工的遗产监测及公众参与形成了有效支撑③。高朝飞、奚雪松、王英华等从遗产的构成要素、保护现状、面对问题与挑战、管理机构、愿景与原则、保护类型与方法、可持续性利用等方面对英国庞特基西斯特水道桥与运河文化遗产进行了分析研究④。早在 2010 年，赵科科等通过介绍英国庞特基西斯特水道桥与运河的保护与管

---

① 田德新、周逸灵：《加拿大里多运河文化旅游管理模式探究》，《当代旅游》2021 年第 1 期。

② 敖迪、李永乐：《加拿大里多运河文化遗产保护管理体系研究及启示》，《齐齐哈尔大学学报》（哲学社会科学版）2018 年第 6 期。

③ 王元：《活态世界遗产英国运河管理规划解析——兼论对中国大运河启示》，《城市规划》2015 年第 6 期。

④ 高朝飞、奚雪松、王英华：《英国庞特基西斯特水道桥与运河的遗产保护与利用途径》，《国际城市规划》2017 年第 6 期。

理情况，对我国正在开展的京杭大运河"申遗"工作提供借鉴①。庞特基西斯特水道桥与运河在 2007 年编制了管理规划，划定了核心区和缓冲区，确定了管理机构，协调保护与发展的矛盾，加强了文化遗产保护的有效性。

5. 阿姆斯特丹运河研究

相对于其他运河而言，国外学者研究阿姆斯特丹运河的相关成果最为丰富。但是研究范围主要涵盖水质水体、城市管理、区域经济发展、生态系统研究等，如 Kempeer A. K. 对阿姆斯特丹运河的扩建与完善进行了研究②；巴斯特、沃斯、莱因德斯等人在医学杂志上分析运河附近溺水的人群、原因以及防溺水措施；波特曼阐释了运河旅游发展对当地人的影响；多尔吉认为电子购物和快递运送对运河最后几个城市的可持续性和宜居性产生了重大影响；拉斯评释了中国企业家如何在阿姆斯特丹运河促进经济发展；夏马尔针对运河生态系统及旅游业增加的污染开发了一个决策支持系统；雅各布斯从环境绩效指标的角度设计船只类型，降低船只能源消耗及污染排放物；Sjerps、RMA 对阿姆斯特丹运河水循环系统进行分析，提出了治理运河生态系统的多样性治理方法；莱斯利在监测运河的水传播病原体、分析运河居住文化的基础上，公布了阿姆斯特丹运河、废水处理厂、北海沉积物和生物群的现场测量结果。

阿姆斯特丹运河也引起了国内学者的关注，32 篇文献中与阿姆斯特丹运河有关的有 17 条。如陈京京、刘晓明从阿姆斯特丹城市历史发展出发，揭示城市历史和城市建设发展与运河生长的关系，分析了运河对城市发展的影响和城市对运河发展的反作用，特别是阿姆斯特丹运河对城市空间发展的影响③。李静对阿姆斯特丹和杭州两个城市历史发展过程的水系，包括运河、江、湖等对整个城市的规划方面的影响进行了对比，分析了两城在城市规划中受到各自水系影响的不同之处，最后得出了在城市规划方面的可借鉴之处④。刘少才站在旅游的角度上分析阿姆斯特丹的旅游资源。程丹妮以阿姆斯

---

① 赵科科、孙文浩：《英国庞特基西斯特水道桥与运河的保护与管理》，《水利发展研究》2010年第 7 期。

② Kempeer A. K. ，"The Enlargement and Improvement of the North Sea Canal of Holland（Amsterdam Ship Canal）"，*Transactions of the American Society of Civil Engineers*，Vol. 30，No. 3，1893.

③ 陈京京、刘晓明：《论运河与阿姆斯特丹古城的演变与保护》，《现代城市研究》2015年第 5 期。

④ 李静：《水系对城市空间形态的影响对比分析——以阿姆斯特丹和杭州为例》，《绿色科技》2018年第 7 期。

特丹和杭州的两大运河文化带为例进行对比分析，得出公共文化空间的布局和塑造方面的可借鉴之处①。郭新茹等在借鉴阿姆斯特丹运河构建"黄金水道"经验实践的基础上，提出了深入挖掘运河文化资源，构建全方位立体化宣传格局，推动运河文化 IP 跨界融合，强化沿线城市协作联动等对策建议②。

（二）国外传统体育文化研究

德国学者费特 1818 年在其著作《体育史》中最早使用"体育文化"一词。20 世纪 30 年代，Elias 就从文明进程的视角对英国现代体育项目的起源、传播与发展进行了分析，认为英国体育从传统向现代转型的主要推动力源于文明的驱动③。自 20 世纪 50 年代始，东欧和苏联强调体育文化的社会性，把体育看作一种社会文化。西欧和美国则侧重于体育的文化性，时而把体育的文化性与社会性综合起来加以考虑。到了 20 世纪 70 年代，英国体育史作为社会历史不可分割的组成部分，已经开始成为一门有内在自觉性的学科。在亚洲，日本、韩国的传统体育文化传承与保护基本与中国同步。日本继 19 世纪 70 年代颁布实施《古器旧物保存法》以后，历经百余年即 20 世纪 80 年代，在学校体育教学中设置了剑道、独轮车、民间舞蹈等项目内容，并由此掀起了全国性"造乡运动"。另外，泰国的泰拳、韩国的跆拳道和 Saja-Chum、菲律宾的斗鸡等传统体育文化也被本国政府以不同的形式进行了开发与利用。

国外学者对中国传统和现代体育文化发展研究甚为有限。外文文献资源相对稀缺，首要原因是外国人对中国历史文化的不了解以及对"志书"这一事物认知的匮乏，其次是由于笔者运用文献检索工具能力有限，未能搜集到足够的外文文献。反观国内学者对国外体育文化的研究，代表性的成果如花勇民以文化结构三层次理论包括物质技术表层、社会制度层、价值观念层等作为分析工具，从政治、经济等相关领域的多个视角，对欧洲近现代体育的历史进行文化学的解读，归纳出为国争光、全民健身、体育促进发展三种价值观念，反映了欧洲体育发展观的演变过程，欧洲体育领域最重要的制度安

---

① 程丹妮：《阿姆斯特丹与杭州运河带的塑造对比分析》，《中国市场》2021 年第 1 期。

② 郭新茹、沈佳、韩靓：《文旅融合视域下大运河江苏段文化 IP 开发策略研究》，《文化产业研究》2020 年第 1 期。

③ 鲍明晓、李元伟：《转变我国竞技体育发展方式的对策研究》，《北京体育大学学报》2014 年第 1 期。

排是体育俱乐部，体育福利由国家、市场、市民社会三个社会秩序构成，政府、市场、体育俱乐部和非正式部门四领域形成了体育福利三角模型①。

尽管如此，在全球体育文化差异与多元化发展众彩纷呈的背景下，我们认为世界体育的现状是过度重视了西方文化，事实上西方体育思想是"重技术而轻文化"的。西方体育思想之所以重技术而轻文化，是因为西方竞技体育发祥于古希腊，其过程和形式都是非常激烈的抗争，目的是体育比赛的胜负；相应地，西方竞技体育文化从一开始就具有竞争性、功利性的特点。最为典型的，就是西方人对奥林匹克精神的深刻领悟和传播。综合分析国外体育文化研究的主要成果，认为国外针对传统体育文化的研究尚十分薄弱，但相关问题的探讨，能够从更广阔的视角为本研究提供借鉴。需要指出的是，由于种种原因，在使用这些资料时，需要我们坚持科学、严谨的学术态度，运用马克思辩证唯物主义观点去粗取精、去伪存真。

四 京杭运河流域体育文化研究

主要散见于运河文化研究和运河城市史志中。历史上运河沿岸各类体育文化现象丛生，特别是明清两个朝代进入了空前繁荣时期，给周围国家和地区带来一定影响，提升了人口生存质量，增强了人体技能与素质，并逐步成为我国传统文化不可分割的组成部分。历经民国时期的社会动荡和变革，尤其是"文化大革命"对文化、教育、科学的破坏，使京杭运河流域文化园地荒芜，学校停课，许多科研机构被撤销，影响到全民族文化素质的提高和现代化事业的发展，造成了文化断层和科技断层，体育文化再次遭到严重破坏。在运河漕运、水利、民俗、旅游等文化遗产中，蕴含着各地武术、气功、运河城镇龙舟、运河镖局、娱乐休闲等民俗民间传统体育文化，是构成运河文化的重要内容。

尽管在各个运河城市史志中一般都有民俗和游艺的章节，涵盖着传统体育的史料与民俗记载，但均无对体育文化现象作明确的划分，只有具有重要影响力的体育文化现象得到列述；有些项目在运河文化研究文献中有相关的

---

① 花勇民：《欧洲体育文化研究——政府、市场和市民社会之间的体育》，博士学位论文，北京体育大学，2006 年。

描述，如安作璋 2001 年出版的《中国运河文化史（中）》的"民间娱乐之风"部分（第 1398—1410 页）有"尚武""游艺"的论述，陈述 2006 年出版的《杭州运河历史研究》第五章第三节有专门竞技游艺部分，高建军 2006 年出版的《山东运河民俗》中有游艺场和游戏部分等。一方面说明体育文化是运河文化的组成部分，另一方面又说明传统体育文化仍在民间默默流传，在厚重的运河文化记载中仅占很少的笔墨。

运河文化研究在理论建构、方法选择、路径设计等方面提供了重要的参考内容和依据，但以运河流域为平台的体育文化研究相去甚远，主要表现在虽有大量运河传统体育文化但缺乏系统的专门性的研究，运河传统体育文化的零星实践亦快于理论研究，运河文化平台很高但运河传统体育文化平台尚未搭建。总揽前期学界的研究成果，对于运河传统体育文化研究，目前为止尚未有系统的研究成果出现，亦未见一本全面、系统的专著问世。

五　相关研究述评及研究动态

归纳"文献综述"部分所有的研究成果，有的提升了高度，有的进行了具体分析，有的提供了国外的参照，这些对本研究有很大启示。相对而言，有关运河文化的研究多，运河体育文化的研究屈指可数；对古运河开发中存在问题分析的多，对具体实践操作层面研究的少，上升到哲学高度的更少。其中的亮点是不同的运河专家先后提出的两种典型的发展理念：一是"文化搭台、经济唱戏"，二是"对运河两岸物质的和非物质的文化遗存重点应解决好从建设性破坏走向保护性开发的问题"。但两者之间尚存在一定矛盾，这对开发实践极为不利，这些观点提出的依据、适用于哪些运河区域等也值得做进一步辨析研究，需要我们在对此深入剖析基础上，站在更高的高度精准把握大方向，确立更合理的发展理念，进一步梳理好现代与传统的关系，发展与保护的关系，然后从具体实践操作层面根据运河不同段落的现实状况，分别研究传统体育文化的传承与发展内容。而运河体育文化的元素、内容与特征有哪些，它是如何产生、发展并走向辉煌的，如何传承遗产、保护遗产、发展遗产、创新遗产，运河体育文化对目前运河沿岸城市文化旅游如何提供效力，对发展现代体育运动怎么发挥带头作用，等等，诸多问题和假设是本研究的思路之关键。

第四节　研究对象与研究方法

一　研究对象

以明清京杭运河流域传统体育文化的传承与发展为研究对象，选取沿运河北京通州区、天津武清区、沧州、德州、聊城、济宁、枣庄、徐州、宿迁、淮安、扬州、镇江、常州、无锡、苏州、嘉兴、杭州、宁波等 18 个市、县或区体育文化部门和运河管理部门及管理人员为调查对象，具体研究运河传统体育文化的资源、特征、生存现状、传承与发展等问题。

二　研究方法

（一）文献资料法

根据研究目的和任务，运用中国期刊网（1994—2021）、中国期刊全文数据库、超星图书馆、中国优秀博硕学位论文数据库（1991—2020）等网络数据资源，以"传统体育文化"为主题检索到博士学位论文 4 篇、硕士学位论文 87 篇。以"传承与发展"为主题检索到全部期刊文献 9146 条记录，体育学科 1068 条记录，其中核心、CSSCI 文献 208 条，足可以见传承与发展相关研究的量与质。以"京杭运河"为主题检索所有文献，共搜索到 1759 条记录，体育学科文献较少仅有 7 篇。最后通过聊城大学运河研究院、天津市档案馆、江南大学图书馆、杭州运河博物馆补充了相关县志，附加收集文化、历史、地理等学科的有关文献资料。

参阅资料来源还包括运河地方志、典志和漕河政书。编修地方志和典志是中国悠久的文化传统，包括某一地方的地理沿革、政治经济、风俗物产、名胜古迹和诗文著作等，是研究区域历史文化的主要史料来源。漕河政书亦多为地方官修，其性质决定了具有地方性、时代性和连续性等特征，其中的运河风俗篇有关地方特色民俗活动的记载中，包含着大量的传统体育运动元素和素材，是研究民俗民间体育活动的珍贵资源。本书用到的地方志主要有《通州志略》《天津县志》《临清州志》《丰县史志》《沛县史志》《江南通志》《江苏省通志稿》《湖洲府志》《静海县志》《漕河奏议》《钦定户部漕运全书》《漕运议单》等 20 余部。

（二）田野调查法

田野调查法，别称实地考察法。是指研究者进入调查、研究对象所在区域，通过深入观察、考察和了解的方式获取相关研究资料进行研究的方法①。田野调查法的最终目的在于考证口传历史的真实性和补充文献资料的不足。京杭运河总长 1700 余公里，南北横跨四省二市，兼有高山、丘陵、平原等多种地形地貌，为获取运河沿岸城镇体育文化更具感性与真实的理解，笔者团队应用居住体验、深度访谈、实地观察各种方法，实地考察了沿运河多个运河文化博物馆和运河会馆，准确明晰了不同城镇的人文地理、民风习俗等，得到了充足的初始档案和现场材料。前期进行的普及性调查，包括浙江省博物馆、杭州市京杭大运河博物馆、苏州市体育局和档案馆、无锡市运河档案馆和文化馆，武进博物馆、徐州市体育局、济宁市文化局档案馆、聊城市运河文化博物馆、天津市体育局、沧州市穆斯林武术馆等，查阅收集传统体育文化资料。

图 1-5 部分沿运河田野调查点

田野调查在 2017—2021 年的春节、寒暑假、国庆节、周末及端午节等节假日进行。无论进入文化馆、档案馆查找资料，还是参与传统体育活动现场，为保障调查工作顺利进行，笔者团队先在工作单位开具介绍信并及时出示，

---

① 陈华文主编：《文化学概论新编》，首都经济贸易大学出版社 2009 年版，第 101—102 页。

打消了调查对象的顾虑。为了收集到县城、乡镇、农村的传统体育事项资料，调查人员亲临传统体育项目比赛、表演现场，现场结识领队和教练，咨询部分队伍的组队、参赛和赛事情况，并留下微信或电话，为再次进行项目调研奠定基础。沿运河一路调查访问的过程中，尽管有些地段和环节费了一番周折，但还是感谢得到了诸多朋友和热心人士的鼎力相助。案例研究作为调查重点，实地调研情况见表1-3。

表1-3 案例研究田野调查相关情况统计

项目	时间	地点	访谈人	访谈问题
沙家浜船拳	2018-07-06，2020-01-15	常熟市沙家浜镇文化站、沙家浜风景区	文化站负责人1人、传承人1人、习练者3人、居民2人	船拳起源、内容、特点、信仰、生存现状及原因
北桥船拳	2018-07-08，2020-01-17	苏州市相城区北桥街道	文化站负责人1人、传承人1人、习练者2人	北桥船拳起源、拳术、经费、仪式、信仰、发展现状
越溪船拳	2020-01-17，2021-10-05	吴中区越溪实验小学	体育教师2人、副校长1人	越溪船拳历史、习练环境、开课状况
运河镖局	2019-12-2，2019-12-4，2019-12-9	北京崇文西半壁街13号、西城粮食店街、枣庄台儿庄区古城	教体局领导2人、遗址负责人3人、传承人1人、社区人员2人、居民3人	镖局和漕运历史、遗址改造、文化特质与现状
沧州武术	2021-10-01	沧州泊头市六合武馆	传承人1人、教练2人、学生若干	起源、历史情况、发展现状等
江浙龙舟	2019-05-05，2020-05-05	常州市武进博物馆、淹城遗址	博物馆管理者1人、讲解员1人、遗址负责人1人	江浙龙舟历史、起源、传说、民间赛事状况
高校龙舟	2017-2021	聊城大学体育学院	院长1人、领队和教练各1人、室主任1人、学生30余人	龙舟队发展背景、历程、规模、成绩、影响力、品牌塑造等

（三）访谈法

用大众视角检验历史文献资料中的观点，在运河不同段落的调研中分别访谈70岁以上老者、组织者及项目传承人达19人。针对传统体育文化的历史社会形态、传统体育项目的组织发展、当今与以往相比产生的变化及原因、运河行政村体育文化经费来源等问题,进行专家咨询和民众咨询,访谈形式包括结构式、非结构式和半结构式,访谈中携带录音笔、照相机和笔纸。为增加后续工作深度,亲身体会当地民众余暇体育生活,目睹传统体育活动的演练过程,进一步向当事者请教不明白、不清楚的地方,访谈在活动现场、驻地、比赛场地等进行,均能想方设法与访谈对象建立紧密联系。

专家访谈方面,设计专家访谈提纲,以"影响运河体育文化发展质量的因素""国外体育对运河传统体育造成的冲击及未来发展趋势""武术本质溯源""运河体育文化保护与传承路径"等为主题,面向体育、文化、历史等学科的专家以及沿运河体育行政部门、统计部门、社会团体、相关负责人等进行深入的访谈,其中高等院校访谈专家见表1-4,收集40—50份调查与访谈记录,筛选运河体育文化有关指标。所有数据通过 SPSS 软件处理,得到相应的评价指标体系,并获得启发性建议。

表 1-4 高校专家信息一览表

序号	姓名	单位	职称/职务	研究方向
1	张 **	北京体育大学	副教授	体育人文社会学
2	李 **	北京体育大学	教授	民族传统体育学
3	杨 **	天津体育学院	教授	民族传统体育学
4	吴 **	任丘石油职业学院	副教授	民族传统体育学
5	颜 **	德州学院	副教授	民族传统体育学
6	秦 **	聊城大学	教授,退休	民族传统体育学
7	胡 **	聊城大学	教授	运河学研究
8	张 **	济宁学院	副教授	运河文化研究
9	郭 **	枣庄学院	副教授	民族传统体育学
10	韩 **	江苏师范大学	副教授	运河文化研究
11	冯 *	无锡职业技术学院	副教授	社会体育学
12	孟 **	苏州大学	教授	民族传统体育学
13	刘 **	浙江工业大学	讲师	体育人文社会学

（四）问卷调查法

设计运河体育文化现状和沿运河居民参与状况的调查问卷，在 2018 年 11 月至 2020 年 12 月通过对运河沿岸 18 个不同城市的城乡居民进行实地走访，问卷的发放与回收工作由体育学院硕士研究生 4 人和本科生 5 人组成，每地发放问卷 150 份，连同专家问卷 200 份，一共发放问卷 2900 份，收回 2739 份，剔除无效问卷 57 份，得到有效问卷 2682 份，有效率达 92.48%。被调查者的年龄介于 16—65 岁，其职业与年龄分布见图 1-6、图 1-7，调查结果具有普遍意义。

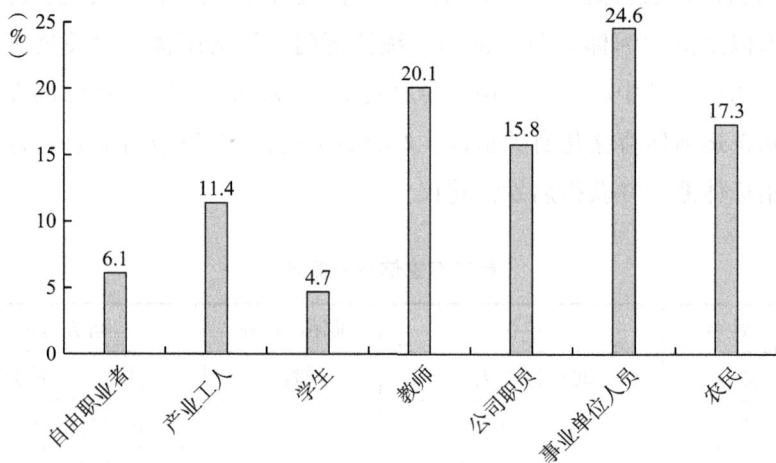

图 1-6　被调查者职业分布

（五）归纳法

首先，对收集、查阅的各种史志、地方志、学术专著、期刊文章等文献资料归类研判，对田野调查收集的信息和访谈获得的素材进行统一归纳，把握研究方向，形成理论框架。其次，将分类比较、演绎推理、综合归纳等逻辑思辨的研究方法，落实到采集数据、调查访谈、整理与处理材料的实践中，在对相关概念界定的基础上，针对重点难点问题进行细致入微的逻辑分析。最后，梳理运河体育文化的区域和空间分布状态，通过纵横向的差异性比较，剖析不同段落传统体育文化本体的内在逻辑，为让所得结论与观点达到理性认识水平，依靠抽象思维，以总结梳理前期所收集感性材料为起点，推断运河不同段落传统体育文化事业及其发展的普遍规律。

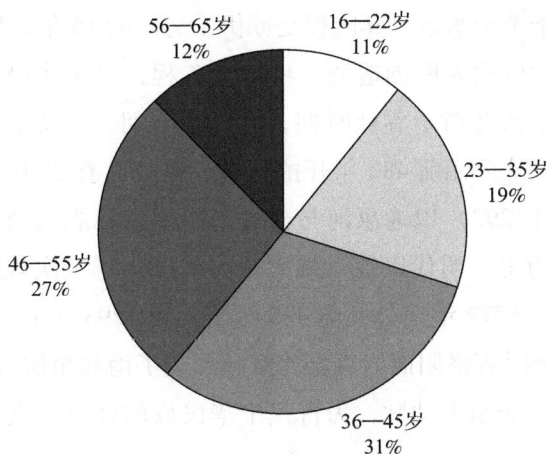

图1-7　被调查者年龄分布

（六）个案研究法

选定沧州武术、运河龙舟、船拳、运河镖局作为个案研究对象，把典型个案置于运河不同地域特色及其原有背景和环境中，进行"解剖麻雀"式的微型研究，力求将个案置入国家与地方、历史与现代以及传统文化主体的日常生活中进行深度描写，以期能够探寻到一些带有普遍性和规律性的问题，进而为全面分析运河传统体育文化之现状，以及如何传承与发展运河体育文化提供可靠依据。之所以选择这些传统体育项目作为典型个案，不仅仅是因为这些传统体育项目与京杭运河存在千丝万缕、盘根错节的复杂关系，更因为这些项目由史至今在运河沿岸受众多、群众基础雄厚，具有特殊的地位和影响力，最能反映运河传统体育文化特质。另外，从研究的需求角度看，对这些典型案例的深入分析，能够使立论愈加充实，形成以点带面、以小见大的效果，保证了研究的真实性和完整性，便于针对各种运河体育文化现象进行多维的、联系的、深层次的探索与研究。

第五节　运河体育文化概念界定

一　研究区域概况

（一）运河历史溯源与地理生态

京杭大运河是世界上里程最长、工程最大的人工运河，是中国版图上仅次于长江的第二条黄金水道，其航程是苏伊士运河的 16 倍，巴拿马运河的 33 倍，当数中国古代劳动人民创造的一项伟大工程，是中华民族文化身份的象征。古代京杭大运河开凿于春秋时期，完成于隋朝，繁荣于唐宋，取直于元代，疏通于明清。从公元前 486 年开挖算起，至今已有 2507 年的历史；仅从元至元二十九年（1292）以通惠河与会通河凿竣为标志的全线贯通算起，至今也有 728 年的历史。明代以前京杭大运河就经历了三次规模较大的兴修过程，前后共持续了 1779 年（公元前 486 年至公元 1293 年）。在漫长的历史岁月中，到元代翻修时弃洛阳而取直至北京，形成了南起余杭（今杭州），北到涿郡（今北京）的交通大动脉，为古代中华民族的经济和文化繁荣作出了巨大贡献。

京杭大运河南起杭州，北抵北京，全长约 1794 公里，在地理板块上形成中国东部地区南北纵向连接的中轴，其所处自然地理环境之复杂也远非其他运河可比。大运河途经多个地理单元和气候区域，自然地理环境与运河相互影响、互为因果，沿运河自然地理环境面貌直接决定了运河开挖、运道维持之难易及运河通航能力和通航效率之高低[1]。地形决定运河的走向和河势，气候决定其水源补给，水文特征影响其旱涝状况和运道形塑，它们作为自然基因深入运河的"骨子里"，深刻地影响着运河的"性格"。今世之京杭运河流经京、津、冀、鲁、苏、浙 6 省市，沟通了海河、黄河、淮河、长江、钱塘江 5 大水系[2]，对沿线地区工农业经济的发展起了巨大作用。在地形地貌变化多样的京杭大运河两岸，勤劳勇敢的 56 个民族，在没有间断的民族社会和历史发展中已经形成了"大杂居小聚居"的错综复杂状况。

目前，苏、浙境内的运河水量较为充沛，仍然用于水运运输，水力联系较强。而京、津、冀、鲁等地区，气候干旱水力不足，导致运河失去了漕运使命。治黄水利专家李殿魁在运河梁山港通航之际表示，山东是京杭运河建成通航、断航、恢复通航的关键，因为阻碍大运河通航的主要障碍是黄河，只要能过黄河，京杭运河全程贯通就容易了。预计运河京、津、冀段 2022 年能够实现互联互通，而在未来，京杭大运河的全线通航也将成为现实。

---

① 蔡宏恩：《明代京杭运河通航效率研究基于通航状况的成本分析》，硕士学位论文，清华大学，2014 年。

② 奚敏：《文化线路视角下的淮安漕运文化》，《牡丹江大学学报》2011 年第 11 期。

昔日中国的水上交通命脉，今日中国的世界文化遗产。马可·波罗笔下的千年运河终点杭州，以"世上最美丽华贵的天城"，永久触动着世间游子的心；在通州，运河、通惠河、温榆河、小商河与运潮减河"五河交汇处"被确认为千年大运河的北起"源"点，依赖历史上盛极一时的水路都会、皇家码头且与漕运文化有着深厚的渊源，通州已经发展成为北京市行政副中心和"中国国家旅游"最佳文化旅游目的地。悠悠千载的历史文化、地理生态和沿河风情，使运河两岸成为旅游养生、体育锻炼和户外游憩的理想场所，尤其在"保护生态环境，建设美丽中国"进程中，京杭运河在城市景观打造、生态环境保护、旅游资源开发、城市形象提升、文化品牌建设等方面发挥着至关重要的作用。

（二）运河文化释义与解读

2500多年来，京杭运河薪火相传，产生了博大精深、个性鲜明的文化，回眸运河研究的文献成果，绝大多数以"文化"视之，所涉范围也一直与日更新，运河的综合价值与功能也在不断得到重新认识。通常的观点，认为运河文化是地域文化，运河沿岸地区从古到今的历史及文化风貌，穿山越水的旅游文化和振兴民族的经济文化也包括在内。有学者认为，运河文化是人们在社会历史发展过程中所创造的，与运河有关的物质财富和精神财富的总和。如山东省济宁市政协文史资料委员会编著《济宁运河文化》一书，认为运河文化是作为历史上由运河的开凿和运营而形成的精神财富的总和，是融汇了包括齐鲁文化、荆楚文化、江浙文化、燕赵文化、秦晋文化等多种文化成分在内的兼容性文化，具有深厚的底蕴，是整个华夏文明中支粗脉旺而又极富特色的代表[1]。还有学者认为"运河文化是人类在特定的社会历史条件下，通过跨自然水系的通航、漕运，促进运河流域不同文化区在生产方式、思想意识、社会理念、价值形态、文化艺术、风俗民情等领域的广角度、深层次交流融合，推动沿运河流域的社会政治、经济、科技、文化的全面发展而形成的一种跨水系、跨领域的网带状区域文化集合体"[2]，等等。

可见运河文化不是一个凝固的概念，人们对于广义运河文化的理解众说

---

[1] 许海华：《鲁运河城市带旅游资源整合开发研究》，硕士学位论文，扬州大学，2008年。
[2] 王永波：《运河文化的运动规律及其启示》，《东南文化》2002年第3期。

纷纭。本书认为：运河文化，就是人们缘于运河而生成的行为的、精神的、社会的和物质的文明化生活内涵，其本质就是人们与运河的互动关系及其产物。运河文化的深厚底蕴，表现在以下几个方面。

（1）民俗和文化艺术百花齐放。运河沿岸城镇民众在南北风情的融合交际中，民风民俗日益趋同，产生了彼此熟知的生活禁忌和行业语言。各类宗教逐渐渗透进入，地方戏曲异常繁荣，融东西南北民俗之神韵，集中外古今文化之精粹。

（2）商业港口城市星罗棋布。经济的繁荣令人口聚居在运河沿岸，造成沿运地域店铺林立，街巷纵横，导致一大批运河城镇的崛起，有些成为闻名全国的商业都市或经济、政治、文化中心。

（3）历史文化遗迹独领风骚。沿运河不胜枚举的文化遗存，包括运河设施、特色民居、古城街区、楼堂馆所、道观庙宇、地方会馆、官商庭院、皇家园林、名人遗迹等，构成了运河沿岸独具特色的文物名胜和建筑群落，展现出绚丽多彩的运河文化风貌。

（4）海纳百川的新型社会结构。规模宏大的漕运、跨流域的商贸经营吸引着汉、蒙古、回、满等数十个民族，大量河工、水手、船户、手工业者、商贾、军兵、官僚、衙役、僧道教众等不同阶层的人跟当地居民杂居共处，形成了独特的帮会团体、社区结构。

（5）维系国家统一的政治纽带。历朝各代设置管理机构，颁布和实施管理法规，任用和调动官员以及管理官员的管理方法、手段等，使不同的管理理念和价值形态纵横交织，融汇发展。

（6）早期商品经济兴旺发达。沿岸居民因农业、加工业、手工业和服务业的发展，其商品经济意识由萌发、增强到深化，并代代相传，逐步形成了独特的商业文化。

（7）天人合一的科学治水思想。如1411年汶上县南旺水利枢纽工程，其技术水平和科学价值，至今仍是水利史上的经典之作。

二　运河体育文化概念界定与结构分析

（一）体育、文化、体育文化的动态关系

体育是身体技能与体能相结合的教育，在每个民族、每个历史发展阶段

中，都存在着某种形式的体育活动。体育作为一种文化现象，它揭示着体育运动背后的一种人类学意义，即揭示着人与自然的关系。依据文化的定义，没有一种教育不属于文化的范畴。国外到国内，不同领域、学科对于"文化"概念和范畴、文化复杂性的解读，以及难以取得共识的状况已经被无数次讨论，无须赘述。在涉及"文化"概念时，笔者引用英国文化人类学家泰勒（E. B. Tylor）在《原始文化》（1871）中所下的经典定义："文化，就其在民族志中的广义而言，是一团复合物，包含知识、信仰、艺术、道德、法律、风俗以及其他凡人类因为社会的成员而获得的能力及习惯。"这个定义至今仍被文化学界所普遍接受。体育与文化的关系对应于社会生活与文化的关系，文化是体育的灵魂，体育是一项重要的文化载体，体育文化在全球范围内得以广泛传播。

"体育文化"一词，最早直译为身体文化。德国学者费特在《体育史》（1818）一书中首先使用，专指斯拉夫民族的按摩和沐浴等养生保健活动。伴随社会的进步以及人类生活方式的变革，对身体文化概念的界定与使用也逐渐多样化。齐格尔（前民主德国）在 1965 年出版的《体育理论》就是一例，他认为，身体文化代表了身体锻炼和陶冶性情的社会体育，可以分为指导身体发育的竞技体系、教育体系、科学体系、娱乐体系、保健体系这 5 大部分，同时还包括了与身体健康有关的范围很广的保健、卫生设施和行政机构等①，齐格尔在前人的基础上发展和丰富了"身体文化"的内涵。

进入 21 世纪以来的十几年间，随着体育学科的深入发展，有关体育文化研究逐年递增，说明我国学术界对体育文化的研究越来越重视，对"体育文化"做出不同视角的补充。作为人文体育研究主要组成部分的体育文化，其内涵十分丰富，外延也相当宽泛，理论框架的构建是从文化的结构性框架中衍生出来的。正如"体育文化是一个总括性的概念，它反映人们在身体教育和发展以及与其相关的各种社会行为方面的总成绩"②。卢元镇教授《体育社会学》中认为体育文化的概念如下：体育文化是关于人类体育运动的物质、

---

① 席焕久主编：《体育人类学》，北京体育大学出版社 2001 年版，第 164—165 页。
② 童昭岗、孙麒麟、周宁：《人文体育——体育演绎的文化》，中国海关出版社 2002 年版，第 30 页。

制度、精神文化的总和，其包括体育认识、体育情感、体育价值、体育理想、体育道德、体育制度和体育物质条件等，反映了人们在身体教育和发展以及与其相关的各种社会行为方面的总成绩[①]。

体育运动和体育文化的关系在于：（1）体育运动的产生是满足人的需要，而人的需要是多方面的，除了生产需要外，还有生理、娱乐、心理、社交、安全、信仰等，体育文化正是为了满足人的这些社会需要产生的，诸如军事格斗、游艺杂技、舞蹈娱乐、宗教祭祀、医疗保健等活动都推动了体育文化的产生。（2）体育运动偏重动力性，而体育文化侧重于结构性，体育运动的技术方法仅属于体育认识的范畴。（3）作为当今世界最具影响力的社会文化活动，体育运动具备文化的各种特征，体育运动不仅有它外在的身体活动形式以及设施、器材等物质形态，而且具有内在的价值观念、意识形态、行为规范等。由于人们对文化概念的诸多界定以及文化概念本身具有丰富的内涵与外延，体育文化自然也是百花齐放、百家争鸣。

当今中国特色社会主义新时代，体育文化是体育这一社会活动或社会现象的内核与发展进步的标志，体育有力、有机地干预社会活动，包括国民健康、人民生活、经济社会、国家软实力等。如果在国民生活、国家发展、世界和平的内在逻辑与演进规律的描述、阐释与预测中，离开体育就不圆满、不充分乃至不正确，那么体育运动作为人类文明的拐杖就是不可忽视的，传统体育作为揭开整个人类社会发展奥秘的钥匙就是不该无视的，体育实践作为人类迈向和平与发展之路的动力就是不应漠视的。反观之，作为人类文明的成果，体育文化影响着体育活动中的价值观和竞技观，因为体育的本质就是一种文化，就是以智力为灵魂，用体力出成果的社会文化活动。从马克思主义的人学理论和社会主义核心价值观的视角来看，"以人为本"是体育文化的基本立足点，满足人的需求和促进人的全面发展是其根本目标，最终指向人类世界的科学发展和社会进步。把体育、文化、体育文化联系起来，展示出一种人类科学发展的动态历程（图1-8）。

（二）运河体育文化的概念界定

京杭大运河是我国历代物质文明和精神文明发展的重要载体之一，运河

---

① 卢元镇主编：《体育社会学》，高等教育出版社2006年版，第142—143页。

图 1-8　体育、文化、体育文化的动态关系

沿岸传统体育活动之所以勃兴并传承于中国东部的广袤土地上长盛不衰，与其浓厚的乡土氛围、多元的文化内涵有着直接关系。运河文化有其庞杂的文化体系，诸如运河民俗文化、运河艺术文化、运河宗教文化、运河漕运文化、运河饮食文化等，经过 2500 余年的传承与发展，加上人口频繁流动，各种文化广泛传播，其中就蕴含着大量的体育文化。而不同学者在借鉴国内外相关概念之后，均从不同视角选择和界定体育文化，以至于目前国内有关体育文化定义达二十余种（表 1-5）。反观儒家经典《周礼》中认为文化"观乎人文，以化成天下"，说明古人对文化的理解就充满了参与、控制和使之变化的领导进取精神，体育文化作为一个研究领域，40 余年内被很多学者进行了全方位、多层次、系统化的理论研究。有理由确信体育文化随着时代的进步与发展一定会增生新的内涵，透过局部看整体，当今乃至未来一段时期的体育文化，将一如既往高层次、高维度地表达或体现"以人为本"、"关爱生命与健康"和"自由"的体育人文精神本质。

运河体育文化是指，京杭运河流域民众以竞技性、娱乐性和教育性为手段，在长期从事的体育和实践中，通过有形的动作技能、运动器材、体态转化和无形的意识、观念等所表现出来的体育物质、体育制度和体育精神文化的总和。其范畴包括以武术为代表的军事体育文化和镖局文化，以纤夫劳作、商贾体质养生、沿线民众健身技击和娱乐活动为代表的民生体育文化，以平原、山林、河湖为代表的生态体育文化等。

表 1-5　　　　　　　　体育文化研究主要阐释观点与理论贡献表

学者	阐释或观点	理论贡献
于可红	体育文化是广义文化的一个组成部分，它综合利用各种身体锻炼来提高人的生物学和精神潜力的范畴、规律、制度和物质设施	从体育和文化两个方面进行探讨，认为体育是文化现象的一个分支

学者	阐释或观点	理论贡献
张国力	由人对体育的需要、思想、理论方法等观念形态和外化在现实中的各种体育活动及组织形式、规范和设施构成，包括多种精神和物质因素的复杂整体	强调体育文化是一种以人的体育行为为特征的社会现象
赵军	认同于可红体育文化是文化的组成部分，对身体文化、运动文化和竞技运动文化进行了辨析	分价值与观念、规范、技术与教育和物质文化四层次
任莲香	以身体活动为基本形式、以身体竞争为特殊手段、以身体的完善为主要目标的体育活动过程中，关于人的精神生活的那些方面	侧重于人类生存方式，是文化生活的组成和文明社会的显著标志
殷明	以身体活动为形式，以竞争为手段，以身体完善为目标的体育活动过程中，有关人的精神生活等方面①	用狭义的文化概念来界定体育文化
易剑东	体育是人类重要的实践活动，实践活动作用于自然界必然产生物质文化；作用于社会必然产生社会制度；作用于自身必然产生精神文化	体育文化是文化子系统，分为物质文化、制度文化以及社会文化
卢元镇	体育文化是关于人类体育运动的物质、制度、精神文化的总和。包括体育认识、体育价值、体育情感、体育理想、体育制度、体育道德和体育物质条件等②	不局限于健身运动技能的认知，重在文化层面上对人的生存方式的理解和把握
牛亚莉	人类在社会活动、体育生活中所形成的身体活动和生活方式上，所创造的物资、精神产品及体现人类身体教育智慧和身体实践能力总和	用物质与精神的二元关系来定义体育文化
冯胜刚	人类体育发展进程中的价值观念、精神状态、情感倾向等，在理论认识、方法手段、技能技术等表现出来的思维方式与行为方式的总和③	借用文化结构主义定义体育文化
童昭岗	体育文化是人类社会活动创造的产物，是个总括性概念，侧重其精神性	侧重于人文体育、社会体育等层面

---

① 殷明：《体育文化的继承与创造性》，《体育与科学》1991 年第 4 期。
② 卢元镇主编：《体育社会学》，高等教育出版社 2006 年版，第 143 页。
③ 冯胜刚：《对"文化"和"体育文化"定义的求索》，《贵州师范大学学报》（社会科学版）2003 年第 6 期。

续表

学者	阐释或观点	理论贡献
邓浩	人类不断将游戏规则规范化和大众化，融合劳动生活技能把体育活动规范化，体育作为一种文化现象代代相传，随时间推移逐渐成为极为丰富的体育文化	依据体育的起源来解读和定义体育文化
周西宽	体育文化是人类为谋求身体健康发展，通过竞技性、娱乐性、教育性等手段，以有形身体形态变化、动作技能、运动器材和无形的意志、观念等所表现出来的具有运动属性的文化	综合了全部体育活动的上位概念，是一切体育现象与实践中展现出来的特殊的文化现象
程志理	当作文化形态来看的体育可称为体育文化，特别是体育运动中体育的民族心理结构、思维方式和价值体系以及发展规律①	从社会、政治、经济、文化的大背景研究体育与文化的关系
韩丹	以发展社会主义为目标，为党所领导的社会主义服务的体育文化，批判地吸收中国传统体育文化和西方现代体育文化精华，消化理解，融会融合，升华创造②	中国特色社会主义体育文化的探索
牟丽平	中国特色社会主义体育文化是以马克思主义和中国特色社会主义理论体系为指导，立足于社会主义初级阶段实际，顺应实现社会主义现代化的客观要求，在中国特色社会主义文化发展过程中，在体育活动和体育实践中所形成的一切精神成果	表现为人们在体育活动和实践中形成的价值观念、知识能力、风俗习惯、体育道德、行为规范、体育理论、体育政策和物化的产品等
李煜	中国特色社会主义体育文化，指具有中国特点的体育运动本身所蕴含的、围绕体育运动所形成的一切物质文明与精神文明的总和③	突出中国特色社会主义背景下的体育文化解读
徐晓	是指人类在体育历史发展过程中产生和发展的，在物质、制度、精神、行为方面的总称，它是人类特有的一种文化成果，是一种特殊的文化形式	体育文化主体是人，在人类体育史中产生和发展，体现在精神和物质两个方面

（三）运河体育文化结构分析

借由前文，"运河体育文化"是运河文化中不可缺少的一部分，是社会文明与进步的产物，与人们的物质生活和精神生活息息相关。运河体育文化既

---

① 程志理：《体育文化问题的初步探讨》，《体育科学》1988 年第 1 期。

② 牟丽平：《中国特色社会主义体育文化发展研究》，博士学位论文，东北师范大学，2015 年。

③ 李煜：《提升中国国际话语权面临的问题及对策》，《当代世界》2010 年第 8 期。

有体育文化的一般特征，又有其特殊性。尽管体育文化与运河文化同属文化空间中两个并存的文化体系，但在文化共性的作用下，以人的社会文化需求为导向，体育文化与运河文化在碰撞、交融的过程中形成了运河体育文化。因此，运河体育文化是体育文化与运河文化相结合的产物，是新型文化形成时的重构与选择，昭示人们在改造与适应运河生态的道路上，将体育纳入自己的生活，就如现代社会一样，体育已成为人类文明中不可缺少的一部分，我们已无法离开体育。从运河文化的视角分析其中的体育现象，当运河体育文化把沿运河各种具体的体育事物和现象确定为参照物时，运河体育文化可作为一种广义的文化现象；而当体育文化把运河文化确定为参照物时，可以把运河体育文化看作狭义的一种文化现象。

易剑东曾在《体育文化学》中建议用现象描述、历史探源、价值认定、社会反推、主体立意、行为取义、结构分析和意识解读等构建文化定义的途径①。从广义上讲，运河体育文化泛指与运河有关的体育文化，是人们受运河影响逐步孕育、创造而形成的具有运河特性的体育物质、制度和精神文化的总和；从狭义上讲，运河体育文化指人们以运河沿岸环境为依托，在长期与运河生态相互作用的历史发展进程和体育实践活动中形成的一种以运河精神为主要特征的体育文化形态。

结构功能理论的代表人物马林诺夫斯基认为，文化的结构与功能相伴而生，没有结构就不可能有功能，没有功能结构也就毫无意义，他借助生物学、解剖学以层层剖析的方式，提出了文化三因子结构，即"器物"（物质）、"社会组织"（制度）和"精神"（思想）三层结构，三者之间器物是基础，精神是核心，社会组织是关键，也是器物和精神的中介②。按照这一理论，"器物"可以理解为体育活动项目的各种器具，如刀、剑等；"制度"则是传统体育项目以及其对应的规则；"精神"包括传统体育文化的特质、信仰观念、初心意志、价值观念与价值取向等。通元识微，京杭运河的开凿与贯通，运河先民通过对实物的控制和运用实现了运河物质文化；在治理实践中形成的生产关系，达成了人与人的各种联系，建立了运河制度文化；结果在建立

---

① 易剑东主编：《体育文化学》，北京体育大学出版社 2006 年版，第 4—8 页。
② ［英］马林诺夫斯基：《文化论》，费孝通等译，中国民间文艺出版社 1987 年版，第 31 页。

运河物质文化与运河制度文化的进程中反顾自我，缔造了运河精神文化。因此，京杭运河传统体育文化结构，既包括体育设施、场地、器材、人体素质等物质文化层面，还包括组织者、经费、参与者、规则、知识等制度文化层面，以及观念、思想意识、仪式、仪式的信仰与功能等精神文化层面（图1-9）。

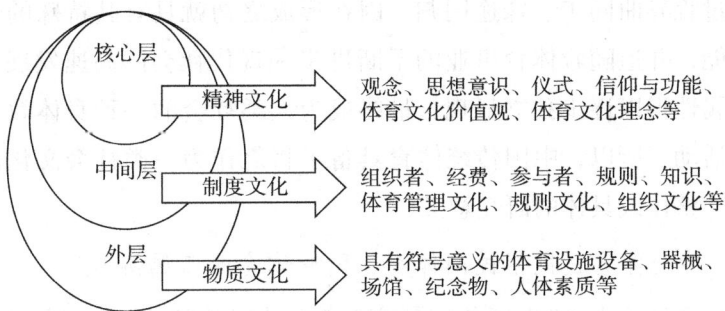

图1-9 运河体育文化结构层

三 我国传统体育文化的再审视

（一）传统体育项目解读

我国古代体育活动形式多样且内涵丰富，在历史悠久的传播过程中，革新和变异从未止步，例如传统龙舟竞渡依附于端午节等节庆民俗中，现代龙舟比赛早已超越古代节庆民俗的时限，成为中国竞技体育非常重要的一部分。各类史书记录的诸如"狩猎、武术、骑射、蹴鞠、角抵、百戏、导引、乐舞"以及"棋类、登山畋游、军事训练、博戏"等，都是中国历史社会长河中长期存在并具有地域性、传承性和实用性的典型体育活动，具备了社会性体育活动的基本特征，不但具有很强的健身价值、娱乐价值和竞技价值，还且有一定的艺术价值、民族认同价值以及丰富的教育功能和德育功能。

中华人民共和国成立至今，先后挖掘整理出1000多个体育项目[①]，包括少数民族在内的传统体育项目发展备受国家重视。例如表达壮族青年爱情题材的"投绣球"；布朗族的藤球；蒙古族称为"男儿三项游艺"的摔跤、赛马、射箭；回族的踢毽、拔河；朝鲜族的跳板；苗族的荡秋千、划龙舟；高山族的放风筝；藏族的赛牦牛；侗族骑木马（踩高脚）；瑶族打陀螺；满族滑

---

① 田惠君、梁燕飞：《民族传统体育与中国旅游开发研究》，《搏击（武术科学）》2011年第3期。

冰；柯尔克孜族的"追姑娘"；等等。这些传统体育项目源自生产活动、生存技能、娱乐消遣、军事手段等，正是时代赋予体育的社会功能，使它们经过了漫长的历史演进得以以一种开放的姿态屹立于中华文化之丛，这与源于西方世界文明的现代体育诸如奥林匹克运动会、篮球运动、足球运动、田径运动的产生过程异曲同工、殊途同归，因在形成之初就具有其特殊的价值意义与社会功能，并追随着体育事业的不断进步和现代社会的高速发展，传统体育的本质属性得以逐步独立显现，最终成为人类社会的一种身体教育活动和社会文化活动。所以，中国传统体育具备了将之作为一类社会文化而进行分外或卓殊、整体或具体的研究意义。

（二）传统体育、民俗民间体育、民族体育的归属辨析

现实社会环境中，"中国传统体育""少数民族体育""民族传统体育""民俗体育""民间体育""传统体育""民族体育"等彼此交汇、相互交织，要彻底、精确地厘清它们的概念和关系实属困难。不同学者对传统、民间、民俗和民族概念及其本质属性的分歧解读，带来学界对传统体育、民俗民间体育和民族体育概念的隶属关系持有不同的观点。唯有跳出东西方体育的藩篱，以中正、客观和现实的学术态度才能够把握传统体育、民俗民间体育和民族体育的内涵、外延与关系。因此，仅从学术研究或学科发展的需要出发，遵从研究的侧重点对这些概念和关系进行大致的区别和分隔。

1. 民间体育。顾名思义，民间是指广大的民众中间。与世界性或全国性大规模、高水平的综合大型体育竞赛例如奥运会、洲际运动会、全运会、单项体育组织开展的运动比赛完全不同，因为这些运动竞赛都是高度制度化、组织化、专业化的体育活动，因此，以上赛事就不应属于民间体育的范畴。人们偶尔参与一次体育活动，形不成传统的体育行为，也不属于传统体育。全国各地在每年端午节期间开展的龙舟竞渡是发生在民间的体育行为，当属民间体育，但是传统性是其另一明确的特征指向，故也属于传统体育的范畴。正如"民间体育是指存在于一定民众的日常生活当中，尚未高度组织化、制度化、专业化地开展的体育活动。换言之，民间体育的组织化、制度化、专业化程度较低"①。

---

① 涂传飞：《民间体育、传统体育、民俗体育、民族体育概念再探讨》，《武汉体育学院学报》2009年第11期。

2. 民俗体育。民俗体育本质上是一种生活文化，依附于某一民俗文化母体中。只有顺应民众的社会生活需要，能够依托于群众日常风俗习惯，才能普及和深入整个社会生活的深处。民众生活中形形色色的体育文化，仅有模式化的项目才是民俗体育文化。程序、模式的相对固定，得以让民众共同遵循，在日常节令生活中不断重复，所以民俗体育实际是一种模式化的体育文化。在运河沿岸广袤农村，棒舞、龙舟、秧歌、腰鼓、灯舞开场之前一般要进行一系列仪式化的祭神或者是祭祖仪式，各种仪式具有明确的宗旨性、目的性和稳固性，因此，民俗体育可以视为一种仪式化的传统体育。最后，民俗体育的群体性不言而喻，群众是民俗体育的忠实使用和传承者。民俗体育的扩散与传播也不一定局限于创造这一民俗体育的民众所独享，从我国不同民族和地域沿用不同拳种、太极拳等项目成为自己的民俗或民族体育项目、其他国家引入中国龙舟等范例，说明某一民俗体育完全有可能被其他地域、其他时期的民众所享用。综上所述，本书认为民俗体育是一种被模式化或仪式化，在一定民众中能够世代延续和地域传播的集体性传统体育活动。

3. 传统体育。王岗教授认为民族传统体育是指在中国历史上一个民族以上流传或继承的体育活动总称。其主体不限于一个民族的民众，且创造主体与传承主体也不完全等同。纵观人类的体育发展史，任何文化都永远处于变迁之中，传统体育亦是如此，需要经过一定时期的绵延传承，同时带来个别传统体育项目的退却或消失。是否消失不是判定传统体育的主要标准，例如运河沿岸射箭、狩猎、投壶、马球、滚铁环、打陀螺、打仗、钻板凳、拔腰、镖局等体育项目和组织已经或者濒临消失，但有几百年甚至上千年的延续，存在一定的历史价值和意义，故不能脱离传统体育的范围。另一鲜明的个例，就是古代奥运会在 19 世纪的复兴，证明目前消失的体育项目并不意味着永久消逝，在特定的社会时期或背景下，完全有可能再一次回归、出现在社会的体育与生活之中，这些都是"加强文物保护利用和文化遗产保护传承，推动文化事业和文化产业发展，推动社会主义文化繁荣兴盛"的动因之一。

4. 民族体育。本书不认同诸如"民族体育是该民族所创造的""民族体育一个民族或国家独有"等观点，赞同民族体育就是民族传统体育的说法，例如"民族认同"既是民族体育的本体属性，也是把握民族体育概念的关键点①。再如"民族体育是一个或几个民族的所有民众，或某一民族中部分的民众群体所共同拥有，并对其产生民族认同意识的一种特殊的传统体育文化"；也包括某一个或几个特定的民族在一定范围内开展的，还没有被现代化，至今仍有影响的体育竞技娱乐活动，很明显这些观点都较为全面，因为一个民族的传统文化所蕴藏与承袭的共同意志品质是区别于其他民族的显著标志，世界民族之林各式各样的体育文化，唯有承受或展现某种共有意志品质的传统才是该民族的民族体育。综上可见，各种传统体育的概念一直处于多个相近术语或概念纠缠不清的状态之中。就文化主体而言，传统体育、民俗体育、民间体育、民族体育的内涵与外延都具有相对性，四组概念的划分不是绝对的。本书把传统体育置于最上位的概念，认为尽管民间体育涵盖的范围最广，将民间体育和民俗体育合于一体，并且民俗民间体育与民族体育属并列关系，二者部分交叉但不等同，图 1-10 显示了传统体育、民俗民间体育、民族体育、汉族体育和少数民族体育的归属关系，也说明了中国传统体育、民族体育和民俗民间体育等可以有区别地选择传承、保护与发展。

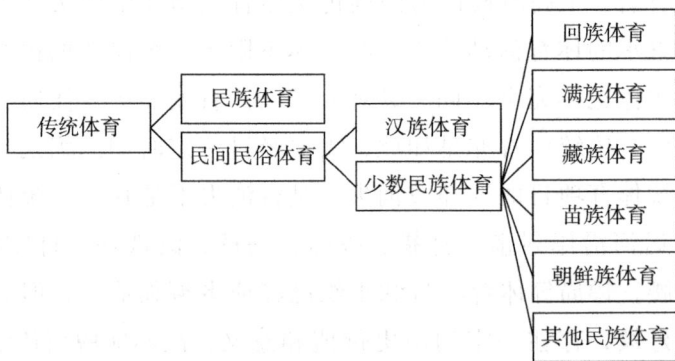

图 1-10　传统体育、民俗民间体育、民族体育的关系图

补充说明，"运河体育文化"固有传统体育文化与现代体育文化之分，本研究中的"运河体育文化"，均是运河传统体育文化的简称，一般是指中华人民共和国成立以前形成，并一直延续至今的体育文化形态。析精剖微，本研

---

① 涂传飞：《民间体育、传统体育、民俗体育、民族体育概念再探讨》，《武汉体育学院学报》2009 第 11 期。

究涉及的年代时期称谓问题，根据英国学者吉登斯（Baron Giddens）和盖尔纳（Ernest Gellner）的社会转型理论，综合网络查询的结果，引用了中国史和史学界中关于年代划分的意见，古代：1840 年即第一次鸦片战争之前，又可以划分为远古、上古、中古。近代：1840—1949 年，也就是通常说的半殖民地半封建社会。现代：1949 年即中华人民共和国成立之后。当代：从 1949 年至今，即和现代同义。以这一历史划分为标准，在京杭大运河与国家、社会的互动关系中叙述运河体育文化的变迁与发展。

第二章 运河传统体育文化资源和形态

第一节 运河体育文化区段与研究范围的划分

一 京杭运河区段划分与河流流向

京杭运河作为我国一条重要的南北水上运输线，历史上对维持朝廷的正常运转和促进南北物资与文化的交流起到了重要作用，这一专为漕运而兴修的公共工程，在经历千百年历史变迁与社会演变后，其航运、灌溉、防洪、生态、景观、旅游等诸多功用，仍然不容小觑。与国外运河相比，京杭运河是目前中国航道等级最高、渠化程度最好、船闸设施最完善的人工航道。断航后的京杭运河，有 4/5 的通航里程在江苏境内，运河江苏段成为沿运河船舶通过量最大的航段，有 13 个省、市的船舶运输航行，担任着沿运城市以及周边地区大物资及时中转、集散和北煤南运等多项任务[①]。至今，作为南北物资运输和长三角经济的水上重要通道，有 10 万多艘船舶常年在运河上航行，年运输量相当于 3 条京沪铁路。

京杭运河按地理位置分为八段，全程河流流向可分为五段。（1）通惠河与北运河河水向南流，这两段运河主要用作城市排水河道，断航期较长。至 2021 年 6 月，北运河北京段 40 公里全线旅游通航，河北廊坊段同步实现通航。"十四五"期间，天津将推进北运河适宜河段旅游通航，并具备与河北省通航条件。（2）南运河与鲁北运河河水向北流，因航道泥沙淤积、水流萎缩，长

---

① 张志辉：《京杭运河（济宁段）沿岸景观保护与更新的研究》，硕士学位论文，青岛理工大学，2011 年。

年处于断流断航状态，近几年部分城区河道得到疏浚修茸。（3）鲁南运河、中运河、里运河河水向南流，其中中运河、里运河通航。2021 年 4 月，济宁市梁山港通航，使京杭运河通航河道从济宁港向北延伸了 70 公里，意味着黄河以南的京杭大运河河段全部实现通航。（4）江南运河段，长江至丹阳的河段向北流，丹阳至钱塘江的河段向南流。（5）东西走向的浙东运河穿越多条南北走向的自然河流，由西向东流。目前京杭运河的通航里程超 1600 公里，其中全年通航里程为 987 公里①，主要分布在山东、江苏和浙江三省。

二 运河体育文化区域分段与研究范围

以民族聚居区、自然地理区或行政区域等作因子，事先划定文化区域的地域框架，是目前不同学界研究者常用、有效的方法。尽管运河沿岸的民族聚居区、行政区域及其对应的文化区域并非完全吻合，例如，当今沧州市吴桥县的历史沿革，自春秋时期至今，曾 7 次划属山东德州，中华人民共和国成立后的 1961 年，吴桥县才最后一次划归沧州市管辖。1949 年因江苏省尚未完全解放，山东省代管徐州市近 5 年，至 1953 年划回江苏省。为了充分呈现不同区域体育文化特征，便于归纳与总结运河流域内的传统体育事项，本书运用当今"行政区域"、"历史文化区"和"自然地理"相结合的方法，兼顾部分运河城市历史变迁，进而展开调查、整理与研究工作，将运河体育文化区域划分为"运河京津冀段体育文化区"、"运河山东段体育文化区"和"运河江浙段体育文化区"。

具体上，一是将明清运河沿岸燕文化区和赵文化区归并为"运河京津冀段体育文化区"，沿运河鲁文化区和黄河文化区统一为"运河山东段体育文化区"，吴文化区和越文化区归并为"运河江浙段体育文化区"，3 个运河体育文化区的组成段落见表 2-1。

二是运河传统体育文化的调查与研究范围，设定为处于明清运河两岸各100 公里范围内的市、县、区所组成的带状结构区域。以此为主线，调研整理运河传统体育项目资源和形态，分析不同体育文化区传统体育文化的衍生与

---

① 朴海涛：《京杭运河地表水中药物及个人护理品污染地理分布特征及来源辨析》，博士学位论文，中国地质科学院，2015 年。

变迁，在审视体育文化形态与自然、社会生态环境之间辩证互动关系的基础上，对三段文化区域内的体育传统项目、体育遗产项目和带有体育性质的文化现象等进行梳理与研究，总结其成因、结构、功能与价值，进一步探索其现代化发展路径。

表 2-1   **3 个运河体育文化区的组成段落**

体育文化区	运河段落与范围	子文化区
运河京津冀段 体育文化区	通惠河：北京到通州区，长 82 公里	燕文化区和 赵文化区
	北运河：通州区到天津，长 186 公里	
	南运河：天津到临清，长 414 公里	
运河山东段 体育文化区	卫运河：武城四女寺至临清段，长 94 公里	鲁文化区和 黄河文化
	鲁运河：临清到台儿庄，长约 500 公里	
运河江浙段 体育文化区	中运河：自台儿庄过淮河至淮阴清江大闸，长 186 公里	吴文化区和 越文化区
	里运河：淮安到扬州，全长 169 公里	
	江南运河：镇江到杭州，长 330 公里	
	浙东运河：杭州至宁波，过绍兴，长 239 公里	

第二节　运河京津冀段体育文化形态及其本源探寻

一　运河京津冀段体育文化区概述

运河京津冀段体育文化区地处古之幽燕、燕赵腹地，区域主体沿运河穿行当今河北省和北京市、天津市。因太行山和燕山山脉是燕赵区域的西界和北界，为运河京津冀体育文化的形成和发展提供了特有的空间和环境。京津冀体育文化区历经元、明、清三个朝代 800 余年本为一家，元属中书省、明为北直隶、清为直隶省；中华民国初北京为京兆，天津属直隶省；中华民国定都南京后，北京改为北平，与天津同属河北省。地质成分上，因地处华北平原北部，土质属于次生黄土，农业主要采取的是旱地耕作方式，而不是人工灌溉，一向以农业著称。京杭运河从平原上经过，船行数百公里也见不到高丘起伏，故燕赵文化亦是平原文化，而在民族上是一种以汉民族为主体的文化。从地理环境和生产方式上看，燕赵文化不仅是一种平原文化，亦属农业文化和旱地农耕文化。多元文化的复合对京津冀体育文化区而言并不是唯一的，与其相邻的齐鲁、中原、关中、三晋等区域存在类似状况，但京津冀体育文化区是一种典型。

　　体育文化资源广义是指人们从事一切与体育文化活动有关的生产和生活内容的总称①。旱地农耕、农业种植为主型的生产方式，使得强调力量速度、位置移动、克服障碍的体育活动应运而生；五胡乱华、连年频繁的战火刀兵，关外北方游牧民族多次入主中原的特殊人文历史环境以及广袤的平原地理环境等，客观上促进了不同民族文化的交融，也导致地域民风彪悍，尚武风盛，使得训练拥有能力从事掠夺或捍卫土地所有权的社会成员的活动，成为具有阶级性社会的政治任务。于是，来自生产劳作、生计生活、社会交往的各种体育形式逐步成为军事训练或强壮身体的工具，最终演化为最具有代表性民俗传统体育项目。运河京津冀段传统体育项目，如沧州武术、回族重刀武术、武清区太极拳、大兴区太极拳、花拳、八极拳、通背拳、不同派系的功夫如张三门功夫、善扑营功夫、老北京掼跤、大弓张举刀拉弓、程式八卦掌、河东区拦手门，以及蹴球、地域杂技、抖空竹等，其共同之处在于都是早期人们为了适应于生产生活的需要而产生的，也是运河沿岸民众遵循自我生存法则的适应结果，贯穿于运河沿岸民众的日常生活中。从传统体育文化的内容和形式入手，将运河京津冀段传统体育项目进行了统计与分类，分为武术气功类、竞技能力类、表演类、游艺类、节庆习俗类、歌舞娱乐类等六大类（表2-2）。

表2-2　　　　　　　　　运河京津冀段传统体育文化项目类别统计

传统项目	分类	类别
各种拳术、刀、枪、剑、棍、戟、匕首、鞭、槌、刺、钺、铜、锤、杖、棒等	武术	武术气功类
拳、刀、剑、棍、气功、上刀梯等	健身气功	

---

① 程严凯恩：《方志中宁镇扬体育文化资源研究》，硕士学位论文，南京体育学院，2019年。

续表

传统项目	分类	类别
板鞋竞速、马术、高脚马速、抢贡鸡、龙舟竞赛、狩猎、速度赛马等	竞速	竞技能力类
打花棍、打馏子、打陀螺、飞镖、射箭、打飞棒、射弩、弹子等	击打、命中	
扭扁担、高脚马对抗、斗鸡、押加、抱腰杆、扳手腕、拔河、拔棍、挤油渣、摔跤、丢沙包等	角力制胜	
打三棋、五子棋等	棋艺	游艺类
举石锁、举石球、挑重担、秋千等	托举	
杂技与百戏、舞龙、舞狮、跳鼓舞、猴儿鼓、花式跳绳、跳竹竿等	表演	表演类
高跷、扭秧歌等	歌舞娱乐	歌舞娱乐类
祭奠活动、登山等	节庆习俗	节庆习俗类

二 运河天津段传统体育文化

天津位于海河五大支流南运河、子牙河、大清河、永定河、北运河的汇合处和入海口，素有"九河下梢""河海要冲"之称。自古因漕运而兴起，唐代中期以后成为南方粮、绸北运的水陆码头，金朝在直沽设"直沽寨"，元朝设"海津镇"，是军事重镇和漕粮转运中心。明永乐二年（1404）正式筑城，是中国古代唯一有确切建城时间记录的城市；清咸丰十年（1860）被开辟为通商口岸后，西方列强纷纷在此设立租界，天津成为中国北方开放的前沿和洋务运动基地。特别是明代以后六百余年的发展，造就了天津中西合璧、古今兼容的独特城市风貌①。作为京都门户和史上南北漕运枢纽，坐守水路交通便利兼有鱼盐之利，无论是历朝历代的商贾经营、始于清代止于民国期间的"闯关东"，还是当今大江南北的经济贸易，天津是其必经之地，也使天津成为华北平原东北部一个拥有 15 个兄弟民族之多的民族和移民聚集地。调查

---

① 安利军：《渤海银行天津分行中小企业客户服务营销策略研究》，硕士学位论文，昆明理工大学，2019 年。

发现，武术是天津传统体育文化的最大亮点和主要内容，传统武术在这里滋生发展并被发扬光大，军事重镇的起点与特征，使习武成为民间风俗和时尚。天津传统体育文化在运河文化中具有突出的价值和作用，也是本书的重要章节。

表 2-3　　　　　　　运河天津段传统体育项目分类表

项目	类别
八极拳、通臂拳、八卦掌、形意拳、太极拳、拦手拳、秘宗拳、少林拳、螺旋拳、无极拳、阴阳八盘掌、大成拳、太祖拳、五子拳、鸭形掌、八卦刀、杨家枪法、心会掌等	武术
桩功、内功、盘功、苦功等	气功
摔跤、举重、拔河、扔沙袋、踢毽、技巧性运动、冰上运动、游戏、花会中的文体活动、放风筝等	民间体育
回族重刀、木球、顶罐、珍珠球、搏克、狩猎等	少数民族体育

京杭运河的开通，让来自苏闽、浙江、河南、山西、安徽、山东、河北诸地的仕宦、商贾和船户频繁经津，芸芸众生、异地文化在天津碰撞交融，各路武林豪杰更是依靠"以武结社""以武会友""以拳谋生"会聚驻津，使津沽码头拳场林立，流派丛生，各种拳种与器械流行于运河及其周边地区，成为武术文化发源、兴盛、散播之地。随着水陆运输和社会进步，四方商贾、粮船水手云集于运河两岸，带来了多姿多彩的传统体育文化（表2-3）。京杭运河任一段落体育文化的成长和演变，既是文化空间形态变迁的地理过程，更是文化内在逻辑演进的历史进程。查阅《天津通志》《河东区志》《河西区志》《天津文化简志》《地理志》《津门精华实录》《天津古史寻绎》等13本著作，搜集、整理天津市传统体育项目，把沿运河民俗民间传统体育文化项目（武术、气功除外）分为以下6个类别：角力制胜、技巧性运动、游戏、冰上运动、传统花会活动、表演等，各项目历史渊源、内容和特点见表2-4。

表 2-4   运河天津段传统体育项目内容与特点

项目	内容分析	类别
摔跤	天津摔跤属北京摔跤分支，现当代多为中国式摔跤，习练者脚穿软底高腰胶靴，着长裤，系腰带，上身穿多层棉布纳制成的"褡裢"，可抓衣带，抱全身，不许抓裆、揪裤子以及击打和使反关节动作，"三点着地"即为失败	角力制胜
举重	天津民间举重活动广泛传布，如举砘子、石锁，舞大铁刀，抱石及以练力为目的的拉硬弓等，与历史上军队练兵习武等关系密切	
拔河	古称"牵钩之戏"，因位于华北九河下梢，沟河纵横的天津，加上水路运输振兴，拉纤和水军操练的"牵钩之戏"也萌生而兴盛起来，它是以集体对抗互相牵拉形式来角逐力量大小，并带有娱乐性质的民间体育活动①	
踢毽	最早的毽界名人当数周占元（1881—1963），一生经营船业，毽界称为"船周"。踢毽在天津很盛行，名师高徒代代相传	技巧性运动
爬竿	有手攀、脚蹬、手肩或手脚并用、正爬、倒爬等，较为普遍的是竖立1—2丈长的木竿、竹竿或金属竿，以手或手脚并用攀缘而上	
攀杠子	中国民间流行的"杠子"是以四根木棍作支撑，中间横一直径约5厘米的木棍，两端固定在地面上绑制而成。民国以前天津南市、谦德庄、地道外、西头以及河北一带民众聚居地区均有攀杠子活动	
打嘎嘎	起源甚早，运河天津段在19世纪初就盛行此游戏。器具包括1块2寸左右、直径约为8厘米的木段，两端削成尖形，如枣核状。嘎板长约1尺许，用扁木条或圆木棍制成，宽厚度以适于手握为宜	游戏
跳绳	民国初年至天津解放前的几十年间，跳绳活动主要在中、小学校体育课堂及课外活动中开展，间或举行单人与集体跳绳比赛或表演	
骑马打仗	天津模仿古骑士马上徒手搏斗的一种对抗性游戏，参与者多为活泼好动的男童。可单骑轮战，决出最后胜利者，亦可多骑分拨对抗	
抖空竹	俗称"风葫芦"或"朦葫芦"。流行于明代，以竹、木制，分单轴和双轴两种，轴四周刻有四五个到十数个细长的小孔，名曰"响"。响数越多，抖起来声音越亮。天津以"刘海风葫芦"和"老寿星风葫芦"两家最为出名	

---

① 王雅洁：《天津近代体育文化变迁研究——基于西方体育文化传播视角》，硕士学位论文，天津体育学院，2012年。

项目	内容分析	类别
跑凌鞋	跑凌鞋与当今滑冰活动相似，非外域传入，乃天津人民因地制宜自创的一项独特、经济的健身活动	冰上运动
撑凌排	张焘《津门杂记》载："冰床又名托床，俗称冰排子。其形为床，可客三四人，高半尺余，上铺草帘，底嵌铁条，取其滑而利行，人坐其上，一人支篙撑之，驰骤甚速。每到天寒冰冻，往来密如织梭，四通八达，攸往咸宜。"因天津多水域，冰封大地时节，津门河沟坑塘上便会出现撑凌排和跑凌鞋活动，其时的冰床活动既是交通运输工具又是民间冰上游戏	
舞龙	天津称之为"耍龙灯"。二三十名壮年人手举木棍撑起长达 20 多米的彩色布龙，龙身内燃蜡烛。每逢年节盛会，即上街欢舞吉庆	传统花会活动
舞狮	动作多种多样，以文武分类："文"要细致地表现出狮子休闲和欢乐的神态，如嗅物、洗面、搔痒、打盹等形态；"武"要能表演上山、下山、钻圈、滚球、叼球、踩球、过桥、打滚等动作。技艺高超者还能做出腾跃、纵跳和高台翻筋斗等高难度动作	
五虎扛箱	寓意为扛箱所载是皇家宝物，由五虎将护送，途中为匪人所觊觎，前来抢劫，而起争斗。因此，有各种精彩的武技表演	
踩高跷	具有杂技性质，运河不同段落都有高跷活动。踩技高超的要能做出变化多端的舞步、跳步、虎扑、蝎子爬、朝天蹬等高难度动作，因此，队员需有一定武功基础。天津"皇会"中，踩高跷是非常重要的一项活动	
叠罗汉	在天津已有近 300 年历史，以芦台地区最为盛行。参加叠罗汉的多为装卸工人，力量过人，在劳动中积累一定力学知识，能随意编排和变换各种合理、巧妙又惊险壮观的罗汉造型①	
放风筝	天津传统风筝融南北艺术风格于一体，造型生动，色调简洁，骨架精细。清末手工精湛风筝艺人诸如"老金记"兄弟、"帘子李"、张七把兄弟等均享有一定盛名，最著名当数"风筝魏"创始人魏元泰和"雅文斋"创始人周树堂两位艺人，独具扎、糊、绘、放等各种制作工艺，继承并发展了精、美、真、巧等特点，使天津风筝跻身于全国三大风筝流派之列	表演

① 王雅洁：《天津近代体育文化变迁研究——基于西方体育文化传播视角》，硕士学位论文，天津体育学院，2012 年。

三　运河京津冀段武术文化

（一）运河城市"武术之乡"分布

截至目前，京杭运河城市共有 28 个县市区列入全国武术之乡名单，高达全国总数的 30.77%。运河京津冀段的武术之乡有 12 个，占全国武术之乡总数的 13.2%（表 2-5），这些武术之乡，具有燕赵武术的显著特点。1991 年，沧州市成为全国第一个获批国家体委命名为"武术之乡"的地级市，2006 年 6 月，"沧州武术"进入第一批国家级非物质文化遗产名录，在 2011 年"中国城市榜之中华武术之旅"武术之乡评选活动中，沧州、河南省温县与登封市从全国 91 个"武术之乡"中脱颖而出，荣获"最中国武术之乡"荣誉称号①。这些沿运河武术之乡是弘扬中华武术精神和光大民族优秀文化的重要阵地，对中华武术的传承、创新和发展具有强大的示范和带动作用，作为运河沿线武术文化的重要发源地和传承地，其文化品牌价值将会不断跃升并受到越来越多的关注和青睐。

表 2-5　　　　　　　　运河城市全国武术之乡分布

批次（年份）	一批（1991 年）	二批（1996 年）	三批（2001 年）	合计
运河京津冀段	南开区、宝坻区、沧州市、永年县	深州市、文安县、邯郸市	西青区、河西区、红桥区、大名、南宫市	12
运河山东段	菏泽市、郓城县	台儿庄区、东明县、单县	滕州市、薛城区、巨野县	8
运河江浙段	太仓市、沛县	台州黄岩区	徐州市、高淳县、义乌市、平阳县	7
占全国比例	22.22%	24.14%	46.15%	29.6%

（二）武术门派与规模

运河京津冀段武术文化一直以拳种丰富而闻名，在燕赵地域内形成以及由其他地域传入并广泛流传的拳种共同组成了博大精深的燕赵武术体系。丰

---

① 朱懿奇：《浅谈中国传统武术的奥运之路》，《科技展望》2016 年第 30 期。

富的拳种内容、多样的表现形式，使运河京津冀段的武术形成了独特的运动风格，成为近代中国经典武术的代表之一。以河北省为例，素有"北腿"之称的戳脚、"文有太极安天下、武有八极定乾坤"的八极拳、"双拳密如雨，脆似一挂鞭"的翻子拳、"通背加劈挂，神鬼都不怕"的通背拳和劈挂拳，以及劈、崩、钻、炮、横五行合一的形意拳等，都是燕赵武术的经典。据统计，燕赵地域内共有八卦、形意、八极、六合、戳脚、拦手、劈挂、梅花、太祖、翻子、通背、少林等60多个武术门派，包括90个拳种和80个单项拳械，其中又以沧州一带种类最多，保定次之，其他地区也有二三十个拳种流传。这些武术历经代代传承呈现明显的地域特征，如天津的武术多迷踪、拦手；邯郸的武术多太极、佛汉；邢台的多通背、洪拳；衡水的多功力、梅花；唐山的多燕青、猿功；保定的多形意、翻子；沧州的多六合、八极等。由于北京明代以来一直处于都城地位，所有各式拳种器械更多①。查询国家非物质文化遗产网、河北省政府网站和非遗网的统计结果，到2020年7月为止，河北省有16项国家级传统武术非遗代表性项目，占全国总量（59项）的27.1%，排名首位；有77项省级传统武术非遗代表性项目，占全省非遗名录（842项）的9.1%。另有学者统计，河北现有省级非遗代表性传承人877人（含国家级），其中传统武术非遗传承人81人，比例占9.24%；代表性传承人主要分布于沧州市27人、邯郸市14人、邢台市12人、保定市9人、衡水市9人、廊坊市4人、石家庄市3人和秦皇岛市1人；50岁以下代表性传承人有9人，其余均在50岁以上，79位代表性传承人中有2名女性②。不难看出，地处中国北派武术的主要发源地，京津冀体育文化区习武规模盛况空前，流派纷呈，这与史上武术文化源远流长、独树一帜，且具备深厚的群众基础有关。

运河京津冀段的武林人士层出不穷，他们以高超的武艺、淳朴善良的心地、刚直不阿的性格，及敢于为洗刷民族耻辱而斗争的英雄气概，为河北人民、为祖国争得了荣誉，为武术人树立了旗帜。例如张之江、"神力王"王子平、"郭燕子"郭长生、"摔跤大王"佟忠义、"杨无敌"杨禄禅、"威名震河

---

① 张强：《京津冀"武术进校园"的路径选择研究》，硕士学位论文，首都体育学院，2017年。

② 张会爽：《河北省传统武术非物质文化遗产保护研究——以饶阳戳脚为例》，硕士学位论文，河北经贸大学，2020年。

朔"的董海川、"活猴子"孙禄堂、"武状元"曹晏海、爱国武术家霍元甲等[1]，一大批中国武林中赫赫有名武术大师的故事，被印记在了人们心中。从文化学角度分析运河京津冀段武术文化，既包括燕赵地域流传推广的武术拳种、场所、器械等物质方面的内容，还包括传承者留给后世的由文字和图示组成的拳谱，以及表达人体攻防对搏精髓且朗朗上口的歌诀，即现当今提及的非物质文化。可见，运河京津冀段武术文化所包容的内容十分广泛，堪称燕赵武术文化中的一朵艳丽奇葩，属于泛文化的范畴。

四　沧州武术——泊头六合拳的个案考察

（一）泊头六合拳的源流

2021年10月1日，笔者团队赶赴沧州泊头市，适逢拳师石同鼎率领45名六合武馆学生参加泊头市委宣传部举办的中华人民共和国成立72周年六合拳展演。在六合武馆，石同鼎讲述了泊头六合拳的源流、传承与发展情况。

六合拳起源于沧州泊头市，兴于明，盛于清。泊头，河北省沧州市下辖的县级市，位于河北省东南部，始建于东汉，因运河漕运兴起而得名。现今泊头市北依京津，东临渤海，南接齐鲁，距北京市250公里，距塘沽港180公里，无山无丘，平坦开阔，地形简单，且位于京津冀经济圈内，环渤海经济带中。民间流传六合拳由宋代民族英雄"武圣"岳飞所创，但这一说法缺乏相关理论与事实依据，因为民族英雄岳飞是河南汤阴县人，不太可能到沧州创办岳家拳或六合拳。尽管如此，武术史学家们一致认为宋朝时期六合拳套路基本形成且不断发展和完善。

《沧州武术志》记载，六合拳流传到泊头境内追溯到明代万历末期，已有四百余年历史。书中记载，万历末期有一位侠士张明，路过泊头市刘庄回族乡八里庄时突然患病，曹振朋将其接到家中，为其请医看病，照料十分周到，张明发现曹振朋每天早晨在家中习功练武。后张明身体痊愈，为了报答搭救之恩，将自己练习的六合拳精心传授给了曹振朋，并赠拳谱多卷。曹振朋获六合真谛，传其子曹寿，曹寿传石金可，授艺石长春、张茂龙等。四世传人

---

① 马剑编著：《燕赵武术》，人民体育出版社2010年版，第22—23页。

石金可在泊头开门授徒，拜师求艺者甚多，如沧州李冠铭亦学艺于泊头，凭所学六合功法绝技，在沧州夹马攀坊创下"镖不喊沧"的旷世英名①。五世传人石金省传石金良，六世传人石金良传石光起，授徒贾立河、曹玉芳等。七世传人石光起传其子石同鼎、石同更，除家族嫡传之外，开始对外传播。由此，六合门人志士先后扬名于国内外。

中华人民共和国成立以来，六合拳在我国多地广为流传，尤在北京、沧州、泊头、福建、深圳等地都有专门的六合拳老师在传授这项传统项目。"文化大革命"期间，六合拳的发展受到了一定的影响，加之许多拳师前辈的相继去世，六合拳的传承受到阻碍。21世纪以来，传承人石同鼎打破传统门户之见，收徒传艺，加强与海内外六合拳门人的联络，深入研讨，正本清源，梳理出了海内外各支脉的传承脉络。六合拳研究会于2004年1月17日在北京正式成立，这是在北京市武术运动协会领导下成立的群众性武术团体。目前北京六合拳研究会仍然广泛组织各种传承性的武术活动，人们在紫竹院公园、滨河路、青塔小区、右安门等地都能看到六合拳的身影。六合拳各派传人先后在世界各地以及全国、省、市武术比赛中获奖，为六合拳和沧州武术的发展作出了新的贡献。

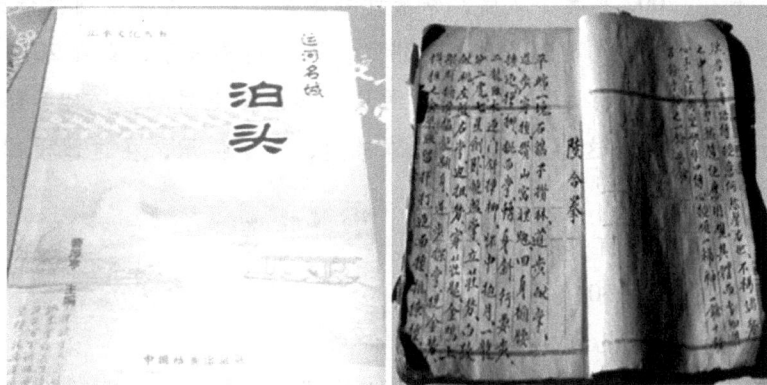

图2-1　运河名城——泊头书籍和泊头六合拳拳谱

（二）六合拳传承与发展现状

石同鼎，回族，1961年12月出生，沧州泊头清真街人。六合拳第八代传

---

① 石同鼎主编：《六合拳（第一辑）》，方圆电子音像出版社2018年版。

人，第一批国家级非物质文化遗产项目代表性传承人，自幼随父石光起学练六合拳法，现任全国武术协会会员、沧州市回族武术研究会副主任、世界搏击协会专家顾问。石同鼎从小到大和弟弟跟着父亲在清真寺里刻苦练武，练成了一身高超的功夫。2001年4月，父亲临终前嘱咐石同鼎，一定要在清真寺外面找一处练武的场地，六合拳要打破民族界限，才能发扬光大。在石同鼎的努力推动下，筹资20余万元，于2002年9月建起了六合武馆。2009年成立了泊头六合拳研究会，在老拳谱的基础上编写了《六合拳系列丛书》（图2-4），六合拳在全市中小学推广普及，使这门古老的拳术，又焕发了崭新的生机。石同鼎非常强调基本功训练，他说："练拳不练功，到老一场空。"一种古老武艺的演变，一个当代武者的坚守，折射出的正是武术变化的外在形态和不变的技击本质。

调查起始

在武馆外10米×20米的习武场地上进行，访谈首先从武馆的建设架构谈起："石馆长，楼上能训练吗？"

石："2002年建了2层，原来计划的是三层，房屋基础打得比较好，盖着盖着没钱了，跟亲戚朋友都借了，再借借不来了，直到2018年又开始筹集资金，加了一层，跟下面两层一样，楼上居住，一楼习练，还有房子西侧和北侧这两块场地，基本够用，为了传承，在这地段建房升值空间很低。"

问："武馆有多少学生？"

石："不到50人。"

问："每天几练？"

石："只有晚上7：30—9：00训练。"

问："给这些学生安排学习文化课吗？"

石："都在各个学校上学，这里没有食宿，就是业余时间练习。学生上了初中没时间，只有晚上练。"

问："生源没问题吧，怎么样？"

石："主要依靠收学生，小学一年级到上初中之前，基本良性循环，从一年级习练到五年级，是时间最长的了，六年级学习很紧，散（算）了！返回来还得从一年级重新招生，大一点的孩子，上初中了，住校了，锻炼行，系统习练没时间了，学生晚上作业特别多，写到八点多，放学了来干吗呢！"

早期弟子路过武馆，依然用"师傅"打招呼。石馆长很高兴："就读于沈阳某大学，居住在武馆附近，非体育专业，全国大学生武术比赛一等奖，从小练习六合拳，放假就过来练习，没中断，一中断就完了。"

得知笔者团队从沧州调查镖局之后而来，石馆长娓娓道来："沧州成兴镖局、北京大刀王五的源顺镖局，还有曾祖父石金省的沈阳长顺镖局，都是泊头六合门传承人所开，六合拳起源于我这里，武馆前面就是京杭大运河，离这儿就六七十米，没有建成武馆以前，习练都是在清真寺进行的。"

问："你怎么看运河与体育，运河与武术？"

石："小时候我在运河边上练功，跟运河文化是紧密相连的，中央电视台和其他媒体来采访，必须领他们到运河、清真寺看一下，因为这三个地点至今分不开，京杭大运河飘来了清真寺，没有清真寺，就没有泊头六合拳的传承和发展。"

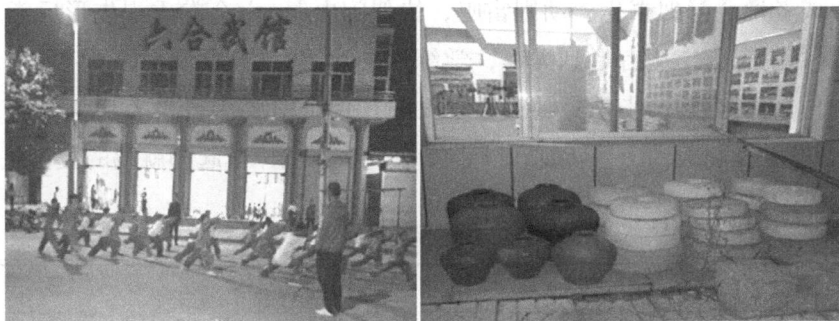

图 2-2　泊头六合武馆场景

（三）技术风格的培养与表现

《国术大全》将六合拳单列，列出了拳势的名称："立正切掌，上步双撞拳，骑马式劈轧拳，高头探马踹窝心，脚踝打掌，珍珠倒卷帘，磕膝腿，白鹅掠翅，古树盘根，拦腰掌……"① 六合拳内容丰富，体系完整，其中包括拳术和器械、单练和对练、技击和功法等多种内容。六合拳的套路有 72 式，基础套路包括六合弹腿又称六合十二路弹腿、行龙拳、迎门炮、化工拳等（表 2-6），另外还有行龙拳、六家式、四种拷打、八步行走梅花变和七十二把擒拿，兼习摔跤、弓箭、弹丸等。从拳种命名而言，六合拳以"内三合""外三合"为主要内容。所谓"内"是指心、神、意的心意活动和气息运行，表现为：心和意合、意和气合、气和力合。所谓"外"是指手眼和身步等身体活动的结合，表现为手和足合，肘和膝合、肩和胯合，内与外合即为六合。从"外三合"中可以看出，六合也包含有"身体中的六个部位两两相合"的意思。当然，从"天人合一"的角度来看，"六合"还包含自然界中的六个方位，即东南西北及上下方位。六合拳的拳理认为，人体的发力源在于脚，通过腿、胯、腰、肩，最后集中于手而称为六合劲。由于六合拳属于长拳类的武术项目，因此特点和长拳类似，表现为动作姿势舒展大气，傲然挺拔。天下 72 门拳法的来源，泊头六合门拳谱记载得比较清楚，即 12 个六合乘以六个子派，因为每一个六合有 6 个子派，每个六合独成一家。在练习六合过程中强调肢体矫健敏捷，动作干脆利落、刚劲有力、刚柔相兼、动静分明。练习六合拳时要求三尖相对，上下相随，内外合一，眼法、手法、身法和步法紧密配合，做到"动如游龙，定如卧虎，迅如狡兔，灵如猿猴，轻似云鹤"，或者说"静似书生，动则雷鸣，快似闪电"。六合拳重视先形后意，从外三合到内三合，从有形到无形，学练用结合等，眼观六路，拳打八方，随机应变。心动意随，步动身随，手动眼随。六合拳要求智勇力巧相结合，招法快、准、稳、狠，出手就打，顺手就拿，缩手就摔，起脚就踢的技击风格。

表 2-6　　　　　　　　　　　　　六合拳主要内容

分类	六合拳
主要套路	六合弹腿、迎门炮、化工拳、六合拳、行龙拳、黑虎拳、青龙拳
器械套路	六合刀、六合剑、六合大枪、六合杆
基本功	桩功、腿功、腰功、掌功、气功

---

① 中央技击协会编：《国术大全》，山西科学技术出版社 2006 年版，第 380 页。

续表

分类	六合拳
基本手型	拳、掌、勾
基本步型	弓步、马步、扑步、虚步、歇步
拳法	冲、砸、劈、掼
腿法	弹、踢、蹬、踹、勾、旋、挂

（四）器械与套路的传承

六合拳法为我国著名传统拳法之一，具备较高的文化历史与健身技击价值。六合举法，外练踢打摔拿，内含天人变化。通过六合使人与自然融合为一，内功与外力相结合，实现技击和健身。六合拳术，招式舒展，手法连贯，稳中有动，动中有静，步法清晰，飘洒实用，健身防身效果显著。拳谱云：四方上下曰宇，往古来今曰宙。因天在上而知覆地在下，阳气轻清向上浮使天成象，阴气重浊而下凝使地成形。天之四象日月星辰，地之四象山水土石。上天下地两间者，讲天地开也。正东东南，正南西南，正西西北，正北东北为八表，东西南北上下为六合。拳法理论讲阴阳起落、动静协调配合；心与意合、意与气合、气与力合、手与足合、肘与膝合、肩与胯合。这六合倘若运用自如，劲力便可发与脚，撑与腿，冲与胯，拧与腰，送与肩，开与手。演练时，形化随意，势式相随，招式分明，刚柔相济。技击时，后发制人，心意为先，见招化招，以招破招，借力发力，以柔克刚，以快打慢，随机应变，使之化打结合，攻中有防，防中有攻，其招法灵活多变，攻防协调配合。六合拳诀云：冲必拧旋须认真，上下相顾能退进，拨旋绕身连势招，一招见果下盘分，揎旋力量猛中击，弹旋凶勇步旋准，引动彼方失中线，圈旋智谋奥妙深，挨傍挤靠身不离，粘连黏随人不分，六合之功重八母，明然梅花在脚下[1]。

六合拳法练习，首先必须练好基本功。除各拳种共有的基本功之外，有些根基功夫和特殊技艺种类广泛，招式迥异，如十三太保、五禽戏、仙天京、拾手生立、抛接沙袋、花样石锁、花样抓坛子、花样耍重刀、花样耍石砘子

---

[1]　石同鼎主编：《六合拳（第一辑）》，方圆电子音像出版社 2018 年版，第 2 页。

等，架势、气力和风格各不相同。功夫内外、软硬功具备，内外功夫久练者，则得天地之灵气，成于内而形于外，内外奥妙可得也。六合拳主要手法有拳、掌、勾、明、暗、阴、阳、出、回，主要步法有弓、马、虚、扑、歇、开、散、进、退、摆、里、顺、凑、提、落、换、纵、抽，主要腿法有弹、踢、蹬、踹、勾、挂、扫、旋，主要拳法有劈、砸、掼、冲。六合拳的套路内容见表 2-7。

表 2-7　　　　　　　　　　　　　六合拳套路内容整理表

拳术套路	器械套路	对练套路
六合拳前四趟和后四趟、迎门炮前四趟和后四趟、五花炮前四趟和后四趟、回龙拳、行门八式、梅花拳、八折拳、关东拳、关西拳、形拳（手法变换多，技击含意深）、旋风掌拳、六家式拳（由大红拳、小红拳、弹腿、关西拳、太祖拳、六合拳之精华组成）、十八趟截打拳等①	六合大枪、六合花枪、十二连环枪、梅花枪、一百单八枪、春秋大刀前四趟和后四趟、五路大刀、六合单面镋、双面镋、凤翅镗、六合单刀、八步连环刀、风目连环刀、如意连环刀、十二连环刀、金臂连环刀、六合剑、八仙剑、鱼藏剑、行者棒、六合双刀、六合双剑、六合双钩、六合双锤、六合双枪、月牙钺等	六合拳对练、棍术对练、手捎子对棍、手捎子对三节棍、大刀对老虎鞭、大刀进枪、三节棍对双枪、双手带进枪、对劈刀、三节棍进枪、单刀对双枪、双刀进枪、单刀进枪、双手带对双枪等

问及器械与套路的传承问题，石馆长谈了切身体会："目前六合拳的传承分为三个模块，比赛套路、表演套路、传承套路，三个模块区分明显，有利于推广、发展和传承，今晚你看到的这些是我改编的表演套路，时间仅有 50 秒至 1 分钟，区别于比赛套路的 1 分 30 秒至 1 分 40 秒，防止耗费体力、拖泥带水，严格讲这不叫改，是与时俱进……"

展示完几种兵器，看着孩子们的练习动作："兵器对打，得有个人的特点，有些学校培训都是一个套路，做的仅是那几招，没有意义！攻防性练习不是举重，我干过举重教练，年轻在泊头市体校时，队员 1994 年 13 次打破河北省纪录，举重跟武术结合，运动员通过武术练习，柔韧性、爆发力、协调性都有了，中国武术是一个大家庭，不是几个拳种就能代表的。"（用手指

---

① 石同鼎编著：《六合拳进校园普及套路》，方圆电子音像出版社 2018 年版，第 6 页。

着学生）"都是手把手这样教，刚入门、见成型、连同器械练的都行了，学生得升学，以后得生存，人走了，又得一轮，另一轮学生又来了，此境况制约着习练程度，因为学校有学籍管理着学生。"

图2-3　六合拳器械习练场景

（五）直面困难，传承有序

石馆长介绍，为了让孩子们更便捷地学习六合拳，石同鼎精选整理了36个套路动作，制订了培训计划，录制了光盘教材，发放给各学校，并和长子石增林（现职于泊头市教体局）定期到各学校进行指导。2010年，在当地政府支持下，六合武馆对泊头市150余名体育教师进行培训。目前泊头市中、小学体育必修课，已有6万余名学生习练，使六合拳在泊头市中小学普及推广。2011年，六合拳被列入国家非物质文化遗产名录。2016年10月，在首届中国非物质文化遗产项目展演大会上，石同鼎带领六合武馆5名队员取得5枚金牌、2枚银牌的好成绩。2018年5月，泊头市举行田径运动会，1600名学生集体表演了六合拳套路。在2018年9月27日举行的沧州第二届旅发大会上，400多名学生集体表演六合拳，赢得社会各界好评。2020年疫情防控期间，石同鼎采取云端教学方式，带领学生们居家练习六合拳，强身健体，抗击疫情，传承非遗文化。2020年9月，率领30名弟子赴沧州参加了"流动的文化"——京津冀大运河非遗联展，河北电视台《行走大运河》来六合武馆直播报道六合拳传承与发展。

通过武馆内展示的实物和图片，现场了解到，继中央电视台于1988年和1998年来清真寺拍摄六合拳法，《武乡行》纪录片和《体育人间》栏目均有展播；2018 年末，黑龙江卫视《一起传承吧》栏目还专门为一家三代拍摄了节目。2020 年 6 月，中央电视台科教频道《中国影像方志》栏目组来六合武馆拍摄报道六合拳，河北电视台、沧州电视台对六合拳的报道与宣传逐年增加。

问："传统武术六合拳的对外交流情况如何？"

石："从 2002 年建馆以后，开始组织全国习练六合的各个支脉成立了研究会，2016 年举办了研究会成立 5 周年展演交流和学术研究，到了 2019 年研究会成立 10 周年之际做了隆重庆典，通过这几次大的展演交流，加深了全国各个支脉掌门人的团结一致，共同切磋，加深了感情，近年来能够互相来往，形成了一个大家庭，有了这个平台，对六合拳的传承、发展起了积极推动作用。"

问："如何处理孩子学与练的关系？"

石："传承在下边（地方），延续是难点，小学延续下来了，初中能来练习的很难坚持，依靠武术升学需要考取二级运动员，再加上疫情，还得花这么多钱，经济条件差的就打退堂鼓了。作为家长，学生处在以学习为主兼学（武术）阶段，孩子的英语要求很高，最近教育部教学改革以后，开始把英语分降下来，把体育分提上去，在上提的前提下，又号召了跳绳、体操、仰卧起坐等，对传统体育文化还是没有引入一个完整、正规的渠道，没有考虑怎么让武术和传承人更好地发展、更好地传承。我编教材、做展演，还要参加 10 月 9 日的旅游大会，借助各种活动进行推广，也是没法，据我了解，在各个地域，国内不少的非遗传承人都已开始这么做。但是作为学校、校园呢，仅仅学的是普及套路，真正内涵的东西他是学不到的。"

问："孩子练六合拳的出路在哪里？有困难吗？"

石："就河北、山东而言，武术需要多办比赛，让那些多产的（武术习练学生多的地方）有点奔头，每年就搞 1 次比赛，还有名额限制，再有些不正之风，跟裁判提前沟通、花费好几万，怎么就花这么多钱？学生本来家庭负担就很重了，这就不成系统了。练武的孩子只要走这个路，本身文化课就差些，但是在武术专业上要想考个大学，就得从政策上倾斜，多搞些比赛，尽可能拿到运动员证书，最起码解决进入大学的第一道门槛的通行证，让孩子有些前途。"

（六）弘扬和传承六和精神，任重道远

六合门（派）极重武德，传承不分贵贱亲疏，操守"御辱有志士，国难无版逆，道德是良方"。授徒不问民族地域，主张"中正耿介，崇德向善，匡扶正义"。纵观六合拳的传承和发展，它是英雄拳、侠义拳、实战拳。

问："家庭传承情况怎么样？"

石：大孙子石粮玮（2010.05.01—），小孙子石粮斌（2014.04.25—），每天都坚持练武。石粮玮5岁开始练武，2018年在第十届沧州国际武术节比赛中获A组男子拳术金牌，传统器械银牌，2020年在沧州市武术比赛中获男子A组六合拳一等奖，传统器械一等奖。石粮斌也是5岁开始练武，2020年在沧州市武术比赛中获男子A组六合拳二等奖，传统器械二等奖。

赞赏之后，问："如何选择和培养弟子？"

石："现在相传的弟子、入室的弟子不到30个，2019年研究会成立10周年时，我收了21个弟子，一块做六合拳的习练。接收入室弟子，都是从小跟我练习的。徒弟选了老师，得看看这个徒弟的品行、道德、承受力等，看好了才能走传承过程，一旦成为入室弟子，他必须肩负着一定的传承责任，不是说我光要个名，去整照片去吧，这样不行，不成系统……传统武术都在民间，各大专院校师生训练的是规定套路，加上散打、跆拳道，为什么跆拳道抢占了这么多的市场，是国内对传统武术的发展和宣传，还有地方个别教育部门、文化部门的结合方面都出现了问题，没做到正确的监护，上面的政策是好的，到下面执行了吗，没有实行到位。"

问："谈一下学员的民族组成情况。"

石："汉族多，学生2/3是汉族，武馆附近南半部，几乎家家户户，都有我的门下徒弟，并在山东安丘的学校设立了传承基地。"

问："六合拳未来传承趋势怎么样？"

石："尽管沧州是有名的武术之乡，各个拳派能够完全传承弘扬下来的不多，53个拳种能良性生存的不足10个。困难很多，难点是各个拳派都存在问题，不是咱一家，看谁能在困境中生存下去，谁就是胜利，目前无法解决的问题，就是各种器械和功法性练习面临失传，眼睁睁地看着无人传承。当前形势，如何把个人的拳派更好地传承、弘扬、发展，并给后人留下历史资料，就是最大的进步，《六合拳》第2辑争取明年出版，80余种套路需要陆续整理完成，拳可以一日不练，但不可一日不想，这就是传承人的责任！"

图 2-4　武馆所赠六合拳图书

（七）个案考察研究总结

（1）传统体育项目（武术）习练者缺乏，训练周期集中于小学阶段，此阶段的习练基本做到良性循环，至初中学段和高中学段，受学业外加住校、课外作业、家庭作业等的影响，习练者逐步减少。

（2）石同鼎"京杭大运河飘来了清真寺，没有清真寺，就没有泊头六合拳的传承和发展"，证实了京杭运河与传统体育文化之间唇齿相依、休戚与共的紧密联系。

（3）传统体育项目技术内容和比赛内容如何有效选择、整合与变通，并做到表演风格、教学方法和训练手段与时俱进的创新，以及传承模式的革新等问题，是当今项目传承与发展面临的挑战。

（4）各种体育表演、媒体宣传、展演交流和学术研究是推广运河传统体育项目的有效手段，而通过制订项目培训计划、编制教材和光盘录制等，把运河传统体育项目更好地传承、弘扬、发展，并给后人们留下历史资料，是需要扎实推进的工作。

（5）增加比赛，政策倾斜，获得运动员证书，是中小学传统体育项目学生考取高等体育院校的有效途径。面临如何处理学习与训练的关系，平衡中小学学生体育课与其他文化课之间的关系，如何处理传统体育项目考取二级运动员证书等问题。

（6）沧州武术 53 个拳种能够良性生存的不足 10 个，作为非物质文化遗产，各种器械和功法性练习严重失传，传统武术早已突破了民族、性别的限制，传承人肩负着一定的传承责任，传承人选择与学徒的品行、道德、承受力等有关。

五 沧州武术历史发展与"尚武崇侠"的成因

（一）沿河滨海、畿辅重镇的要冲位置

古之沧州既是犯军发配之地，又是叛将蔽身良所。历史上的沧州几度搬迁，直到公元 1369 年（明洪武二年），最终迁至大运河畔。京杭大运河纵穿沧境，京德御路贯通南北。沧州、泊头、献县、河间、鄚州均为南北水旱交通要冲[①]，并成为人烟辐辏、商贾云集、货物山积的水旱码头，作为京、津、冀、鲁、豫商品流通必经之地或商品集散中心，亦为官府巨富走镖要道，所以沧州镖行、旅店、装运等行业兴盛。各业相争，必握高强武技才可立足，清末威名远扬的"镖不喊沧"，便是当时沧州武术之盛的写照[②]。现当今大运河流经沧州215公里，从 8 个县市区穿过。据当地老人回忆，1949 年前运河

① 张绰庵、韩红雨、马振水：《对河北民间武术历史文化特征及其成因的初步研究》，《山东体育学院学报》2008 年第 10 期。

② 申国卿：《燕赵武术文化研究》，《体育科学》2010 年第 4 期。

水还有 5—6 米宽，航行 20 米长的大船，1978 年南运河航运全线中断，南运河水运地位日渐式微，沧州段运河航运功能完全丧失。随着大运河在沧州境内断流，运河沿岸商贾散去，繁华随之落尽。2018 年以来，在国家大运河遗产保护开发战略的指导下，沧州市运用沿线林业基础和特色资源，沿大运河河道建设生态绿廊，建造了运河生态公园和休闲区、林业体验园和观光区、森林公园等，在不断改善两岸生态环境的同时，保护文物，梳理文脉，融合文旅，推进大运河文化带建设取得新进展（图 2-5）。

图 2-5　生态修复后的沧州运河

（二）众族聚居、乱世谋生的需要

回族是一个具有悠久体育传统的民族，沧州回族崇尚武术，原因繁杂，根源悠深。纵观回族形成、发展的历史过程，不难发现回族是一个以伊斯兰精神为依托的民族，穆斯林把练习武术尊为"逊奈"，意为高尚的"圣行"。同时，沧州回族尚武的传统与其祖上从武的"基因"有很大关系，沧州作为有名的"武术之乡"，其武术的传承离不开明代的回族军功家族。这些军功贵族，职位世袭是不言而喻的，子孙要想称职，就必须苦练家传的武功并求精进，这样祖上的习武特点，成为后人的尚武基因。当然军卫生活的长期习染也使得习武成为这些家族的传统，沧州孟村回族自治县武术久负盛名即为最好的明证。明初武术种类及流派大规模入沧是在回族迁入以后，沧州多民族聚居区，尤其回汉"大散居"和"小聚居"的局面年深岁久，各民族交往交流交融推动了武术的发展。[1]

---

[1]　于秀萍：《明清时期沧州武术兴盛原因述略》，《沧州师范学院学报》2012 年第 1 期。

历史上沧州是渤海沿边最苦地区，因地处"九河下梢"，土地瘠薄，旱、涝、虫灾不时降临。据载沧州地区爆发的古代战争超过 100 次，近代大小战役也超出了 30 次。20 世纪民国时期，军阀长期混战，战火之乱致使生灵涂炭，并危害人民群众的生命和财产安全，经济社会发展受到严重阻碍。可见，沧州人民在如此动荡不安的社会环境中世代生存，日渐形成了浊世求生的民族需求，故习武自保以对抗各种外来势力。另外，因沧州民众多居于运河两岸和交通要地，打把式卖艺、押货保镖等养家糊口的行业应运而生。

图 2-6 沧州市穆斯林武术馆

（三）先祖尚武、历代武举的推动

沧州一带自古就有"尚武习俗"，据《汉书》记载，渤海郡太守龚遂到任之后，有感于民风尚武，力劝民众"卖刀买犊"，"卖剑买牛"[①]。民国《沧县志》记载在该地一直保留着拜祭弓箭的结婚习俗，"新婚夫妇拜堂案设弓矢，其制盖起于太古未定俪皮之世，野蛮部落或男女不足则掠于他部，俘获而归则悬其弓矢以炫勇，其出必以夜，故婚字从昏。数千年来虽由草昧而进乎文明，其原人之遗迹尚有未尽革者，斯与丧礼之毛血刍灵同一源流"。春秋战国时期，据载沧地的习武之俗越发浓重，其时诸侯争霸，诡计奇兵，策略

---

① 李文博：《新中国以来沧州回族武术变迁研究——以六合拳世家三代人口述史为线索》，硕士学位论文，上海体育学院，2014 年。

博弈，民必讲求武备，非尚武不可图存。沧州《李氏谱书》载有"朱棣登基，为固守运河，安定燕南，自永乐二年始，陆续将金陵等地李、张、王、刘、尹、回、马、戴回族八姓北迁。沧州为南北迁徙枢纽，运河东西八姓居焉"，先祖所悉拳械套路，必传业授徒，以防流失。以上史料足以说明沧州习武之风的悠久。

武举对沧州武术发展具有极大的推动作用。中国武举制度创始于武周，即武则天于公元702年下诏书"教人习武艺"。据《资治通鉴·唐纪二十三》记载："长安二年壬寅，公元七零二年春，正月，乙酉，初设武举。"实际上，早在隋朝就存在选拔武术勇士之事，隋炀帝于公元607年曾下诏书："才堪将略，则拔之以御侮；膂力骁壮，则任之以爪牙。爱及一艺可取，亦宜采录；众善毕举，与时无弃，以此求治。文武有职事以上，宜依令十科举人。"① 可见，从隋炀帝选拔武勇人的非正式阶段直到武则天正式实施武举考，并形成一套正式的武举科考体系，其间经历了近百年的发展。在经历了唐宋完善、元代废止和明代复兴后，武举的兴盛进入清代，并改称武科。清代武科制度日益严密，录取相对公正，成为朝廷从民间选拔武艺高强者进入官府任命当差、实现民间武艺高超者"鲤鱼跳龙门"进入仕途的一种高效途径，致使民间习武者对武举考试趋之若鹜。但是清代只设武举而无武学，可以说为近代中国军事落后埋下了祸根。据清代朱彭寿所著《旧典备征》记载，从顺治三年到光绪二十四年两百多年间，燕赵地区河北籍的武状元就有23人，声名显赫的武状元诸如康熙九年的张英奇、康熙二十四年的徐宪武、康熙四十八年的田畯、雍正八年的齐大勇、乾隆二年哈攀龙等。1918年，直隶督军曹锟为扩充势力，在沧招募武士数十名到其武术营任教或出兵。1928年，张之江会聚了武林精英，建馆培训，当时沧州人入馆任教或深造者近百人。

（四）崇侠重德人文品格的熏陶

"正月十六遛百病（过桥）、五月端午赛龙舟、七月十五放河灯"，沧州风俗深深嵌着大运河的影子，运河文化对沧州人性格的形成，也产生了巨大的影响。《沧州赋·重铸铁狮记》中载"沿运河古城多矣，惟沧州以尚义之风出其群"；而"其言必信，其行必果，已诺必诚"，也展现了对武侠品质的认

---

① 马剑编著：《燕赵武术》，人民体育出版社2010年版，第49页。

同。正是武侠的这种人生观，这种不惜冒着生命危险为平民百姓扶危济困的精神，在专制政体下平民社会的吸引力形成了沧州的崇侠尚武之风。

重武德是先辈们择徒授艺的基本原则，且一向注重内外交流。来沧学艺者，热情款待。沧州人周游中国南北，或设镖局，或任镖师，或于民间教徒，或入军旅授艺，或寻师访友学技，或参加擂台比武①。如霍殿阁被清末皇帝爱新觉罗·溥仪聘为武师；王子平徒手打败俄国大力士扬我国威；张殿奎、刘振山、杨积善、孙文勃、佟忠义、佟存等授徒逾千，遍布我国黄河两岸，运河上下。

中华人民共和国成立以后，沧州武术稳步发展。沧州武术节在1989年10月中旬创办首届，2010年10月升格为国家级节庆和国际级赛事，至2019年已成功地举办了十届，武术之乡威名更是远扬海外，历代薪火相传，臻至鼎盛。总之，沧州武术从强身御侮保家，到行侠仗义除暴安良，维持社会治安与秩序，再到保卫民族与国家，最后到弘扬民族传统、发展体育运动的发展历程，其尚武重义、侠肝义胆的精神内核支撑着沧州武术一脉相传，至今不衰。

六　运河京津冀段体育文化特点及原因分析

（一）运河京津冀段传统体育文化特点

1. 慷慨悲歌、武勇任侠

"风萧萧兮易水寒，壮士一去兮不复还"，奠定了燕赵文化慷慨悲壮的基调。分析运河京津冀段体育文化的发展过程，慷慨悲歌、武勇任侠的侠客精神一直贯穿其中。中国古代，低劣的自然环境和与猛禽走兽做斗争，人们走、跑、投掷、射箭等本能彻底被激发出来。战国时期赵武灵王崇尚武力，为达到方便骑马射猎、获取战争胜利的目的，在燕赵及周边区域极力推崇"胡服骑射"，为武勇风气的形成造就了社会环境。有观点认为慷慨悲歌的文化特点于战国时期产生并成熟，隋唐时期被人们称颂，明清时期其风格影响不绝如缕，历时2000余年绵延不断，形成了悠久稳定的传统。自古燕赵多义士，如燕国的荆轲、邹衍、太子丹，赵国的程婴、狐偃、先参，三国时期袁绍手下

---

① 于秀萍、童广俊：《明清以来河北沧州武术文化传承研究》，团结出版社2015年版，第50页。

的谋士和常山的赵子龙等。各个朝代北方游牧民族统治范围的扩大和入侵中原，屡次引起国与国之间的战争，使燕赵区域的武勇任侠风气进一步传播和扩散，民风彪悍成为重要特点。近代，从八卦掌创始人董海川、力挫俄国大力士和日本柔道队的霍元甲，到杨氏太极创始人杨露禅；从抗战时期的雁领游击队、血洗八国联军的"大刀王五"、身轻如燕的"燕子李三"，到惊天地泣鬼神的狼牙山五壮士、周恩来的武术恩师韩慕侠，再到白洋淀里的小兵张嘎等，都在谱写着一段段可歌可泣的典故和逸事，壮烈而连绵地映射着燕赵区域慷慨悲歌、武勇任侠的传统体育文化特点。所以，用"慷慨悲歌"形容中原大地的人物和形象，是以燕赵区域为典型的。

2. 实际应用、与时俱进

掼跤、拳术和骑射，是由北方少数民族为了生产生存发展起来的传统体育项目，尤其关外匈奴善于骑射，长于野战，显示出强大战斗力。赵武灵王提倡改穿胡服，学习骑射，进行南北文化交流，带来中原文明与草原文明的第一次碰撞，对于民族文化、体育文化的融合具有积极意义。为了抵御其他诸侯国的进攻，秦灭六国统一天下后修筑长城，同时也建立了一条农业文明与草原文明的分界线，沿线各个关隘成为农牧经济、文化和民族交易的场所，既保证了中原农业、文化与北方畜牧业、文化的发展，又为二者的相互交流和补充提供了方便。两晋末期五胡乱华，边疆匈奴、鲜卑、羯、氐、羌等少数民族陆续建立政权，与南方汉人政权对峙，他们进入中原地区，直到唐朝政权建立，士大夫政治影响下的重文轻武风气得到彻底改变，中原文明第二次遭遇草原文明的猛烈碰撞。可见，自秦汉至明清，以长城为中心的南北文化交流始终没有停止过。沿长城遗留下来的名胜古迹，如万佛堂石窟壁画与雕塑、麦积山、云冈石窟、敦煌，金代卢沟桥、元代居庸关云台以及元大都遗址等，都承载着中国深厚历史文化的辉煌，是多元文化融通交流的见证。由此推断，长城的修筑和戍守，长城沿线的争战，促进了京津冀体育文化区多民族传统体育事项的交流与融合。所以，运河京津冀段体育文化是一种在地域特点和民族融合影响下产生的实用体育文化。燕赵儿女多豪气，沿运河先民继承着这些传统体育项目的规制，沿袭着传统体育文化的精神与目标，适应着不同时代的江湖。

（二）运河京津冀段体育文化特点的原因分析

1. 地理位置的决定作用

运河京津冀区域西临太行山，北枕燕山山脉，是中国历史上最早进入农业文明的地区之一。自古以来，地理环境对人、对文化产生的影响最深。在社会学、哲学、地理学、历史学、体育学的研究中，"地理环境决定论"绝不是片面的机械唯物主义，它是人们对自然与人的关系思考，揭示了自然与人辩证统一、不可分割的真理。运河京津冀区域北接内蒙古和松辽平原，地势西北高东南低，由西北向东南倾斜，囊括平原、丘陵、山地、盆地等地貌，慷慨悲歌、武勇任侠、务实经用的体育文化是顺应复杂地理环境的必然要求和结果。其一，不同的生活方式产生了不同种类的法律（法·孟德斯鸠语），土壤与居民的性格之间，尤其是同民族的政治、文化制度之间关系密切。土地贫瘠，使人勤奋、俭朴、耐劳、勇敢和适宜战争，土地膏腴使人因为生活宽裕而柔弱，怠惰，贪生怕死①。其二，与其说燕赵地大物博，不如说地大物"薄"，贫瘠的土地环境为燕赵人惊天泣地的"侠客精神"培养了土壤。其三，京津冀属温带大陆性气候，四季分明，夏季炎热燥湿，冬季寒冷干燥。恶劣的气候造就了人的体格健壮魁伟，精力充沛，刻苦耐劳，热爱自由。从先民生计和文化融合的特定关系分析，一个地域的人们在适应一定地理环境的漫长过程中，在选择某种生产生活和社会交往方式时，表面上是形成了固定的风气民俗，实际上是选择了一种文化。

2. 京师、王畿之地的能动作用

以北京为例，北京是一座有着 3000 年历史的古都，从公元前 1122 年周武王灭商、在燕封召公开始，"燕都"因古时为燕国都城而得名，燕国最初的封国设在蓟，后来又曾迁至临易（今河北雄县）。秦代设北京为蓟县，为广阳郡所治。元、明、清三个朝代北京都成为全国首都，燕赵区域也随之成为京畿重地，对近现代京津冀体育文化特色的形成起到了至关重要的作用。"挟天子以令天下，天下莫敢不听"，应该说从明清开始，北京中央文化凸现，自豪感和优越感不断增强，地域文化些许失色，好侠任气个性有所冲淡，而文化心理上形成了依附意识和皇权意识。燕赵文化中的依附意识和皇权意识有两

---

① 安增科：《中国可以提高劳工标准吗？》，《国际经济合作》2011 年第 3 期。

个层次的表现：民风方面燕赵人的心态日趋保守，惰性日渐增加；士风方面，燕赵的统治者和决策者常常唯北京马首是瞻，对上级指令决策贯彻不怠。跨过民国时期，1949年后的河北行政中心在保定、天津、石家庄之间频繁移动，继而天津划归直辖市，河北划省，使得燕赵文化难以有稳定的发展时期和集中的发展地点。尽管有学者认为燕赵尚武少文的文化性格最适合于动荡年代和战争时期，一旦到了国家统一、和平安定的发展之日便显得平淡无奇。但是，在近现代屡次遭遇了抵御民族侵袭的战争之后，燕赵区域形成了一种积极向上的文化模式，如顽强拼搏、坚韧不拔、勇于献身、不畏强暴的精神等。可见燕赵区域作为民族相邻地区，饱受不同政治、经济和文化的冲突与融合，作为多民族和文化的复合体，成为重要的武术和军事活动区域，于是各种拳术、掼跤和胡服骑射等具有攻击、防御或卫戍的传统体育活动在这一地区得到传承和发展。

3. 民俗民风的熏陶作用

沿运河多民族"大散居"和"小聚居"的境况以及特有的自然地域空间，形成了运河京津冀段体育文化区古朴厚重的民俗民风和淳厚质朴、习劳坚韧的性格特征。司马迁《史记·货殖列传》中，对当时天下人的习性和民风做过概括性评价：代（古国名，临北京西部）人任侠好斗，喜欢军事与身技活动，不喜欢从事农商；中山（河北山西交界地带）人做水产生意，喜欢聚会游乐，女子进入娱乐界者多；鲁（山东南部地区）人俭吝、守法，有经商头脑；齐（山东胶东半岛地区）人宽厚、豪爽又精明，喜欢做剑客，不喜欢做将军；南楚（江苏、江西、浙江部分地区）人口才好，善交际，但常忘记承诺（"好辞，巧说少信"）；北楚（河南中部、安徽和江苏北部一带）人廉洁认真，信守承诺（"清刻，矜己诺"）。此外，先秦两汉古人称谓都直呼其名，南方人则各取别号雅号；《南史》有"北土重同姓，谓之骨肉，有远来相投者，莫不竭力赡助"之说；宋人吴曾说"南北方风俗，大抵北胜于南"；北方人更看重亲族关系，南北方这一差别从人名上也可以反映出来。凡此种种，看似笨拙，其实近古，足可以见京津冀地区民俗民风之古朴厚重。稳定的民俗和浓烈的民风根深蒂固、世代相传，在其感染与熏陶之下，造就了众家各式拳术、摔跤、胡服骑射、军事武艺等比较彪悍的体育文化活动。总之，运河京津冀段特殊的地理位置、民生发展的需求、多民族文化的交流融合、民俗民风的循化与熏陶等，孕育了具有地方特色的实用体育活动。

第三节　运河山东段体育文化形态及其本源探寻

一　运河山东段体育文化区概述

运河山东段体育文化区首先是一个地域概念，指山东省的西北、西南和西部等内陆地区，是沿南起微山湖、北到德州的整个山东境内的水路交通线，全长529公里，占大运河总长近三分之一，跨海河、黄河、淮河三支水系，主要分布在德州、聊城、泰安、济宁、枣庄五地市。山东地图的形状像一只报晓晨鸡，京杭运河从鸡尾鸡尻部位入鲁西北，划出一个牛梭子弯，弯向东南，穿南四湖出台儿庄入江苏境内，贯穿5个地级市二十个区县，其形状像一条卧虎的尾巴，形成了一个地域相连、别具特色的文化带。以齐鲁文化为代表的运河山东段带动起一条经济繁荣带，在中国东部地区形成了一个南北纵向的强劲辐射域。运河漕运作为历史上一种先进运输手段，表现出它在商品流通与经营中的强大功能。如今，济宁至台儿庄段运河主航道的万吨级船队仍然可直达江浙沪及长江中下游地区。尽管大运河昔日繁荣与风采消失殆尽，但这条文化带反映了封建社会后期传统文化融汇的轨迹，容纳了燕赵文化的粗豪与守信、齐鲁文化的持重与豁达，其深厚的文化积淀已形成了丰富的旅游资源和产业资源。

在京杭运河沿岸京津、燕赵、齐鲁、中原、淮扬、吴越等地域文化中，齐鲁文化与运河文化交融产生的特色最为鲜明。齐鲁文化是"齐文化"和"鲁文化"的合称。查阅齐鲁文化史，载有齐文化尚功利，鲁文化重伦理；齐文化讲求革新，鲁文化尊重传统。两种文化有机地融合在一起，形成了具有丰富内涵的齐鲁文化。西周初年，姜太公被封于齐，以治理夷人；周公被封于鲁，以拱卫周室。分封齐、鲁，标志着东夷文化向齐文化演变，宗周文化则在鲁国完整地保存下来。姜太公到齐地，实行开明的文化政策，"因其俗，简其礼"促成了东夷文化向齐文化的转变。与之相反，周公之子伯禽到鲁地后，变其俗，革其礼，推行重农抑商的周文化。两种不同的文化使齐国和鲁国的人文经济趋于不同的发展方向：齐国的社会风尚带有明显的工商业氛围，崇功利，轻伦理，文化风气开放，注重实用；鲁文化更多地表现出农业社会的文化特征，文化风气保守，因循周礼，不思变通。战国时期，以稷下黄老道家、孟子二度游学于齐为契机，齐文化与鲁文化开始融合。孟子在齐国居住时间长达十几年，他的学术思想受到了稷下道家的熏陶。荀子在齐、鲁文化合流中也起到了关键作用。荀子兼顾齐学，丰富和完善了自己的儒学思想，同时又通过学术交流，把他的儒学思想在齐国文士阶层中传播开来。在此背景下，齐文化和鲁文化走向融合，共同构筑了山东人的齐鲁文化。

二　引子与载体：《水浒传》体育文化

运河山东段流经鲁西，民间男女老幼普遍善拳脚、习武艺，好汉辈出，民风彪悍。"山东好汉"是一种演绎的表述，水浒文化成为对这种演绎的最终定义。运河山东段的传统体育文化深受水浒文化影响，浓郁的水浒情怀至今遍及当地与周边区域，图2-7为运河畔聊城东昌湖打造的大型水浒108将石塑，而梁山泊，本身就是运河的一部分。首先，本书以《水浒传》为载体，以小说中翔实的格斗场面所反映的水浒体育文化为基础，配合体育文化现状调查和专家访谈，阐释运河山东段的传统体育文化资源与形态，原因在于水浒传中反映的体育文化、社会生产生活方式以及习惯风俗等各方面情况，具体真实地反映了鲁西北、鲁西南和鲁西地区的社会生活状态。以此为切入口，不仅能追溯到宋代以前的传统体育文化，亦能延伸至现当代社会的传统体育文化，足以证明运河山东段传统体育活动的概貌。

图2-7　运河畔之东昌湖水浒石雕

其次,《水浒传》作为我国古代四大经典名著之一,是一部描写古代农民起义题材的长篇小说,塑造了 108 个好汉齐聚运河城镇水泊梁山,四处征战、接受招安的故事,书中记述的传统体育文化,深刻揭示了农民起义的社会根源,映现了各种传统体育活动的存续状态,形成了独特的水浒体育文化。例如关于足球的早期形态——蹴鞠的描述,从市井小民到王公贵族均钟爱有加,组织和规模当如现今足球俱乐部。好汉们逞能斗狠,各种格斗动作对小说的叙述起了丰富和连接的作用,读后让人印象鲜明,舒坦痛快。

最后,《水浒传》歌颂了起义英雄们劫富济贫、除暴安良的正义行为,武装冲突中各式各样的武打场面不胜枚举。小说中人人善武,个个武艺高强,对于各种体育活动达到了痴迷的境界,甚至以打败别人来得到认可,也有名目繁多的军事体育文化。《水浒传》以农民起义的发生、发展过程为主线,肯定了起义英雄敢于造反、敢于斗争的革命精神,体现出了独特的体育价值、军事价值和艺术魅力。本书将所有打斗场面所体现的传统体育文化分为军事体育、民间体育(武术)、民俗体育 3 种。

三　军事体育简单实用,注重实战

武艺是《水浒传》中主要的名称,本书用"军事武艺"代指狭义的古代军事体育。历史上军事武艺和武术之间并无严格的界限,二者既有区别又有联系,它们都是起源于生活与生产实践,先民为生存与部落或野兽进行搏斗,慢慢转变为搏斗技能。武术是在军事武艺的基础上形成的,强身健体是其主要的目的。例如夏商周时期的射箭和御术属典型的军事武艺,以提高士兵作战素质与个人作战能力为主的"武舞",近似今天的体能训练。随着格斗武器、军事体育活动和实战技能逐步推陈出新,使得民间马术、抽鞭、游泳、跳跃、投石、奔跑,举鼎、角力等,成为战备演练和军事训练的主要内容。宋朝兵民合一的国家制度扩充了军事规模,愈来愈多的士兵从事军事训练,且尚武之风盛行。宋代市民文化的兴起和体育的世俗化发展,武术从军事武艺中分离[1],初步形成了以强身健体为目的的带有表演性质的民间武术。

---

[1]　代秀丽:《〈水浒传〉体育文化研究》,硕士学位论文,湖南大学,2014 年。

（一）相扑

相扑是民间喜闻乐见的武艺，漫长的冷兵器时代，它始终是军营中训练士兵攻防能力的重要手段，也是战场上短兵相接之后的必备技能。相扑运动源于春秋时期，到秦汉时名为"角抵"，《汉书·武帝纪》有"三百里内皆观抵戏"的记录，带有武术性质，多用于庆典。角抵被改名为相扑是在三国时期，作为一种娱乐表演项目，唐代得到广泛散布，其在宋代的发展更为兴盛并从武术中分化出来，只扑不打，更不许踢脚，以将对方扳倒为胜，决定比赛结果的是个人的力量、智慧和技巧。日本《相扑之始》一书说，日本的相扑来自唐朝时期的中国，现已成为一种流行的体育运动。

《水浒传》中燕青打擂是典型的相扑比赛，作者在燕青与任原的相扑大赛有关场景中，不单对相扑的动作技术进行了描述，还对相扑比赛的场地、规则进行了交代，这是其他史料中所没有的。小说叙述的相扑场地位于泰山东岳庙会的一个"献台"上，"献台"是用杉木搭建而成的一米多高的台子。武场位置醒目，招致上万的看客和民众围观欣赏，是梁山泊及周围地域经常见到的相扑场所。小说中的另外一回，即忠义堂上燕青与高俅的相扑比赛是在用软褥铺的剪绒毯上举行的，属于奢华阔绰的场地，仅有在宫廷的表演宴会上才会出现。著作对两种相扑场地的描述，足以证明宋代沿运河民众对相扑运动的酷爱程度。相扑章节中的"部署"，实则当今相扑运动的裁判，主要职掌查验比武双方的装束，宣告相扑较量的进程，诵读规则章程，指示双方签下生死状，尤其在比赛的焦灼时刻为参赛双方息争和解，判决输赢。为达成公平合理的比赛，宋朝相扑活动中不能暗算的规矩甚是严格，成为规则。

相扑运动在《水浒传》中被数次描绘，呈现观赏相扑比赛的百姓数量及繁荣程度："偌大一个东岳庙，一涌便满了，屋脊梁上都是看的人，看这当年相扑献圣……只见分开了数万香客，两边排得似鱼鳞一般，廊庑屋脊上也都坐满。"[①] 能够想象场景是多么的壮观与喧闹；另一处，任原比赛前的开场白，道出了浩大的看客规模，如"四百座军州，七千余县治，好事香官，恭敬圣帝，都助将利物来……南及南蛮，北济幽燕"。而明代张岱笔下"斗鸡、蹴鞠、走解、说书，相扑台四五，戏台五四，数千人如蜂如蚁，各占一方，锣

---

① （明）施耐庵：《水浒传》，中国文史出版社 2001 年版，第 678 页。

鼓讴唱，相隔甚远，各不相溷也"（《岱志》），更是泰山庙会体育活动的生动写照。不言而喻，泰山庙会囊括了南来北往的诸县州香客，一则善男信女齐集泰山进香，二则观看梁山英雄好汉们的相扑比赛。还有资料记载，到南宋时期，不同瓦肆超过十余处，民间出现了众多相扑高手，临安（今杭州）设有专为民众献艺的民间组织，称"角抵社"或"相扑社"，在此期间还最先出现了小儿相扑①。总而言之，依据小说描述并辅以其他史料，可以遐想历史上梁上泊周围相扑运动的兴盛与繁荣，其受众之多、规模之大在其他地域是罕见的。相扑运动的引人注目加上百姓喜爱，有力促进了相扑运动在运河沿岸城镇社会的滋生与成长。

（二）射箭

中华民族是世界上最早的射箭民族之一，弓弩是古代军事武艺中最重要的武器，也是人人必练必会的，其自身的技术含量和科技含量都是第一位的。在中国古典武艺当中，居于榜首的射艺，早在春秋时期，就被列入"君子六艺"，六艺中，"射"即为射箭，"御"便是驾驭马车战车，唐代开创的科举考试中，弓、刀、石、马、步、箭是必考科目，这种武官选拔制度，一直延续到清代，其中就包括开硬弓、骑射和步射，可见，骑马射箭一直都是古典武艺中的核心技术。

宋代朝廷对射艺考试有严格而明确的标准，创建的弓箭军队在军事战争中具有特别高的地位，弓箭军队不但训练严格，而且弓箭类型繁多。军队对射箭能力强弱的评判不仅依据士兵"射力"的大小，而且有成熟的考核体系与训练方法。《水浒传》中的射箭战斗场面，如第九回周瑾和杨志在校场上比武，运用射箭武艺决一胜负。第二十七回比较具体地描写了花容高超的射箭技艺，"搭上箭，曳满弓，觑着豹尾续绦较亲处，嗖的一箭，正把绒绦射断。两枝画戟分开做两下，那二百余人一齐喝声采"；之后章节，花容于梁山一支箭射下三只大雁，并形容花荣可做神臂将军；为了尽显"百步穿杨"的功夫，"当下花荣一箭，那枝箭正穿在雁头上"等，都彰显花容精湛的射箭技术和高强武艺。水浒传让人们领略了水浒英雄高超的射箭技术和宋代运河山东段的射箭文化。

---

① （宋）孟元老撰：《东京梦华录注》，邓之诚注，中华书局1982年版，第213页。

　　射箭作为中华军事武艺的核心技能之一，对其他武艺也有广泛深刻的影响，随冷兵器时代的终结，弓箭已退出历史舞台。在武术从军旅走向民间的过程中，射艺并未消亡。作为一种传统体育活动，现仍出现在运河沿岸各个公园和广场，如德州天虹运河文化广场、临清运河文化广场、聊城江堤乐园、枣庄万阅文化广场、嘉祥曾子文化广场，射箭场馆有枣庄东海路射箭馆、济宁弯弓饮羽射箭体验中心、济宁射击射箭馆等。济宁市曲阜南新区的孔子六艺城（图2-8），是以儒家学派创始人孔子"礼、乐、射、御、书、数"六艺为素材，借助音乐、美术、建筑等表现形式建造的一座集历史性、知识性、参与性、娱乐性、趣味性等多功能于一体的体育文化旅游城，占地13公顷，建筑面积6万平方米。其中射厅是根据孔子当年在矍相圃观乡人射箭为引发而建，练习者站定古城堡上像古人一样张弓射箭，还可骑上电动马车手持激光枪进行森林骑射。同时还可以进行宫廷投壶、对抗射击、魔窟投镖、空中游猎、巷战等一系列的体育项目。御厅能够锻炼驾驭技能，坐上"牛车"追随孔子回到2500年前的足迹，体验鲁国风情和孔子周游列国十四年的路程，置身其中仿佛回到了春秋时代。

　　中华人民共和国成立前，射箭曾作为武术比赛中的表演项目，中华人民共和国成立后，1956年被列为比赛项目，1959年才开始按照国际规则举办比赛，场地要求平坦，长约130米，宽约150米。2008年北京奥运会张娟娟获得女子个人金牌，成为中国射箭史上第一枚奥运金牌获得者。2020年东京奥运会上，中国射击队奖牌数量达到4金1银6铜，共11枚奖牌。

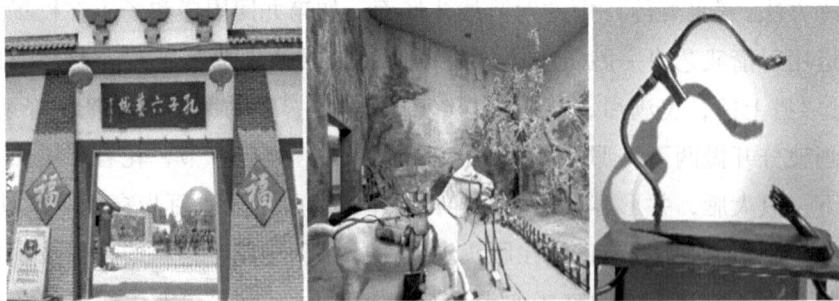

图2-8　孔子六艺城的御厅和所展弓矢

（三）跑步

远在上古时代，先民为了获得生活资料，在与大自然和禽兽的斗争中，不得不奔跑相当的距离、越过各种障碍、投掷石块和使用各种捕猎工具。在劳动中不断重复这些动作，便形成了走、跑、跳跃和投掷的各种技能。随着社会的发展，人们有意识地把走、跑、跳跃、投掷作为练习和比赛形式。进入冷兵器时代，战争胜负除了依赖武器锐利，亦取决于士勇行走、奔跑的速度。为了提高战斗士勇的奔跑速度，战营中逐步开启了跑、跳、投等科目演练，相关技能也逐步从战营散布到社会各个角落。

神行太保——戴宗是《水浒传》精彩刻画的形象，言其"取四个甲马缚腿上，念念有词，在腿上吹口气"，继而"拽开脚步，浑如驾云般飞也似去了"。此景可见，时人为了增长个人的跑步速度，在体育科技落后的年代缺乏合理的训练手段，却依赖迷信以实现快跑的愿望，口中"念念有词"、"脚缚甲马"就可疾若流星了。尽管戴宗这一神行太保角色带有虚拟成分，然而从另外角度映现了旧时跑步运动的关键性。

跑步作为人类的一种身体本能，并发展成为一项重要的田径运动。从古至今，步兵是最主要的作战部队，常常需要翻山越岭、跋山涉水，速度耐力是基本的体质要求，所以在挑选士卒和操练中特别重视士卒的速度耐力。在面对面的搏杀中，奔跑技能高的士卒占尽上风，并成为难以对付的攻击目标。《宋史·兵志》4卷记载，山间部落称西贼为"步跋子"，轻足善走，出入溪涧上下山坡，最能蹄高超远；称平夏骑兵为"铁鹞子"，千里而期百里而走，似云飞电击，最能倏往忽来。山谷深险之处遇敌，则多用步跋子以为击刺掩袭之用"，据此推测步跋子侧重跑步运动，不然难以跟上敏捷奔跑的马匹。历史上步跋子特指跑步能力突出者，于山谷区域掩护进攻是其最主要的职责，而作为军队的快速骑兵，铁鹞子的重点作用是在平原地区突破包围，打破困局，摆脱战斗约束。基于跑步在战争的突出作用，各种军队大凡将擅长跑步的人提拔而用，并加以操练与培育，利于在战斗格杀中发挥重要作用。可见，跑步和脚力跟军事行动的关系非常密切，士卒奔跑本领的高低直接体现军队的整体实力和势力，所以擅长跑步有脚力者在战争中得到器重。这在我国现代化国防和军队建设中的今天，依然起着重要的借鉴和启示作用。

跑步在通信方面作用显著，如我国古代传递边疆军事情报的"烽火"，源自商周，止于清末，启用千年以上。各类情报逐台传递，须臾千里，实现了报告敌情、调兵遣将、求得援兵的目的，这种依靠人力徒步传递文书和口头信息的通信方式，需要动用许多擅于长跑的士卒、驿卒和役吏。宋代官方的书信传递主要由递铺的铺兵来完成，也需要很高的跑步能力，也是铺兵顺利完成书信传递应具备的基本能力："凡军行，去营镇二百里，须置递铺以探报警急，务择要径，使往来疾速。平陆，别置健卒之人。水路，亦作飞艇，或五里或十里一铺。"① 据此判断，唯有特别擅长跑步之人方能在限定时间内完成职责。另外，因交通闭塞，生活中各类情报信息的输送和转达也需要借助古人的脚力去完成。总之，古代跑步运动为军事战争和人们的日常生活提供了有力支持，也为当今中国的田径运动奠定了坚实基础。自20世纪初外国传教士将现代田径运动带进中国，运动技术快速提高，田径项目迅速普及，经过一百多年的发展演变，现已经达到较高水平。

（四）投掷

《水浒传》第七十回描写了运河重镇东昌府一个都监，投奔了水泊梁山的"没羽箭"张清，把军队中力量投掷和民间技巧性投掷巧妙地结合起来，练出了一手"善会飞石打人，百发百中"的过硬功夫。水泊梁山的众多英雄好汉，像花和尚鲁智深、大将呼延灼以及金枪手徐宁，虽个个武艺高强，但都被张清的"飞石"打得鼻青脸肿，狼狈至极②。可见张清的武功根底格外突出，投掷技能已不仅仅是力量的发挥，尤其注重技巧性。

投石击兽是人们原始时代生产和自卫的一种技能，也是人类投掷活动的发端，例如击壤、打瓦就是由投石等产生的投掷活动。资料记载，"壤"是一种用木头制成的长1尺宽3寸、类似鞋底形状的东西，游戏时先将壤放在地上，走出十步之外，以手中之壤击打地上的壤，击中者为赢。《帝王世纪》载在帝尧之时，看到80岁田野老人边唱歌边击壤，歌谣"日出而作、日入而息，凿井而饮、耕田而食，帝何力于我哉"③ 反映出这是一种休闲体育活动。

---

① 曾公亮、丁度：《武经总要前集》卷3，明唐福春线装本。
② 参见（明）施耐庵《水浒传》，中国文史出版2001年版，第642—644页。
③ （晋）皇甫谧撰：《帝王世纪》，（清）宋翔凤、钱宝塘辑，辽宁教育出版社1997年版，第87页。

明朝的击壤游戏有了变化，被称为"打板"。近现代，类似击壤的儿童投掷游戏仍然存在。20世纪50年代盛行于南京的"打梭"，游戏者以"斗一""斗二""斗三"的计数判定胜负，是击壤之戏的变态形式。随着砖瓦等建筑用材出现，击壤逐渐被另一种游戏所取代，即"打瓦"或"飞瓦"，内容和方式也比较完整。作为历史遗存，它仍潜含着早期的体育文化信息。

投掷活动更多的还是应用于军事战争中，成为一种作战技能和练兵手段。早在先秦时期，投石是作战的本领，石头是作战的武器，司马迁《史记》中有详细的记载。公元前224年，秦王大举进攻楚国，楚国领土囊括今河南西部、山东南部和苏浙全部，王翦率领60万大军到楚国边境后，扎营十余里，坚壁自守。为提高士兵战斗力，携士兵每日练习"投石、超距"，开展投掷和跳远运动（《史记·卷六》）。世易时移，汉代诞生了一位田径明星。据《汉书·甘延寿传》记载：汉武帝大将甘延寿"投石拔距，绝于等伦，尝超逾羽林亭楼，由是迁为郎"，意即他很有力气，投石块、跨越障碍、举重物的本事远远超出同伴，因此升任郎官。又如唐高宗曾下令征召"投石、拔距，勇冠三军"者，具录封进，予以嘉勉。田径高手受尊敬的局面，一直延续到宋代①。

调查发现，"打瓦"一直流行于鲁南运河地区，"打瓦、赶蛋、打（腊）子"作为传统体育竞技，于2006年入选枣庄市第一批市级非遗名录。鲁南"打瓦"（图2-9）以石片瓦、砖或石块为工具，以游戏人数为准，将相应的瓦片立于地面上，在距离瓦片2米左右画一道横杠叫"金响"，依次画七道杠为金响、二片、勾甩、大周、小周、蹦栽、直打。打瓦者站在最后一道杠后面击打立着的瓦片，击倒者为"直打"。"直打"者可以用脚直接将瓦片踢倒，击不倒瓦者为输家，赢家可以用游戏规定的方式惩罚输家，打瓦姿势包括腿中打、脚上打、转身打、跳起打、蹲着打、站着打等。当今，打瓦仍是鲁南运河农村青少年的集体娱乐竞技活动，场地要平整宽大，一般在较宽敞的门前或打麦场上进行，使人享受胜乐败罚、百发百中、争强斗胜的乐趣，起到增强体质、情绪调节、锻炼视力的作用。

---

① 杨绍华：《汉唐时期河洛地区体育文化研究》，博士学位论文，河南大学，2013年。

图 2-9　鲁南非遗打瓦和枣庄运河游园打瓦

（五）举重

中国古代，士兵们举起一种名为"鼎"的庞然大物以证明自己力大无穷。举重被尊为一项壮举，再从楚汉时代记录的举大刀、石担、石锁，到战国时期，举重盛极一时，并涌现出叱咤风云的人物。如《史记·秦本纪》载"武王有力好戏，力士任鄙、乌获、孟说皆至大官，王与孟说举鼎，绝膑"，还有商鞅"一言为重百金轻"的故事，说商鞅为了推行变法，在京城竖起重木征求力士，中者赏百金。西楚霸王项羽也是位"力能扛鼎"的大力士。唐朝时，开设武举，举重被列为正式科目。据说唐朝的博通，膂力过人，双手各举一床，床上放一些盛着酒的碗，他从石阶上走下来，停放时碗中的酒纹丝不动。此后各朝沿袭唐制，举重被列为武考项目，仅是所举器物有所不同而已。

在宋代主要是举石和沉重的兵器，举重也发展成为一项表演性的运动项目。南宋的杭州，出现了靠举重献技谋生的艺人，例如"花马儿、陆寿（掇石墩）、天武张、土尹生（击石球）"①。朝廷按照举重本领的高低选拔士兵和人才，举重本领和力量健壮的大力士得到朝廷赏识和军队重用。据史料记载，公元999年即咸平二年，进士许炎将50斤重的铁块举起且抛至一丈多高，故被宋真宗宣召，令其跟兵营武士比试剑术，许炎的勇猛得到皇帝的赞赏与表彰，径直录为二班奉职。《宋史·兵志》中"咸平三年，神骑副司马使焦握献铁盘槊，重十五斤，令握试之，马上往返如飞，令迁本军使"。可见，举重本领高强者在古代宦途升迁中优势昭彰，出手不凡的举重高手在官府的任用上

① （宋）四水潜夫辑：《武林旧事》，西湖书社1981年版，第113页。

占有先机。

《水浒传》对举重项目也有阐述，在书中描写的是举石器。第二十八回武松在安平寨（今河北文安县西北三十里）显示神力，"把石墩略摇一摇大笑道：小人真个娇懒了。施恩道：三五百斤石头，如何轻视得它。见武松脱下上半截衣裳，把那个石墩只一抱，轻轻地抱将起来，双手只一撒，扑地打下地里一尺来深。再把右手去地里一提，提将起来望空中一掷，掷起去离地一丈来高，武松双手只一接，轻轻地放在原旧安处。面上不红，心头不跳，口里不喘"。武松这一提、一掷、一接，便道出了举重的关键技术，同时展现了古人力量练习的方法。故事中武松所举重量比普通人重很多，表现得驾轻就熟且游刃有余，不得不令人赞叹。综上所述，举重在我国起源较早，地域广袤的京杭运河两岸不乏举重项目的遗迹，历代统治者对举重本领高强的人格外赏识并加以重用，古人崇尚个体力量锻炼，为后世举重项目的发展打下了坚实基础。

四　民俗民间体育众彩纷呈，底蕴深厚

（一）民间武术众彩纷呈

武术，或是杀伐之术，是一门科学，是一门技术，是制止暴力的本领。在许多外国人的心目中，武术与长城，某种意义上已成为中国文化的象征。原始古朴的中国武术几乎没有受到任何外来文化的影响，其庞大复杂的体系具体分划到各门各派中更是千差万别，难以统说。

所谓"村村习武，人人练拳"，诞生水浒故事的运河山东段有着浓郁的武术气息，清《山东志》记载，滕县居民"负固好争斗，以滕为能，急之则揭竿而走，窜入沂费"；东平州"尚气任侠，不能自饰"；东昌府"其俗刚武尚气力，人尚劲悍"。徐珂《清稗类钞》载"临清州民俗劲悍，多盗，其盗首庐滋善轻功后降于州牧"；兖州人"多力善斗，嫉恶如仇"[①]，并记述了阳谷县武秀才集资在粮市街修建关帝庙，作为切磋武艺、研读经史场所之事。

搜集整理流传于民间的武术门派，发现仅梁山与郓城两个县就有 30 个武术派系，如子午门功夫、梅花拳、武松刀、鲁智深醉拳、水浒拳、飞镖等，

---

① 徐珂编撰：《清稗类钞第六册·义侠类》，中华书局 2011 年版，第 283 页。

统称为"梁山武术"。东平县，有规模的武术活动主要集中在东平湖西，代表性村落包括戴庙、岱程、淹王沟、郑屯、金山、山嘴、荫柳棵，武术拳种有少林拳、梅花拳、埋伏拳、通臂拳、螳螂拳、查拳、猴拳、百步拳、八卦掌、地趟拳、太极拳以及四通臂、截打、短打、罗汉十八手等。在梁山县，武术文化成了"水浒文化"里十分独特和精彩的一部分，"喝了梁山的水，都会伸伸胳膊踢踢腿"，"拳打卧牛之地"，意思是传统武术运动，首先对活动场地的要求不高，具有广泛的适应性，只要牛可卧下的地块，即可习武练功。其次，器械、设备要求也不高，日常生活中的棒、棍之类，就可以练武习拳。农闲季节，天暖时凑场院，天冷时找闲屋，切磋武艺，村村可见，因此水泊梁山亦为当之无愧的武术之乡。

运河山东段民间尚武之风，直到民国年间仍很兴盛，并涌现出赫赫有名的武林高手。如济宁人蔡桂勤（1877—1956），20世纪三四十年代曾在上海数次击败外国拳手的挑战，为抗战时期的中国人长了志气；其子蔡云龙尽得父传，十四岁便在沪登台打擂，降伏俄国拳手马克洛夫，大快人心。又如冠县张英振（1896—1977）出生于世代查拳之家，父祖叔兄皆身怀绝技，一生百余次与中外高手较量，名声震南北，被誉为"查拳名师"。如今，运河山东段的济宁、聊城、梁山、郓城等城市，武术是最鲜活的城市文化符号，尚武之风随处可见，已经完全融入当地百姓的日常生活，而在沿运河农村，依然保持着冬闲时三五成群、习拳弄枪的习惯。

（二）武术器械类别齐全，风格多样

武术与器械密不可分，相辅相成。《水浒传》中108位性格各异的英雄豪杰，所使用的武器各有不同。小说第二回"那十八般武艺，矛锤弓弩铳，鞭锏剑链挝，斧钺并戈戟，牌棒与枪杈"，其中刀、枪和棍是故事中出现频率最高的器械。"十八般兵器"实指运用十八般兵器的功夫和技能，是中华武艺和武器的象征。水浒传人物所使用的武器远超过18种，为实战时最常用的一部分，况且形式和内容十分丰富，既有长短、攻防、单双、软硬、明暗之分，亦有打、挡、射、击、杀和带尖、刺、钩、刃之别。访谈中专家告诉我们，枪为百兵之王，是古代军队中使用频率最高的兵器，有黑杆枪、绿沉枪、钩镰枪、飞枪之分，战场杀敌的大枪，甚至演化出了民间的徒手拳术，在今天仍有人在训练古典军事枪术。

古战场上长兵器以枪为代表，而短兵器代表则是刀，刀的类型有 16 种之多，诸如朴刀、劈风刀、戒刀、大砍刀等不一而足。时至今日，刀术依旧在武术表演中屡见不鲜，高等院校武术专业和民间武术馆校中，刀术都是必修课。"棍"主要有齐眉棍、哨棒等五种。再从《水浒传》中找寻，仅在"童贯攻打梁山"章节，李明被杨志一枪斩杀、周信被张清用石头打翻、段鹏举被李逵一板斧砍死、马万里被林冲用枪捅死、陈翥被秦明一狼牙棒敲死等，场面惊心动魄，悉数敌对双方的兵器利用达 28 种之多，外加 7 种农业用具（表 2-8）。《水浒传》就像一场规模庞大的古代武器展览会，让人感觉奥妙无穷，流连忘返。

表 2-8　　　　　　　　　　　　《水浒传》兵器统计

种类	具体名称
棍棒	水火棍、杆棍、狼牙棍、哨棒、齐眉棍等
枪	点钢枪、苦竹枪、铁枪、鸦角枪、笔管枪、飞枪、钩镰枪、绿沉枪、黑杆枪等
刀	腰刀、偃月刀、衮刀、日月双刀、八环刀、短刀、火刀、坛刀、朴刀、麻扎刀、尖刀、雁翎刀、青龙刀、寥叶刀、大杆刀、劈风刀、戒刀、大砍刀等
农具	稻叉、竹篙、锄头、铁锹、吊杆、劈柴斧、扁担等
其他	飞石、铜链、禅杖、矛、牌、戟、剑、枪、鞭、弓、弩、箭、镗、钩铜、双圈、锤、斧、棉绳套索、绳镖、流星锤、九节鞭、三节棍、七节鞭等

（三）民俗体育底蕴深厚

按照施耐庵在《水浒传》中的描写，梁山的周围有一片烟波浩渺的 800 里水泊，港汊纵横，芦苇丛生，山水相倚，易守难攻。正因为这种地理优势，宋江等英雄好汉才能够盘踞梁山之上，数次击退朝廷围剿。其书中第十一回："济州管下一个水乡，地名梁山泊，纵横河港一千条，四下方圆八百里……山排巨浪，水接遥天……阻当官军，有无限断头港陌。鹅卵石迭迭如山，苦竹枪森森如雨，深港水汊，芦苇荡荡……断金亭上愁气起，聚义厅前杀气生……"①证明梁山地区历史上地势低洼，容水多而难排，积聚成泽，也是京杭运河在

---

① （明）施耐庵：《水浒传》，中国文史出版社 2001 年版，第 96 页。

此地区变化较大的根本原因所在。[①]《水浒传》是以四面环水的梁山泊为据点而展开的传奇故事，水战成为水浒英雄的主要作战方式，渲染了民俗民间划船和游泳项目的浓厚氛围。如从小在梁山泊长大的童威童猛、渡船为生的张顺和张横兄弟，以及阮氏三兄弟等，皆为潜水划船的水中能手。

水浒故事中名目繁多的陆战 200 余次、水战 13 次、武打约 250 次、火战 6 次，包罗了军事格斗、武术、健身、表演等于一体的传统体育项目[②]，民俗体育包括弹棋、风筝、蹴鞠、杂技、斗鸡、马戏等，蕴含浓重的乡土气息与风味，带有节庆性、表演性、趣味性和娱乐性等特点。另外，相扑与竞渡在《角力记（北宋）》中被多次提及，斗鸡遛狗比读书还昌盛的场面时而出现，足以显露运河山东段传统体育文化的繁荣与发展程度。水浒故事第二回述高俅奉命去端王宫送礼，恰遇端王跟"小黄门相伴着蹴气毬"。在我国，"蹴球、蹴圆、踢石球、筑球、踢圆、蹴气毬"等，都发源于山东临淄的"蹴鞠"活动，是我国古代蹴鞠运动的一种形式，或"蹴鞠"项目的别称。据王思礼、赖非《济宁汉画像石中的"蹴鞠图"小议》（体育文化导刊，1988）中对济宁县出土的画像石"蹴鞠图"进行的考察，指出蹴鞠是齐鲁运河一带的先人所喜爱的体育项目之一。现代足球起源于我国古代的蹴鞠，有关蹴鞠的文献与资料不再赘述。

五　梁山武术本质与根源的调查

梁山武术在远离古战场、走入近现代社会的过程中没有消亡，逐渐繁衍出众多拳种流派，形态各异，技术繁杂。为探寻梁山传统武术的本质与根源，2019 年 2 月，笔者团队专程前往梁山拜访体育学院教授秦延河，秦教授是地道的梁山人，从小习武，资深武术文化学者，退休后常居老家。传统武术讲究冬练三九，夏练三伏，几十年如一日，秦教授一直保持着这个习惯。

问：秦教授好，谈谈你对《水浒传》中传统体育文化的认识？
答：作为一部小说，尽管《水浒传》内容的真实性难以考究，反映

---

① 杨朝福等：《梁山运河文化寻踪》，国际文化出版公司 1998 年版，第 49 页。
② 景志辉、邓陈亮：《赏析〈水浒传〉中的体育文化》，《语文建设》2013 年第 20 期。

出的体育文化会存在偏颇和误差，但是，《水浒传》提供了宋代社会状况和体育活动发展状态的生动资料，对了解我国古代尤其宋代体育文化的发展，还是具有重要参考作用的。

问：包括梁山武术，如何认识运河山东段武术项目的历史与发展过程？

答：漕运的畅流，曾经带来了沿运城镇的商业繁荣，商业的繁荣，又带动了武术、运河镖局的传播与发展。明清时代是运河山东段武术发展的巅峰时期，在继承"武举"制的基础上实现了"官办"和"民办"两翼齐行。

问：你如何看待运河与武术？

答：在民国时期，武术还是可以养家糊口的，大运河码头林立，靠运河搞营生的人多，依赖武术这一行业谋生活的人也多，大运河便捷的航运促进了梁山武术的传播。沿运河的漕运、船商、经营、集市、行帮、会馆等，都体现着运河体育文化的深厚积淀。

问：梁山武术文化的发展趋势怎么样？

答：目前运河已经断流，却保留了一种原生态野趣。随着城市现代化、农村城镇化的迅猛发展，文化遗产保护与现代化建设的矛盾已凸显出来。如不加大对京杭运河的保护工作，其历史文化、遗迹和自然风光等将不可避免地退化并迅速消亡，梁山武术文化同病相怜。

问：梁山武术与军事武艺的关系与源头是什么？

答：中国古代，包括宋朝水浒的武艺从源头上讲其实不复杂，因为中国人很早就开始重视两样事情：第一就是所谓戎，戎是军事活动，有战争就要有战斗力；第二就是祭，祭祀活动，梁山古典武艺一脉相承……

问：作为资深武者，你心目中的武术实质是什么？

答：武术之所以成为武术，实质就是它能够格斗、能搏杀，比如两个人面对面都拿着兵器，如何让对手打不着自己，自己能打倒对手，这并不是说单纯地靠你身体素质和蛮力的，需要智慧。

在我们惯常的认知中，拳脚功夫是中国传统武术的主体，器械不过是手臂的延伸，而秦教授明确指出，在源于军旅的古典武艺中，兵器才是主体，拳脚的主要作用是"活动手足、惯勤肢体"，一套枪法演练结束："练拳——大战无用，战场上没有办法赤手空拳和对方搏击，军事武艺的主体是器械、是兵器！"

六　运河山东段体育文化特点及原因分析

（一）地理位置的决定作用

运河山东段流经山东境内 529 公里，黄河将之一分为二，其中鲁北运河长 265 公里，鲁南运河长 264 公里，是京杭运河疏浚技术最复杂、商业城镇最多、朝廷关注度最大的河段，留下了丰富的物质和非物质文化遗产，尤其为元、明、清三朝代的政治稳定、经济发展、文化昌盛发挥了积极作用。该段各类河道设施如码头、闸坝及其附属建筑，两岸特色民居、街巷商铺、教堂楼所、寺庙道观、地方会馆、名人遗迹、皇家园林、官商庭院等，构成了运河沿线独具特色的建筑群落和人文胜地，展现绚丽多姿的运河文化风貌。

运河山东段体育文化身心双修，以"运河文化"为依托，极致地融合了"文武"两个因素。练武不仅为了健身，一旦国家出现需要，运河沿岸民众敢于应命，为国捐躯，体现出强烈的社会责任感和崇尚正义的追求。所谓身心双修，"身"是指外在的生理机能，"内练一口气""外练筋骨皮"都是生理锻炼行为。"心"是指通过体育训练去体悟不能完全用语言表达的天地万物之道，注重义、德、行，属精神修养行为。中国对德行的注重源远流长，孔子"不义而富且贵，于我如浮云"，不但将"义"放在与物质利益作对比的概念之外，而且在"利"与"义"之间做出了抉择，包含更宽泛的道德含义。如"生，我所欲也，义，亦我所欲也。二者不可兼得，舍生而取义也"，中国传统文化中认为"义"是价值标准的最高原则。西方的文化被称为"智性文化"，而运河山东段以儒家文化为代表的传统文化则是"德性文化"，比如人们都要做到"父慈、子孝、兄友、弟恭"，辐射到社会就是"修身、齐家、治国，平天下"。中国人"文"的积累、"武"的积累与"义"的积累，在运河沿岸很好地融通起来。

（二）生产生活方式的能动作用

传统体育的出现源于人类生存与生活的最基本需求，而社会需求直接推动了传统体育活动的传播与发展。孙中山《民生主义》中"民生就是人民的生活，社会的生存，国民的生计，群众的生命"。军事武艺和武术保护了沿运河生产生活安全和商贾的贸易活动，成为狭义民生活动的有力保证。民众的生计、生活以生存与发展为目的，如百姓获取生产生活资料、商人经营营利等。数千年来，以齐鲁文化为代表的山东地区就确立了堂室、栏厩、宅院为结构的家庭居住模式，孟子称作"五亩之宅"。以家庭副业、树艺木果、饲养六畜为内容的庭院经济在自给自足的家庭经济中占有相当大的成分①。庭院经济培养了运河沿岸民众勤劳致富的自觉意识和正义感，增强了对亏人自利、不劳而获行为的鄙视，是沿岸民众的优良传统。

体育文化的发展与人类社会生产生活同步，因为人类的生存本身就是与大自然长期博弈并适应环境的结果，在这一漫长的历史进程中，饱受恶劣自然环境的制约。运河山东段传统体育经久不衰，原因之一是它可以在方寸之地无限释放人们征服艰难险阻的欲望，体现出勇敢顽强、永不言败的精神。从文化人类学的视角，一个地方的生产生活方式、人格特征和结构总朝着相似性的方向发展，离不开特定的自然和人文环境长期的深远影响。运河传统体育文化特点与沿运河民众历史、文化、生活和习惯等有着不可分割的脐带关系，类似的生产模式和就近的地缘关系，通过长期的运用和借鉴，形成相近或类似的体育锻炼习惯，体现了沿运河民众积极乐观的生活态度。

（三）民俗民风的熏陶作用

山东西部虽是孔孟之乡，但历史上又多异端和暴乱。从公元之初的绿林赤眉起义，到唐代贩盐首领黄巢起义，再到水浒好汉们梁山造反，这一带总是与秘密宗教、习武结社和官逼民反的历史现象纠结在一起。北宋后期，运河山东段相继爆发的宋江、王伦、王则起义，使山东人以勇敢好武名闻天下，到明清时期这种名声越来越大。19世纪，连西方人都了解山东人"好武"和"好义"的秉性②。运河山东段曾遭受北方部族的多次入侵洗掠，促使习武之风日益发展，加上天灾人祸的频繁降临，将运河沿岸先民逼得走投无路，因此，这里在统治者眼中成了"盗匪的王国"，在西方人眼中则是典型的罗宾汉

---

① 王修智：《齐鲁文化与山东人》，山东人民出版社2008年版，第32页。
② ［美］周锡瑞：《义和团运动的起源》，张俊义、王栋译，江苏人民出版社1994年版，第50页。

地区，劫富济贫的水浒英雄们选择这里为根据地也就在情理之中了。

嗜酒与尚武，是运河山东段区域社会突出的风俗特点。宴请宾客、聚众饮酒、崇文尚武的情节，在《水浒传》中有多处精彩的描写，那些尚武有力的汉子嗜酒如命，梁山好汉个个都是好酒量，聚义堂内无日不飘荡着浓浓的酒香，武松醉酒赤拳打死猛虎，宋江酒后题反诗，鲁智深醉拔垂杨柳，李逵乘醉打山门等，如此嗜酒英雄的故事数不胜数。山东人以善饮出名，是基于发达的酿酒产业，又有豪饮的名流侠士，还有民间百姓男女老"少"多善饮酒的浓厚世情。清代称山东人"不好茶而好酒"，"朋辈征逐，惟饮酒，酒多高粱"。喜欢喝酒，喝白酒，喝烈性的高粱酒，是山东运河区域百姓的群体特征。过去农村的业余生活简单贫乏，练武就成了村民农闲时的主要娱乐活动。

第四节　运河江浙段体育文化形态及其本源探寻

一　运河江浙段体育文化区概述

运河江浙段体育文化区包括江苏段 696 公里加上浙东运河 239 公里，全长约 935 公里，是孕育大运河的摇篮。其中江苏拥有大运河的最早航段，又是在用的运河流经最长的省份；浙东运河作为京杭运河的延伸段和大运河与海上丝绸之路连通的通道，也成为重要的运河遗产。千百年来，江浙运河沿线城市文化的形成都与大运河有着不可分割的关系。3000 多年前太伯、仲雍的南奔，带来了中原文化与土著文化的相融合，形成了独特的吴越文化体系，孕育了传承至今的吴越文明，造就了吴地历史上第一次辉煌。在古代，狭义上的江浙地区指长江和钱塘江之间的地区，历史上长期属于同一政区管辖，元代设有江浙行省。江浙地区属于江南吴越文化圈，吴文化和越文化经由漫长的历史发展过程，二者同俗并土、同气共俗，在相互交融、流变和集成中逐步形成了类型统一的吴越文化，如在河姆渡文化遗址，发现生活在河姆渡一带的原始先民早在七千年前已经开始种植水稻；以黑陶和磨光玉器为代表的良渚文化距今 5300—4000 年；丝绸是江浙地区的特产，据史书记载，周代已有较简单的制丝工具。到了汉代，产生了类似脚踏式的简陋缫车。唐宋时期，江浙民间手工缫丝普遍由手摇式发展成脚踏式，从而推动了缫丝业的科技进步。唐诗中有"每和烟雨掉缫车"的记载。宋诗中也有"呕轧缫车杂橹声"的记录。"杂橹"声一词，证明了缫丝业的吴越水乡的地域特征。

运河江浙段流经一片古老而神奇的土地，山温水软，植物繁茂，富饶美丽。回顾吴越文化的发展史，远古时吴人断发文身，耕织渔猎，崇拜龙鸟，民风尚武，刚健蛮勇。晋唐之后随着经济文化繁荣，崇德、重文、务实、创新的核心精神得到传承和弘扬，完成了从尚武到崇文的社会转型，成为沿运河城市发展的重要驱动力量。吴人制作舟船的历史由来已久，《吴越春秋》形容吴越人"以船为家，以楫为马"，"不可一日废舟楫"。从河姆渡文化、良渚文化一路走来，历经数千年的风雨同舟，吴越文化风采依旧，吴越先民以尚武逞勇为风气，创造了具有江浙特色的传统体育活动。而诸朝历代的政治纷争，屡屡造成人口的大量流动如西晋灭亡、北方士族和难民南下、北宋灭亡、明清移民搬迁等，使得体育文化与周边荆楚文化、中原文化、齐鲁文化等融汇，增进了体育文化发展与交流。吴越文明在中国社会发展的各个历史时期，都是较早进入近代化进程的地区，容易吸收周边地区优秀的传统文化，通过各种交际往来向周边扩张，使传统体育文化彰显出较强的生机与活力。运河江浙段传统体育文化资源丰富，本书以"地名+地理+项目"的形式，对运河沿岸各市典型的传统体育项目进行梳理（表2-9）。

表2-9 运河江浙段体育文化区传统体育项目

地域	传统体育项目
徐州	水上项目：龙舟竞渡、游泳、跳水、踩水等
	武术：六步架大洪拳、赵派大洪拳、铜山北派少林拳、沛县太极拳、八卦掌、西阳掌形意拳、梅花拳、黑虎拳、二洪拳、武当大洪拳等
	健身娱乐：彭祖导引养生术、邳州舞狮、落子、高跷、龙虎斗、七巧灯、云牌、跑竹马、灯舞等
宿迁	水上项目：龙舟竞渡、游泳等
	武术：少林拳、九节鞭、太极拳、戚家拳等
	健身娱乐：武莲湘舞、灌云花船舞、花棍舞、架阁、抬阁、六路周、桑墟纸牌、侍岭舞狮、落子舞、高渡跑驴、花挑舞、高跷、龙舞、旱船、渔鼓等

地域	传统体育项目
淮安	水上项目：龙舟竞渡、游泳、跳水、踩水等
	武术：梅花拳、游身八卦连环长剑、石锁功、太极拳等
	健身娱乐：跑竹马、花鼓伞、腰鼓、莲湘、跳判、渔鼓舞、花鼓会、踩五花云、舞狮、推花车、掼蛋、花船舞、马头灯、仇桥杂技、放风筝等
扬州	武术：西凉拳、西凉掌、太极拳、扬州潘家枪、戳脚、舞镗叉等
	健身娱乐：石锁、三人花鼓、临泽高跷、投壶、板凳龙、河蚌舞、跑驴舞、傩舞、跳娘娘、荡秋千、放风筝、踢毽、抖空竹、舞龙、武坚莲湘花鼓、跑马阵等
镇江	水上项目：划龙舟、游泳等
	武术：太极拳、芦江张家镗等
	健身娱乐：跳八恺、句容二龙戏珠、花毽、灯阵舞、双推车、丹阳九狮、燕子窝狮、镇江宝堰双、推车、皮老虎、放风筝等
常州	水上项目：划龙舟、游泳等
	武术：阳湖拳
	健身娱乐：跳五猖、冻煞窠、太平龙灯、抬阁、蒋塘竹马、高跷、跳祠山、遥观鹞灯、腰鼓、跳幡神、谈庄秧歌灯、鱼灯、万绥猴灯、直溪巨龙、荡秋千、放风筝等
无锡	水上项目：划龙舟、游泳等
	武术：猴棍、九连环、花样石锁、飞铋等
	健身娱乐：渔舟剑桨、大刀舞、花船舞、段龙、盾牌舞、渔篮虾鼓舞、马叉舞、茶花担舞、西乡舞狮、马灯舞、宜兴男欢女喜、凤羽龙、登高等
苏州	水上项目：龙舟竞渡、摇快船、船拳等
	健身娱乐：打连厢、摇大橹、陆家断龙舞、千灯跳板茶、滚灯、花鼓舞、荡湖船、花鼓、舞龙灯、盆烛舞等
嘉兴	水上项目：划龙舟、踏白船、摇快船、南湖船拳等
	武术：少林拳、太极拳、气功等
	健身娱乐：掼牛、舞狮、舞龙、滚灯、矛子舞、拔河、远足、跳绳、踢毽子、放风筝、打嘎、滚铁环等
杭州	水上项目：蒋村船拳、划龙舟等
	武术：五常十八般武艺、武林活拳、新市天罡拳、项氏武术、胡氏武术、鹰爪内功、罗汉内功、板凳拳、杨家拳等
	健身娱乐：翻九楼（萧山区）；余杭滚灯，拳灯、杠推、打陀螺、踩高跷等

二 徐州市传统体育文化

徐州，简称"徐"，古称彭城，是两汉文化的发源地，传统体育文化以下辖沛县武术为代表。据丰县、沛县史志记载，秦代末期丰沛民间习武已成时尚，汉高祖刘邦依靠萧何、周勃、王陵、卢绾、樊哙等一大批武林高手辅佐，建立了汉王朝。六步架大洪拳2016年被评为江苏省第四批省级非物质文化遗产。

查阅六步架大洪拳的历史沿革，资料记载是东晋葛洪（284—345）所创。葛洪，江苏句容人，是我国著名的道教理论家、炼丹家和医药学家，善于观察各种动物的动作，结合个人牧羊用鞭经验，悟得气功和拳法，技击中"洪拳，肱也，大洪拳，鞭法也"被历代拳家视为不传之秘。至唐末，赵二君把此拳称为六步架。古传六步架是指"无极阳，六六三十六生阴为太极，后天八卦合成九宫，八九七十二哨捶，是八风玄功"。宋、元、明时期，六步架在黄淮流域广为流传，因前后失续，散失不全甚多。到了清代，经过历代拳师的传播，形成多种派别，除六步架、二步架、8字步架，还有黑虎拳大三步、小三步等，皆有"拧腰晃膀，横空出势"之宗法形迹，为纪念葛洪，黄淮流域一带习此艺者皆称大洪拳，延名世代相传。清代恩县人李泰艺成后，在与清兵交战中一臂受伤落身丰县，传艺于顺河乡仇庄人张监，即六步架大洪拳传丰沛之始①。历经张监→董心朗→李兴美→邓宪文→邓守超等逐代传承，经久不衰。邓守超、汪砚军、张茂强等人武艺精湛，为当代六步架大洪拳一代名师，授业门生众多。

六步架大洪拳首诀（转自六步架大洪拳的博客）："顶天立地静寂然，复归无极大道显；浑沌初开立三清，洪钧仙祖一脉传；腰摇膀晃混元生，飞鸿展翅定乾元；生息玄妙谁参悟，太上老君留真言。"作为近身短打拳，强调以气发力，动用全身，一晃无极静，二晃太极动，三晃混合气，气存丹田，以马步桩为根基，攻崩炮，防截肩，独具一体，有别于我国南方的洪拳和北方的红拳，也是古老而鲜为人知的内外交修互练的拳种。

---

① 胡光锋主编：《实战绝技——三晃膀秘解》，湖北科学技术出版社2006年版，第54页。

三　镇江市传统体育文化

镇江，古称京口、润州、南徐，是长江与京杭运河唯一交汇枢纽，长江流经境内103.7公里，苏南运河镇江段全长42.7公里，在京口区谏壁镇，运河与长江交汇，是水资源较为丰富的城市。据《镇江市志》记载，近代体育传入我国以前，历史悠久的民俗体育活动非常盛行，练拳习武具有广泛的群众基础，龙舟竞渡、舞龙舞狮、踢毽子、跳绳、重阳登高等①，是传统体育文化活动的代表性项目。

金山龙舟，独具一色。明末清初文学家张岱（1597—1679）观看了金山寺的龙舟比赛，撰文《金山竞渡》，文中以龙舟为特色刻画的金山竞渡盛况，为他处所不及；以七个“取其”，详述金山龙舟的形状、陈设以及舟中人物的动作，并描述了河上群龙格斗的惊险情景及岸边观望者“蚁附蜂屯”的场面：“看西湖竞渡十二三次，己巳竞渡于秦淮，辛未竞渡于无锡，壬午竞渡于瓜州，于金山寺。西湖竞渡，以看竞渡之人胜，无锡亦如之。秦淮有灯船无龙船，龙船无瓜州比，而看龙船亦无金山寺比。瓜州龙船一二十只，刻画龙头尾，取其怒；旁坐二十人，持大楫，取其悍；中用彩篷，前后旌幢绣伞，取其绚；撞钲挝鼓，取其节；艄后列军器一架，取其锷；龙头上一人足倒竖，敁敠其上，取其危；龙尾挂一小儿，取其险。自五月初一至十五，日日画地而出。五日出金山，镇江亦出。惊湍跳沫，群龙格斗，偶堕洄涡，则百蜐捷捽，蟠委出之。金山上人团簇，隔江望之，蚁附蜂屯，蠢蠢欲动。晚则万齐艭开，两岸沓沓然而沸。”②

清《江上观竞渡记》记录镇江龙舟的场景是“山崩雷吼，惊涛怒力，群舟出没飞卓，望之目眩”，由于龙舟竞渡频繁酿成舟船冲撞与倾覆事故，导致人员溺亡，曾经令人质疑镇江竞渡的旨趣。清张若需的《五日润州》载“第一江流荡画挠，虚传竞渡踏风潮。五丝谁续庚寅命，双桨人过丁卯桥。令节只今成寂寂，《怀沙》终古恨迢迢。何如满泛首蒲酒，快对金焦破汰寥”，后“金山竞渡极盛，康熙某年，沉没几舟，后遂禁止”等，仍可以看出龙舟竞渡

① 镇江市地方志编纂委员会：《镇江市志》，上海社会科学院出版社1993年版，第1530页。
② （明）张岱：《陶庵梦忆：精装典藏本》，李妍译注，万卷出版公司2016年版，第189页。

场面宏大，观赏者甚众，极易拥堵和碰撞带来祸端。

端午前后赛龙舟习俗在镇江是一个必不可少的年度盛事。1937年6月，民船船员工会组织举办了镇江龙舟比赛，惨祸再次发生。因为恰逢周日且观者摩肩接踵，导致栈桥木板折断，造成溺亡惨案，龙舟比赛被迫中断。进入新世纪，在国家政策指引下，镇江赛龙舟活动全面恢复，各种比赛丰富多彩，如2012年金山湖龙舟大奖赛、2020年心湖龙舟邀请赛等，成为群众锻炼身体，享受水上乐趣，提升幸福指数的水上运动。

《镇江市志》（2000年版）记载，镇江依山傍水，素有游泳和重九登高的习俗，每逢夏日，长江畔、运河滨，游泳者纷至沓来。20世纪60年代，登山、游泳活动公众化，1965年有12万人次参加游泳，0.8万人加入了当年的2次登山活动。1966年后游泳参与者突飞猛进，至1972年有14万人次到江河游泳。

其他如石担、石锁运动在民国时期相当普遍，练习点有10余处，至40年代参与人员逐步减少，除了部分农村仍有人喜好，1949年后的城区已难得一见。踢毽、跳绳、放风筝等传统体育活动，30年代尚十分活跃，市体育场、民众教育馆等单位先后举办这类比赛10多次，共有400余人参加，此后这些运动虽仍流传，但已无公开竞赛活动。

四　常州市传统体育文化

常州，简称"常"，别称龙城，京杭大运河在常州穿城而过，城区段由西向东横穿市区，长23公里，年径流量3.8亿—4亿立方米，是江南运河穿越南方城区的典型段落。常州市的传统体育活动有广泛的群众基础，主要以武术、划龙舟、游泳、太平龙灯、跳五猖、冻煞窠、太平龙灯、抬阁、蒋塘竹马、高跷、跳祠山、遥观鹞灯、腰鼓、跳幡神、谈庄秧歌灯、鱼灯、万绥猴灯、直溪巨龙、荡秋千、放风筝等民间传统体育项目见长（表2-9）。常州作为武术之乡，武进区阳湖拳是江苏省地方重点拳种之一。

以太平龙灯为例，常州太平龙灯运动已有400年历史，至顺治年间，国内民族矛盾尖锐，自然灾害时有发生，社会经济遭受严重破坏，为祈求风调雨顺，新北区巷东湾村人取材于八卦阵中文王卦的架构，革新了太平龙灯的制作与舞动方法，沿用至今。太平龙全长12.6米分为九节，9人舞龙，每节可点蜡烛（现改为电池灯），两只龙眼和两只龙角上点5盏灯，龙尾上还有5

盏灯，龙身一字排开，需 60 余人协同表演。舞龙时，演员依次表演八卦叩龙、调四门、龙翻身、盘龙等，随蝴蝶阵、梅花阵、十字梅花双卷心、龙门阵、月牙阵、一字长蛇阵等不断变化，产生不同的表演效果，夜观太平龙灯表演，场面璀璨耀眼，令人如痴如醉，目不暇接。当今太平龙灯代表性传承人为谢东海，几十年来悉心培养出新生代传人 20 余名，并频繁在各类大型文化活动中亮相表演，为太平龙灯的延续、传承作出了贡献。

作为江苏省省级非物质文化遗产，以阳湖拳为重点拳种的常州与徐州邳县，并称为江苏一南一北两个"武术之乡"。《武进县志》记载："徒手、器械武术在县境流传甚早，常州南拳源出道家武术，创发于宋末元初，有 700 多年历史，500 多种套路。盛行于农村，流传到无锡、苏州、上海等地。"雍正年间，甘凤池凭借拳法"双插子"（又名南侠展昭）名震四方，被称为"江南大侠"。历经几百年演进与发展，"阳湖拳"器械"十八长与十八短"，共 36 种之多。1949 年后常武地区尤其重视和提倡武术，进行了系列武术挖掘抢救工作，武进县东青乡沈全大为阳湖拳名师，在常州城里带徒传拳，门徒 1000 余人①。阳湖拳与其他拳种对照特征显明，套路侧重连打行打、复合群打和复合单练，技术风格一是架势低、幅度小，二是边练边唱、骁勇迅疾，三是手步迥异、套路与拳术齐全等。

五　无锡市传统体育文化

无锡，古称新吴、梁溪、金匮，自古就是鱼米之乡，素有布码头、钱码头、窑码头、丝都、米市之称。依托长江、京杭大运河和太湖水系，拥有 7 条主要航道，总里程 1656 公里。无锡市传统体育项目见表 2-9。无锡是侠文化发源地之一，早在先秦，吴地先民就以质烈尚武、轻生任死性格著称，上古五大刺客中有两位是无锡人，专诸鱼肠刺王僚、要离断臂杀庆忌的故事，都渗透着一股浓郁的侠义气质。这两位侠客与运河有着重要渊源，要离生活在吴泰伯开凿的第一条运河泰伯渎流域，而专诸死后，无锡人在运河沿岸的大娄巷建造了专诸塔以示纪念。明清时期，运河无锡段不断出现勇士和义士，成为侠客们活跃的热土。如明代无锡诗人莫懋偶，遇阉党欺压锡山驿驿丞，

---

① 胡静：《方志中江苏省传统体育研究》，硕士学位论文，南京体育学院，2017 年。

义愤填膺，跃上官船将宦官扔进运河，满船兵士为之气夺。这则故事被钱基博记录在《技击余闻补》中，全书记载了 20 多位真实存在的无锡侠客，其中三分之一都和运河有关，像新安邹姓农民反抗漕卒、三山和尚保卫运河水关、李渔运河飞盗等故事都极富传奇色彩，尤其"铜箸秀才"胡迩光、"现世季布"秦大用、"三山和尚"吴以幻等侠客精诚合作，一同抓获为害运河的漕卒头目，不啻一个精彩的大团圆结局。无锡民间也有隐居运河江边的年羹尧旧部智海和尚，夜袭乾隆为大侠甘凤池所阻的传说，更有运河渔夫撑篙飞越乾隆南巡御舟，展示南人雄姿的故事。《清稗类钞》中还记载了无锡运河镖船的旧闻，可见当时无锡运河侠文化之盛，而他们也成为无锡百姓自发维护运河沿岸安全繁荣的杰出代表。

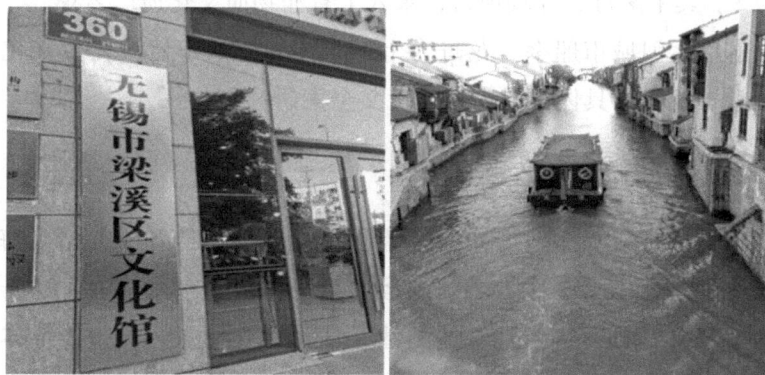

图 2-10　运河无锡段

在梁溪区文化馆查阅资料发现，近代无锡民间武术流传甚广。无锡县精武体育会 1924 年成立，国术会 1927 年在申新第三纺织厂成立，次年有会员 15 人参加全民业余体育运动会做飞叉、双拳和单拳表演。1937 年抗日战争全面爆发，北京人冯志光在无锡成立的拳社宣布停办。原无锡市武术协会主席、居住安镇西街的拳师惠浩琪，一生投身于少林拳和太极推手的习练和传授，在习武传统悠久的安镇探花墩村，享有盛名者有民国时期的浦金根、倪菊根，擅长双刀、单刀、大刀等器械①，现今拳师倪阿大以杨家手拳、罗汉拳、梅花拳等声名远播。

① 无锡市地方志编纂委员会：《无锡市志》，上海社会科学院出版社 1995 年版，第 309 页。

六 苏州市传统体育文化

苏州古称姑苏、平江，有近2500年历史，是吴文化的重要发祥地。苏州古城内河港交错，湖荡密布，长江及京杭运河贯穿市区之北。运河由西入望亭，南出盛泽，连同太湖和"三江"，系苏州市三大水系之一。苏州文化门类齐全，长期流传的传统体育活动种类繁多，部分项目正濒临失传或已消亡，目前开展较好的项目主要是民俗类传统体育项目，如赛龙舟、舞龙、舞狮、抖空竹、木兰剑等；较为普遍的项目如太极拳、气功、踢毽子、跳绳、拔河、放风筝、跳皮筋等，因对场地和器材的要求较低，练习方式简单，参与人数递升，以上两者的占有率达到65.2%，而摔跤、射箭、打陀螺、滚灯、滚铁环、跳房子等占34.8%[①]。其中滚灯、摔跤项目，录入了省非物质文化遗产名录。

本书选取运河城市船拳、龙舟为个案，作为苏州市传统体育文化代表性项目，船拳、龙舟的具体研究内容见后文个案研究部分。

七 杭州市传统体育文化

杭州，简称"杭"，古称临安、钱塘，地处钱塘江下游、东南沿海、浙江北部、京杭大运河南端。作为全国的运河重镇，至今水路交通发达，传统体育活动内涵丰富，具有民俗性、地域性、多元性等特点。杭州传统体育活动自隋唐以来就已成风，得益于京杭运河和通商口岸的便利，以及历史上重要的商业集散中心，成为传统体育文化世代繁衍生息的热土，杭州传统体育项目技术特点与传承状况见表2-10。

表2-10　　　　　　　　杭州传统体育项目技术特点与传承状况

	地域	技术特点	传承脉络	传承现状
十八般武艺	西湖区、仓前、五常	以劈、刺、击、勾、抨、打、敲等攻防技术动作作为主要练习内容，以套路演练为主要运动形式	源于明朝，历来流传于余杭五常一带，已有近五百年的历史	目前虽仍有传承，但多数传承者年事已高，而有兴趣的年轻人愈来愈少，明显后继乏人

---

① 王俪燕：《苏州市社区民间传统体育项目的保护与发展研究》，《湖北广播电视大学学报》2010年第12期。

续表

	地域	技术特点	传承脉络	传承现状
天罡拳	建德更楼、寿昌、大同	分上天罡和下天罡，共三十六招式	《武术拳械录》记载，自清乾隆年间于建德、桐庐、富阳一带流传	目前幸存的传承人都年事已高，传承困难，有失传的危险
武林活拳	杭州	包括72势，将武术内、外家踢、打、摔、拿等技击精华有机融合在一起，步法灵活，攻防兼备，招法多变	创始人是武术家何长海。1912年出生，祖籍诸暨枫桥，迁居杭州	当今继承人是其子何子楚
胡氏武术	建德市大洋镇	现存梅花棍、双打双拆、胡氏推拿、就地十八滚、八仙拳、小鹿拳、小洪拳和四门拳等	南京范载跃传给大洋镇的胡天沪，后一直在胡氏家族内部传承	近年来胡氏子女多数外出谋生，加上习练者越来越少，因此难以继承发展
杨家拳	富阳	小洪拳、方世玉拳、童关、四门拳等。代表性套路为四门拳，注重下盘，动作刚劲有力，敏捷多变	不详	找不到合适的传人，无法找到练功的合适场地，传承变得越来越困难
项氏武术	桐庐县分水镇、瑶琳镇	风格形似南拳短打，技法稳健扎实，发劲短暴以气催力，重视下盘功夫。分单人演练和双人对练，拳械有口诀和拳谱	据传承人口述，传自福建南少林，长期与家族内部传授，至今传五代	当今传承人项成山，因妻患病长期卧床不起，经济困难，已无精力授徒
板凳拳	杭州周边城乡	包括仙人坐堂、抱虎归山、霸王举鼎、倒拔杨柳等。技法分母、子两法，可拆练	主流传于南方，浙江是板凳拳的重要传承地	目前已后继乏人，渐趋衰落
船拳	西溪和余杭	包括拳、械两种，拳技风格为南拳，有燕青拳、罗汉拳、梅花拳、地煞拳以及刀、枪、剑、棍等器械	西溪船拳的确切起源缺乏考稽，应与古代船上练兵有关	目前在各方努力下慢慢得以恢复，但总体上习练者后继乏人，前景堪忧

续表

	地域	技术特点	传承脉络	传承现状
拳灯	临安、闲林、五常、仓前	金枪、阴叉、崔阳刀、金刀、双刀、关刀、月斧、齿轮耙、轮功耙等，配有三节棍、短棍、短刀等短兵器	缘起于南宋，盛行于明清，一直流传至今	社会发展使其逐渐衰落，掌握技艺者年事均已偏高，近年来有所恢复
杠推	建德乡村	每人夹于胯下一根1米多的木棍，双方按住并挤推对方，早挪动脚步或歪倒为输	方法简单，起止时间不详，广泛流传于民间	发展与传承越来越艰难，有失传危险
踩高跷	杭州城乡	踩跷者腋下紧扶两根竹竿，一脚踏在横档上，另脚极速跟进，后扶住高翘子走动	庙会重头戏，目的不同分为表演类、生活类和游戏类	自然传承阶段，缺少传人
打陀螺	杭州地区	用绳子缠住陀螺的圆柱部分，圆锥顶朝下置于平地，左手扶陀螺，右手握杆，随后快速抽动杆子，使陀螺旋转起来	源于宋朝类似陀螺的玩具"千千"，是中国传统体育游戏，流传甚广	生存环境受到了严重的威胁，正面临严峻的挑战
翻九楼	萧山浦阳	由九张方桌直垒而成，两旁各用1支毛竹绑扎加固。道士翻跟斗攀缘而上，在最高一层桌面上做惊险动作，之后翻跟斗攀缘而下	源于秦代传统民间传说，流行于闽东北及浙南地区，用于求雨、祈福及禳灾等仪式上	掌握技艺者屈指可数，且年高完不成系统演练，传承面临断裂或消失

进一步调查发现，浙江省 11 个地市中，有规模的传统体育单项赛事首先为龙舟，其次为太极拳，其中嘉兴的舞龙赛事是全省最稳定的城市，各地农村舞龙队活跃。在杭州市区，太极导引功比赛、龙舟比赛和不同形式的武林大会，参与人数和赛事规模尤为可观。有学者统计，在西湖区辖地蒋村，用于比赛的龙舟目前为止已有近 200 条①。此外，在浙东运河各个城市，龙舟和

---

① 王明伟、吴香芝、刘林箭：《浙江省民间体育赛事开展状况调查与研究》，《中国体育科技》 2016 年第 1 期。

舞龙活动较为普遍，但是传统体育比赛规模大、办赛水平强、竞技水平高的品牌赛事相对缺乏，数量排名第一的是太极拳（表2-11）。

表2-11　　　　　　　　　浙东运河段各市区传统体育比赛数量排序

地市	第1	第2	第3	第4
嘉兴	龙舟	太极拳	棋类	钓鱼
杭州	太极拳	武术	钓鱼	风筝
绍兴	太极拳	空竹	武术	风筝
宁波	舞龙	太极拳	风筝	龙舟
舟山	太极拳	舞龙	钓鱼	棋类
湖州	太极拳	风筝	拔河	跳绳
全省	武术	太极拳	拔河	棋类

八　运河江浙段体育文化特点及原因分析

（一）运河江浙段体育文化特点

1. 摇快船、龙舟竞渡、游泳等项目最具影响迫近普及

由表2-9、2-10、2-11可以看出，运河江浙段体育文化区传统体育文化资源丰富多彩，漕运和海运的发达，带来游泳、潜水、龙舟竞渡等水上体育活动历久不衰，而且以水和船为依托的传统体育项目多种多样，包括旱船、武莲湘舞、渔鼓舞、花鼓舞、蚌舞、跳判、莲湘、渔舟剑桨、盾牌舞、摇大橹、踩泥马、打连厢、荡湖船等。连同运河城市周边，如在浙江温州和台州、江苏盐城、南通和连云港市等城市，摇快船、赛龙舟和游泳项目都广泛分布，究其原因，在于这些周边地区长期以海谋生，除了应对各种自然灾害带来的侵扰，还要抵御海盗和倭寇的烧杀抢掠，为了谋生练就的水上技能和技巧。

2. 舞龙和舞狮项目文武兼备风格各异——以运河江苏段为例

（1）舞龙。苏北地区的舞龙以文为主，形成了独具特色的舞龙套路，有详细的技法规格和展演规则，尤以套路娴熟引人注目。例如徐州的龙虎斗，舞动过程侧重龙身协调灵敏，辗转腾挪尽显动作灵活多变，配以调子轻松明快、节奏明朗高亢。宿迁的龙舞除了传统的表演套路之外，注重母子龙之间的互动表演，以一条大龙带 12 条小龙在锣鼓声中按一定的套路表演，全套动作连贯流畅，加上锣鼓渲染，场面壮观，精彩纷呈。苏中地区的舞龙，包括扬州的板凳龙、泰州沙沟板凳龙和南通的苍龙舞等，兼具苏北苏南两地特色，技术风格强调龙的威仪，移步换形要求灵巧快速、招式多变。如板凳龙每年参加扬州市民日活动，组成独龙腾空、二龙戏珠等造型，各种武艺、功夫、舞蹈、曲艺等得到尽情展示，让人流连忘返。

苏南地区的舞龙是以武为主，场面宏伟壮观，运动形式富于变化，动作技术机敏矫捷。如镇江句容的二龙戏珠以"珠引龙舞、云随龙翻，龙云穿插、二龙戏珠"为特色，表演者要"手活眼快，臂甩步紧"，在定位和队形变换上均按"天圆地方"的传统手法操作，双龙要整体构图、弧线运行、平衡对称贯穿始终，游出滚、翻、跳、绞、穿等固定套路。常州直溪巨龙（图 2-11），运用盘、戏、叠、钻和跳的技巧，动作间的衔接跌宕起伏、紧凑合理，表现出"人紧龙也圆，龙飞人亦舞"的艺术效果。无锡凤羽龙以色彩鲜艳而盛名，有"六龙闹古镇"项目，六条龙灯同时舞动，龙腾虎跃，气壮山河。苏州胥门外百花洲舞龙练就跪舞、回龙招、龙翻身、中间穿等十余个套路，两队用一个龙珠导舞，力竭者为负。长久以来，兄教弟，父传子，舞跃回旋，乐此不倦，百花洲已经形成大众性的舞龙灯喜好和习俗①。而苏州陆家断龙舞一般由男性青壮年表演，舞动龙珠的演员时而翻跟斗、时而舞绝技，龙体看似断开实则相连，动作优美而惊险。表演时，每人高举一段拙朴的"龙身"，上下翻舞，若即若离，因为增加了舞龙难度，所以在龙舞大家族中拥有一席地位。

（2）舞狮。苏北地区的舞狮机敏活跃、逼真生动，如徐州邳州舞狮，打、滚、爬、翻、躲、跳、走动作凶猛矫捷，舔毛、抖身、打滚、挠痒等动作诙谐幽默。宿迁侍岭舞狮集"奇、难、险"特点于一体，"文狮"动作细腻诙谐，打滚、钻穴、登山和下山动作刻画出善于嬉戏的性格；"武狮"着重技巧，动作勇猛，表现出狮子威武的性格。

苏南地区的舞狮威猛劲健、惊险刺激，如常州舞狮为"托戏"的一种，时而伏地潜行，时而昂首循望，威武剽悍，完全一副兽王雄姿②。无锡西乡舞

---

① 胡静：《方志中江苏省传统体育研究》，硕士学位论文，南京体育学院，2017 年。
② 阿苏：《常州狮子舞》，《江苏地方志》1996 年第 3 期。

图 2-11 常州直溪巨龙

狮融舞蹈、杂技、武术和音乐于一体，表演内容保留"调门头"和"调场子"。用青狮"调门头"拜年为西乡年俗中的传统环节，"调场子"在用桌凳搭制的简易道具上表演跳、跃、扑、滚、转、叼等高难度动作，惊险刺激，惟妙惟肖。苏州舞狮有跳、奔、吞、缩、伏、跃、抱球等动作，威猛劲健，活跃可观。

苏中地区的舞狮兼具苏南苏北两地的特点。如扬州狮舞跌爬跳跃、滚翻舞动，激烈时狮吼震山岗，静态时盘球、理毛、温驯可爱。高邮舞狮表演，包括闹店、游街、祭庙 3 个环节，其中闹店有"狮犼盘斗"等寓意吉祥的舞蹈，游街有"防范""摄食""犼孝母""狮盘犼"文雅细腻的舞姿，祭庙有"狮犼跳台""狮犼盘桌"等难度较大的武舞动作。

（二）运河江浙段体育文化特点的原因

1. 舟楫之利的基础作用

运河江浙段体育文化区位于中国东部，长江下游，东濒黄海与东海，地理版图由平原、丘陵及水域三部分组成，水域面积所占比例中江苏 16.8%，浙江 7%，拥有著名的长江、京杭大运河、钱塘江、太湖和西湖，江滩、河滩与湿地众多，数万条大小不一的河流纵横交错，这都为运河江浙段传统体育文化的绵延传承提供了坚实的环境基础。"靠山吃山靠水吃水"，伴随河网密布和水上谋生所形成的生产技术与体育锻炼技能，与江浙先民长年的水上劳作和捕捞作业是分不开的。"越人善游矣"，韩非子所语就是当今江浙一带的古越国人。三国时期东吴水军名扬天下，"船战有三难，一曰迎风射箭、二曰板上肉搏、三曰水下歼敌，而东吴水兵皆能也"，造就了历史上水战名将人才辈出，再次证明江浙一带水上运动盛行的局面，有其悠久的地理和文化渊源。

舟楫之利带来的河海运输，使吴越大地成为中国东部富庶之地，有力地推动了当地社会经济的发展。吴越大地湖泊众多、港湾密布，舟楫之利也使江浙民众有更多机会接触外来新技术、新思想、新事物。江浙先民素有重商传统，善于漕运经商，京杭运河的南北贯通，拥有发展漕运经济、繁荣农业生产和铸造农耕文明等无比优越的天时、地利条件，铸就了一方勤劳、勇敢和聪慧的子民。因此，运河江浙段传统体育项目的产生与发展，得益于江浙之地处于中国江南平原河网地区，水系十分发达，也得益于京杭运河水路便捷、漕运便利以及河海运输带来的地域经济相对发达。

2. 农耕细作的决定作用

江浙地区气候温和、雨量充沛，土地肥沃，区域内沟渠纵横，比较适合农作物的灌溉与生长。河姆渡遗址中出土的 200 件新石器时代的骨耜和木耜，表明河姆渡时期的原始先民就已种植水稻了。吴越先民追求五谷丰登，精耕细作的农业生产对劳动力的数量与质量提出了更高的要求，谐和众人、加强协作从而提高生产效率成为常态，同舟共济、共建辉煌的团队精神被充分展现，于是与生产生活、宗教信仰、节日庆典和团体精神有关的体育活动蓬勃发展。运河江浙段体育文化具有开放性和岁时节令性特点，与当地的生产生活方式息息相关，是江浙地区农业生产过程的衍生物。

运河江浙段处于海河运输区和农耕文明区，是漕运文明和农耕文明的复合体，农耕活动不是唯一的生活来源，现今漕运活动在江浙地区的地位可见一斑。采茶、打鱼、捉虾、摇船、插秧等活动始终充实于百姓的生产劳动和业余生活，他们在劳动生产之余缔造了各式多样的传统体育项目。如果把体育仅仅看作人的身体游戏，那么，我们的游戏是跟季节和农活连在一起的，食物也是，粮食、渔产、消耗消费品等，每个季节都有可以大快朵颐的东西。农耕细作的社会背景，使体育活动与春种、夏耘、秋收、冬藏的生产性节律相适应，开春时节人们祭天敬祖、打船拳、跳船舞以感应春天的气息，祈求每年有满仓的收成。入夏时节人们驱邪避瘟，除恶祛毒，祈求平安健康。在日出而作、日落而息的生活方式下，长期疲于农事劳作的人们期望农闲时节能够愉悦身心、强身健体。

3. 民俗民风的熏陶作用

燕赵尚武，吴越尚文。断发文身习俗的实物形象，在大港北山顶 3 处土墩墓发掘出土的百余件文物中得到直观呈现。历史上吴居苏南，都于吴（苏州），越居浙北，都会稽（今绍兴），二国王室皆华夏之裔，然其人民，则为越族。其语言与华夏迥异，必"待译而后通"。伍子胥、范蠡、大夫种，均言吴、越不但语言相同，而且其风习亦相同。六朝前期，吴越民众就以尚武逞勇为风气，粗犷中蕴含精雅，是当时吴越文化的显著特征。六朝至隋唐的晋室南渡，士族文化的阴柔特质及其对温婉、清秀、恬静的追求，改变了吴越文化的审美取向，给其注入了士族精神和书生气质。明清时期，吴越文化越发向文弱、精致的方向生长。随着工商实业的萌芽，吴越文化除阴柔、精细之外，又平添了消费特征和奢华之习。到清康乾盛世，苏、杭已成为人们心目中的天堂，其间不论是经济、教育，还是学术思想和文学艺术，都成为吴越文化走向高峰并在全国领先的标志，影响一直延续至今，造就了江浙民众留在血液中的一种儒雅、尚礼、仁爱气质。吴越文化风格细腻、恬淡、婉转、雅致、清新，与北方各区域文化形成鲜明的对比，吴越人性格外柔内刚，为人谦和，注重礼节。于是，运河江浙段传统体育文化更多地表现为喜爱热闹、少竞技的民俗体育文化。

4. 小结

（1）舟楫之利、农耕细作、民俗民风三个方面的影响，决定了运河江浙段传统体育文化的内容与特点，表现出水上传统体育活动历久不衰，摇快船、龙舟竞渡、游泳等项目遍及全域，舞龙、舞狮等民间项目文武兼备、风格各异。

（2）运河江浙段漕运经济和农业文明发达，在漕运运输和农渔业生产之外的余暇时间，迫于愉悦身心、陶冶情操的需要，江浙民众的闲暇体育活动多以健身为主而少了竞技的成分。

第三章 运河体育文化的文化人类学
解读与特征

第二章对运河体育文化资源进行了系统的调查和梳理，详细分析了京杭运河三个段落的体育形式以及各个段落的主流体育文化，剖析了三个段落体育文化的特点与形成原因。那么，人类文化学对于运河体育文化的出现和表现出的不同特点会有如何解释？本章试图从人类文化学的角度对运河体育文化进行概括，对相关观点进行总结升华，进一步分析运河体育文化特征。

"文化人类学"是人类学的一个分支学科，它研究人类各民族创造的文化，揭示人类文化的本质。其通过考古学、人种志、人种学、民俗学、语言学的方法、概念和资料，对全世界不同民族作出描述和分析。① 基本研究方法有实地观察法、全面考察法、比较法。文化是什么？为什么人类学家热衷于文化的研究？在西方，"文化"一词系拉丁语，指种植、耕耘、农作，通常用于耕耘土地、农业劳动的意义上，并有了 Agriculture（农业耕种）的说法。根据英国人类学家泰勒（E. B. Tylor）的定义，文化是"包括知识、信仰、艺术、道德、法律、风俗及其他凡人类因为社会成员而获得的能力和习惯的复杂整体"②。威斯勒简用 mode of life（生活样式）解释文化，意为人类无论文野都有其"生活样式"，都有其文化。也有学者指出文化是人类活动的结果，但不是遗传的，而是积累的，如人类学家林惠祥曾认为"文化是人类行为的总结，是动的即用的方面，而人类的躯体乃是静的即体的方面。文化与躯体关系密切，合之乃成为动静俱全，即体用兼备的全个人类"③，可见，寻物文

---

① 参见冯波主编《文化人类学》，中国传媒大学出版社2022年版，第6页。
② ［英］爱德华·泰勒：《原始文化》，连树声译，上海文艺出版社1992年版，第5页。
③ 林惠祥：《文化人类学》，商务印书馆2005年版，第5页。

化其实就是寻求人类的足迹。

体育作为一种人类身体活动的文化模式，产生之日起便与人类文明如影随形，推动着人类的自身完善与文明发展。进入 20 世纪，文化人类学的以下观点越来越明确了：文化是习得性和获得性的运动神经反应、习惯、技术、观念、价值观以及由此而产生的行为所构成的混合体（美·克鲁伯，1948），人类学研究由体质过渡到文化，理由充分且是社会发展之必然。本章试以人类文化学的视角来研究沿运河先民的体育行为，用文化人类学的相关理论阐释京杭运河两岸的传统体育文化。

第一节　生产劳动与体育活动及文化之间的关系

一　生产劳动直接促进了体育活动的形成

劳动是"整个生活活动的第一个基本条件"（恩格斯语），人类体育活动本身就是直接或间接为生产劳动服务的一部分，二者休戚相关。人类社会是自然界的一个特殊部分，从事农业、渔业、畜牧业、狩猎、运输等是获取生产资料得以生存的基本手段，千百万种工作和任务是由劳动完成的。运动技能不能脱离劳动实践，能够为劳动实践带来一定价值补偿，并且贯穿人类生产劳动的全过程。在原始人类与自然界长期的斗争中，劳动完成了手脚的彻底分工，并促进了手脚的专门化发展，通过生活资料生产，创造了劳动工具，这些工具也是早期的体育工具。播种、积肥、插秧、铸造、打谷、搬运、除草、耕田、采桑及其他活动，成为祖先生活中必不可少的劳动内容。人们运用爬越、攀登、跑步、摔跤、投射等技能，是早期教育得到传承的形式，也是当时广泛遵循的原始劳动和生活教育，这种教育是以身体活动内容为基础的，以形成一些操作技能为目的[①]。这种带有劳动、生活性质的"身体教育"的体育活动，对传统体育文化的形成发挥了积极作用，是推动未来传统体育文化发展的起点。总之，在物质生产过程中，祖先制造劳动工具、提高生产效率，积累了丰富的生活经验，他们认识到人类的生存，取决于例如在追捕

---

① 秦钢：《我国民族传统体育文化资源与产业发展研究》，博士学位论文，武汉理工大学，2012 年。

猎物时二者之间的速度、耐力、灵敏、强度等的最终结果。所以他们在继续劳动教育的同时，开始有意识地对身体素质进行训练。对于一切人类文明来说，劳动力都是最重要的生产要素，可以说劳动创造了所有价值，创造了人类本身，也孕育了体育。

二 "能量"对人类体育活动产生重大影响

"能"是能量的简称，表示具备某种能力或达到某种效率。社会生活中"能"的利用跟食物有关，原始人类运用"能"，维持生活所需和人体机能。随着社会生产力水平提高，收集食品、运行、攀登、投射、游泳、摔跤及其他能力，获得巩固与提升。伴随早期国家的出现，人类的社会实践能力进一步提高，带来金属工具出现，并开始用风能航行。剩余产品的产生，为专门从事社会管理和文化活动提供了可能。近千年来，人类在征服自然、利用自然的同时，依靠自然界中蕴藏的巨大能量以及上天给予人类的身体力量，从钻木取火，刀耕火种，到劳动工具和武器制造，再到人类进入工农业文明，走入今天的智能时代，均是"物竞天择，适者生存"的结果。可以说社会生产力的提高、生产资料的富足与狄取，离不开人类对"能"的直接运用，叼以认为这是原始体育文化的源头活水。

三 生存需求间接促进了体育活动的产生

人类最初的需要是食、衣、住，三者之中，食物居首位。因为人类像动物或植物一样，不进食无法维持生命，不仅如此，食物还影响个人的性情品行、团体的幸福和种族的繁殖等。古代农业技术十分落后，靠天吃饭的境况一个是需要聚居地土地肥沃，撒上种子农作物就能生长，且易于灌溉，另一个是风调雨顺旱涝少，同时达到两个条件，只有江河冲出沙滩或者两岸的土地最为适合。众所周知，人类从自然环境中得到的生存生活资料是一个动荡不定的变量，时常伴随气候、环境、社会变革、生物链条等因素的变化出现大起大落，同一年份相同的环境，也无法保证满足所有人的生存生活需求，例如自然变异、突发事件、人口迁徙、战争动乱等，都能够给人类的生产和生活带来不同程度的损害，轻者造成经济损失，扰乱社会、家庭稳定，危及个体生存，重则导致人与自然关系的失衡，增加人们抵御灾害、改造自然的难度。从古至今，人们随时都有陷入饥饿的危险，为防止食物短缺、居住环境被破坏以及各种危险事件的冲击，克服生存困难或消除隐患，用尽一切办法抵御灾害连生，降低损失，各种新式工具和先进技术同步出现，生存技能得到提高，同时促进了传统体育活动的产生与发展。

第二节　环境与体育文化之间的关系

一　环境是创造体育文化的自然前提

文化人类学侧重考察社会及其机构之间对周围环境的适应，以及人们对于环境的心灵反映问题。适应（adaptation）在生态学中指的是一个过程，其中，有机体之所以发展自身生理与行为，旨在能于所处环境中存活并繁衍后代。人类适应过程是环境与人的需要之间的动态平衡，传统体育活动风格迥异，体现了不同社会与环境相互作用和影响的特殊适应过程，这与弗罗贝纽斯认为文化从自然条件中诞生出来的，相同地理环境产生相同的文化，文化也是有机体[①]的观点高度吻合。传统体育活动溯源就要用文化人类学的观点，研究生态环境、生物有机体与体育文化之间的互动关系。

地理环境是指一定社会所处的地理位置以及与此相联系的各种自然条件的总和，包括气候、土地、河流、湖泊、山脉、矿藏以及动植物资源等[②]，是创造文化的自然前提。环境决定论认为"环境决定一切"，尽管粗浅的环境论并不能完全解释人类文化的差别，但是环境对人类文化的影响是确实存在的。根据弗罗贝纽斯的观点，环境对文化的作用如下：第一，环境对于人类生活有极大的限制；第二，人们接受任何一种物质生活方式，均是所处环境在一定程度上迫使驱动的结果；第三，环境虽然限制人们的成就，但为满足人们的需求提供了物质资源；第四，环境对人们的文化生活起着微妙的作用，借助文化，人类创造性地适应各种环境并缔造文明，根本上区别于动物仅以生

---

① ［日］绫部恒雄主编：《文化人类学的十五种理论》，周星等译，贵州人民出版社1988年版，第17页。

② 蔡东刚、王玉强：《逻辑评价的定位、内蕴与呈现样态》，《中学语文教学参考》2021年第19期。

物性调适顺应环境。可见，环境与人类文化二者之间的关系是相互影响、客观存在的，环境是限制因素而不是决定因素，研究体育文化必须探究周围环境的影响因素。

二 沿运河自然风水论与古人住址选择

中国历史上有"靠山傍水扎大营"的古训，祖先选择住址，重视"依山者多，亦需有水可通舟揖，而后可建"（张志辉，2011）。河流是天然的防御屏障，可提供丰富的水源和食物，中下游地区的河流冲积，会带来大量肥沃的土地。京杭运河开凿疏通于隋代，人们沿运河定居繁衍，日久月深民族融合，成为商业贸易和文化碰撞的热点地区，尽管历史上运河流域不属于特定的行政区域，来自不同区域的不同民族，相继聚居于这一线型流域，创造了具有多元文化特色的运河流域文明，体育史和人类文明史同步。古人自然风水论的信奉与恰当住址的地理选择，对地域文化的形成与发展产生了深远影响。以运河江浙段建筑文化为例，远古时代吴越先民建造、启用的"干栏式建筑"在中外建筑史上有着不可替代的启迪作用，现今江浙地区在中国已成为一片充满勃勃生机的热土，伴随苏南模式、温州模式、义乌现象相继出现，以及乡镇工农业的异军突起，江浙富庶之地"万丈高楼"平地起。在河姆渡文化、马家浜文化、良渚文化和江苏省吴江梅堰、海安青墩、丹阳香草河，以及浙江省吴兴钱山漾、桐乡罗家角等遗址，挖掘出地下木桩及底架上的横梁与木板，证实新石器时代在江浙地区已产生了"干栏式建筑"。古建筑专家杨鸿勋①先生认为，"干栏式建筑促成了穿斗式结构的出现，启示了楼阁的发明，最终导致阁楼与二层楼房的形成"。

三 地理环境对运河体育文化形成的作用

运河不同段落体育文化的发展历程不同，源自运河流域内的传统体育活动，受到不同地理和风土人情的熏染，并深层融入苍生黎民的生活，成为集体的地域文化符号，也是运河两岸人民某种地域性的、集体的记忆和传统。例如作为燕赵体育文化的发祥地，古代运河京津冀地域草木茂盛，水域众多，

---

① 杨鸿勋主编：《中国古代居住文化图典》，云南人民出版社 2007 年版，第 9 页。

燕赵体育文化的出现源于抗拒自然环境和禽兽侵袭以及洪水的威胁，并形成了一种勇敢面对自然灾害又热爱家乡土地的民风。作为一种"原生态文化"，运河体育文化是"没有被现代外界文化改良的，具有鲜明地域特色的，能够被本地区大多数人所接受和认可的，具有鲜活色彩的地方传统文化"①。地理环境是人类赖以生存和发展的物质基础，是体育文化创造的自然基础。先民活动是以一定地理环境为依托的，不同地理环境，使生活于地域内的先民选择了相应的生活方式，生活方式的差异，又使他们所创造的体育文化表现出不同的特点。如一提到梁山武术，便会使人想到《水浒传》，想到历代东平县八百里水泊梁山，成为当地独一无二的体育传统。

第三节　生计方式与体育文化之间的关系

一　生计方式是区分地域体育文化类型的依据

生计方式是人类群体为适应不同环境所采取的整套谋生手段②。一方面，人类的生计方式不存在某种固定模式，总处于不断的变迁之中，而且与一定的生态环境、社会结构和族群文化相适应。另一方面，生计方式在文化和环境中呈现一种技术、资源和劳动三方动态的创造性关系③，没有一种"纯粹的生计方式"存在于人类生活中。京杭运河繁忙的运输为沿岸城镇国计民生的发展提供了契机，沿岸传统体育活动的形式和特点不同，一定地域内个体或群体的体质诉求也千差万别，原因在于选择了一种生计方式，就是选择了一种体育文化。

由于历史上燕赵地域的北端经常受到戎狄的侵扰，南端则属中原一带，是中国诸朝历代相互争夺的战略要地④。运河京津冀段的各类武术、摔跤、杂技等传统体育活动，是在生计生存、保家护院或提高作战能力的基础上产生的，与京津冀地区慷慨悲歌、武勇任侠的民风相结合，同时又促进了运河京

---

① 孟林盛：《三晋传统体育文化研究》，博士学位论文，山西大学，2014年。

② 张丙乾、汪力斌、靳乐山等：《多元生计途径：一个赫哲族社区发展的路径选择》，《农业经济问题》2007年第8期。

③ 庄锡昌、孙志民编著：《文化人类学的理论构架》，浙江人民出版社1988年版，第173页。

④ 马剑编著：《燕赵武术》，人民体育出版社2010年版，第29页。

津冀段体育文化的发展与传承。

运河山东段的军事武艺如相扑、射箭、投掷、举重等和民间武术活动，是人们为了获取生活资料满足生存谋生的需要，也与人们保护自身安全、抵抗统治，或者统治者防御外敌等国计民生的事件也存在着坚不可摧的关系。

运河江浙段的水上竞技、舞龙舞狮、船拳、杂技、导引养生等项目，源于江浙地区地势平坦，水网稠密，坐享舟楫之利，在农业生产和漕运经营的基础上产生了融入百姓日常生计方式的民俗体育文化，并有效地提高了水上谋生手段。由以上分析同时得出，运河京津冀段体育文化主竞技与武力，运河山东段主保卫与御敌，运河江浙段主舟楫与民俗。

二　运河漕运推动运河体育文化的交流与传播

京杭运河在所流经区域的国计民生中扮演着重要的角色，漕运是沿运河民众长期以来赖以生存的生计方式之一。追溯古运河漕运功能的历史变迁，研究其航运功能的演变过程，发现京杭运河开凿至今，随着军事功能的丧失和航运功能的衰退，其政治功能、经济功能和排污功能仍旧持续（明清和民国时期最高），景观功能大幅增长（图 3-1）。当今，运河江浙段仍然集船舶制造和运输、港口装卸、现代物流等于一体，是全国内河"一纵三横"黄金水运主通道之一。运河流域能够成为中国东部人口最稠密和发展最早的地区，作为历代漕运要道，京杭运河为国家统一、经济发展、社会进步和文化繁荣作出了重要贡献。

京杭运河贯通了中国东部江河横向封闭的自然水系，在历史上起"半天下之财赋，悉由此路而进"的巨大作用。以舟楫之利"贡赋通漕"，"合通四海"兼利灌溉，带来的是人民生活和国家经济的富足。在商船与龙舟共舞的喧哗中，在船闸开开关关的升降声中，在运河水起起伏伏的流波里，一段镌入汗青的历史，被渲染得声色俱全。漕运的物资和南北物资的融汇带来了沿岸城镇经济文化的繁荣，诞生了大小不等的会馆、码头、楼阁、寺庙等，是历朝历代运河商贾们洽谈贸易、聚会待客、休憩娱乐、祭祀神灵之要地。随着运河漕粮及商业运输业的繁荣，大大刺激了沿岸镖行、装运等行业的兴盛，也带动了运河体育文化在运河沿岸城镇和地区的交流与传播。

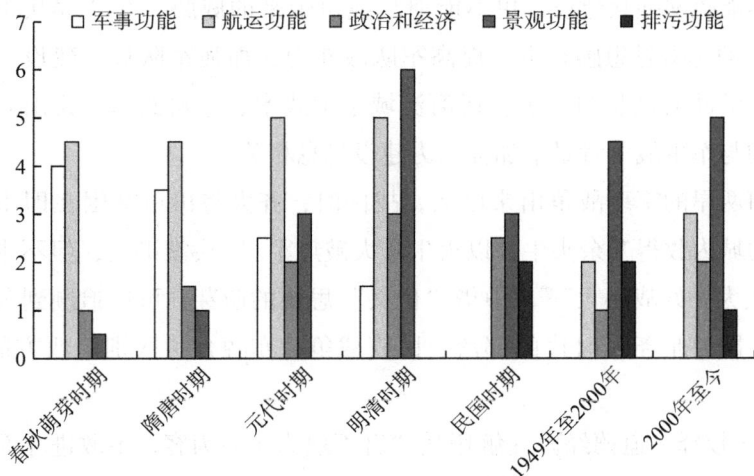

图 3-1 京杭运河航运功能演变图

第四节 传统人文精神和思想对运河体育文化的影响

一 古典兵家军事思想对运河体育文化的影响

兵学圣典《孙子兵法》言："兵者国之大事，死生之地，存亡之道，不可不察也……计利以听，乃为之势，以佐其外；势者，因利而制权也。"[①] 可以看出兵家思想重利、讲势，为利而动，因利而止。历代兵家认为，人本来并无善恶之分，"天下熙熙，皆为名来，天下攘攘，皆为利往；有了利益才有善恶，所以，用利言仁义是最合适的做法"。这种文化基础为以竞技、对抗为特征的体育活动提供了文化支持，因此，以古代军事战争为发源的兵家文化，其深谋远虑、扬长避短、先机制敌、胆气制胜等特点，培育了传统体育文化的刚猛与诡诈品性。"个人之间的暴力冲突导致了武术技巧的产生，群体之间的暴力冲突促使了军事战争的形成。"[②] 兵家的"重利、重势"思想解释了体育竞技出现的思想渊源。

所谓"兵者外以除暴，内以禁邪。天下虽安，忘战必危"，倡导国泰民安

---

① （春秋）孙武：《孙子兵法》，梁海明主编，山西古籍出版社 2000 年版，第 11—12 页。
② 孟林盛：《晋北射箭文化溯源》，《体育与科学》2015 年第 2 期。

之日，不能疏漏强兵建设，更不能遗忘战争带来的威胁。在"养兵千日、用兵一时"的军事思想感召下，提高军队战斗力，加强军队兵力建设，从而推动了体育活动的进步与开展。运河流域京师武术、沧州武术、梁山武术、船拳等，均与军事战争背景下加强兵力建设息息相关。

运河两岸的军事战争由来已久，战国时，齐大将田单被困在即墨，竟能在久困的城内收得千余头牛，以火牛阵大破燕军。① 兵家讲兵，但不主兵，认为"国虽大，好战必亡"②。中华"仁义"思想的萌芽，可以追溯到久远的尧舜时代，即便是尧舜时代的部落、民族战争，亦融合了区别于西方的"仁"元素。

《老子校释·道德经》注解用兵"吾不敢为主而为客，不敢进寸而退尺"，主张作战亦当为客不为主，退而不进的思想，是一种谦逊、礼让思想。至三国诸葛亮主张"用兵之道，攻心为上，攻城为下；心战为上，兵战为下"，践行"仁义"之师，成为中国军事文化中忠臣与智者的代表。

这些古典兵家军事思想，对体育文化带来了深远的影响，其"仁"的一面在传统体育活动中缤纷呈现，尤其促进了"武德"的形成与发展。如春秋《左传》中就有"武德有七"的论述，伴随社会进步，"武以德显"不断变化发展。武是停止干戈、消停战事的实力。德，以仁、义为核心理念、以上、止、正为行为操守的言行举止。武德已成为习武者所应具备的一种美德。

另外，武圣人关羽文化中的"信"和"义"也成为习武者的精神信仰，镖局招用镖师多为武艺高强和武德高尚之人。悠远的"仁义"思想，号召人们在军事战争、体育竞技或日常处事中遵循讲德行、有仁义之举。

二　运河体育文化与三大地域文化的关系

运河体育文化与燕赵文化、齐鲁文化、吴越文化是一种相互依赖、相辅相成的关系，融汇、吸附了我国传统燕赵文化、齐鲁文化、吴越文化的精髓与涵养，是沿运河不同民族、文化的融合共同体。燕赵文化、齐鲁文化、吴越文化之所以能够在中国传统文化中发挥重要作用，它们的凝聚力和生命力

---

① 参见王修智《齐鲁文化与山东人》，山东人民出版社 2008 年版。
② （商）姜太公：《司马法》，转引自（汉）王逸、（宋）洪兴祖《楚辞章句补注》，吉林人民出版社 2005 年版，第 318 页。

来自其文化内涵与精神特质（表3-1），对中华优秀传统文化的形成具有重要作用。

　　以吴越文化为例，"敢为人先、超越自我"，"海纳百川、兼容并蓄"是吴越文化的秉性。吴越大地文化发达人才辈出，"聪慧机敏、灵动睿智"得益于重视教育、人文气盛。春秋时期，宰相范蠡就提出了"十年生聚，十年教训"的主张；大臣文种"寒可无衣，饥可无食，书不可一日无"等，尽显"经世致用、务实求真"①。总之，京杭运河各个段落的体育文化，不但相互释放和传递各自的文化能量，而且多元交融、相互渗透、交相辉映，进一步影响和作用于政治、经济和社会的变革和发展。

表 3-1　　　　　　燕赵文化、齐鲁文化、吴越文化的精神特质与内涵

	燕赵文化	齐鲁文化	吴越文化
文化介绍	地质上是河北平原，农业主要采取的是旱地耕作方式，而不是人工灌溉，一向以农业著称。从河北平原上经过，走出数百里见不到高丘起伏，故燕赵文化是平原文化。从地理环境和生产方式上看，燕赵文化不仅是一种平原文化，亦属农业文化和旱地农耕文化	齐文化和鲁文化合称。齐文化产生于春秋时期，稷下道家、管子等继往开来，稷下学宫是世界上第一所由官方举办、私家主持的高等学府。鲁文化倡导道德理性、修身存养、现世事功、血亲人伦，造就孔子儒学，中心思想恕、忠、孝、悌、勇、仁、义、礼、智、信	江南文化的中心和代表，"吴文化"和"越文化"，两者同源同出，整体范围包括今江苏南部、浙江、安徽南部、江西东北部和上海。吴越文化区以太湖流域为中心，又称江浙文化，汉文明重要组成部分
人文历史	商代青铜文化最灿烂时期，商人与燕赵区域关系尤为密切。燕国最初封国设在蓟，即今北京市。赵地和燕地都具有近边和尚武的特点且倍加趋同。元明清三代定都北京，燕赵成为京畿重地	儒学影响有"引仁入礼、十年树木、百年树人，取其所长、弃其所短，前人栽树、后人乘凉，尊客面前不叱狗"等；道家影响"百家争鸣"，促成天下学术争鸣局面，成为百家学术争鸣的中心园地	吴王阖闾都于姑苏，越王勾践都于会稽。吴、越文化同气共俗，在流变、激荡、相互交融与集成中形成统一文化类型。代表性人文历史包括稻作、断发文身、干栏式建筑、龙舟竞渡等

---

　　①　张荷：《吴越文化》，辽宁教育出版社1991年版，第41页。

续表

	燕赵文化	齐鲁文化	吴越文化
精神特质	革新精神，和乐精神，包容精神，求是精神，创新精神，忧患精神	经世致用的救世精神，崇尚气节的爱国精神，自强不息的刚健精神，大公无私的群体精神，勤谨睿智的创造精神	敢为人先、超越自我，聪慧机敏、灵动睿智，经世致用、务实求真，海纳百川、兼容并蓄
文化特征	以汉民族为主体，以燕赵区域为典型，勇武任侠、慷慨悲歌	齐文化尚功利、求革新，鲁文化重伦理和传统。齐"因其俗简其礼"，鲁"变其俗革其礼"。齐带有明显的工商业氛围，风气开放，注重实用；鲁更多地表现出农业社会的文化特征，文化风气保守，因循周礼，不思变通	以尚武逞勇为风气，注入"士族精神、书生气质"。吴越人性格外柔内刚，为人谦和、注重礼节，承传至今生成了"和谐共存"和"和而不同的吴越文化"，是中华文化的重要组成部分

三 儒家人文精神对运河体育文化发展的影响

燕赵文化、齐鲁文化、吴越文化的文化内涵与精神特质（表3-1）是儒家人文精神长期浸润的结果，也是儒家人文精神的一部分。运河体育文化活动既是人们不断战胜自然、超越自然、开拓进取的价值体现，其价值追求也饱受儒家人文精神的深刻影响。孔子（公元前551—公元前479），名丘，字仲尼，今山东曲阜人，中国古代思想家、教育家，儒家学派创始人，被后世尊为"万世师表"[①]。孔子人文思想是儒家人文精神的源头，也是中华民族精神生命的根基。儒家"天人合一、刚健有为、自强不息、和谐中庸、诚信公平"的人文精神，不但对于中国政治、经济、文化等存在巨大影响，而且为世界范围内经贸往来、文化交融、地区冲突、民族主义及环境治理等问题的解决提供营养与智慧。

首先，儒家重视人与自然、人与社会、人与身心关系之间的协调，儒家哲学"和而不同"、追求"普遍和谐""致中和"的中庸思想是孔子及其后儒

---

① 辞海编辑委员会编纂：《辞海》，上海辞书出版社2000年版，第1352页。

关于文化生态的基本方向和光辉命题。只有把对和谐的追求落实到运河沿岸城镇建设、运河文化挖掘与开发、品牌打造等方面，"和谐社会"的核心价值观才能真正实现。如果顾此失彼、单方冒进，其结果最多只能是事倍功半①。儒家追求普遍和谐的文化生态模式可为运河体育文化建设与发展提供理论与实践上的有益参考。

其次，儒家"天人合一"的自然观，强调顺、道、和，对于当今社会停止对运河资源的无限制开采，遏制人的生活严重物化、金钱高于一切、肆意破坏生态环境资源，进而保护运河生态平衡，防止运河文化危机等社会问题具有重要的指导意义。如 2019 年 6 月，通州运河公园到卜游潞阳桥，长约4 公里的运河河面上，漂浮着一片死去的草鱼。在不同运河段落，建厂房、搞养殖、抽水浇地、洗衣服等活动屡见不鲜，生态平衡遭到严重破坏，这些都与人们功利化、直线式地谋求经济利益有关。当今运河城镇的复古与建设，应以儒家"和而不同、生生和谐"的精神追求为指导。

最后，运河文化资源是具有开放性和脆弱性的资源，易受自然灾害、环境污染、资源枯竭等因素的影响，尤其济宁段以北运河断航，沿运河城市工业化加快，环保意识不强，开发利用较低、污染严重。如果上述现象得不到治理和改善，运河体育文化的生态资源将不复存在。因此，未来运河资源开发和城镇文化提升，务必扭转对天然资源掠夺性利用为主的发展模式，合理开发与运用沿运河赖以生存的生态环境，为子孙后代留下一片绿水青山。针对这一问题，儒家中庸、和谐思想可为我们提供理念参考，体现在以下三点：（1）儒家人文精神强调事物"稳定性"，即把事物变化看作从不平衡状态走向新的平衡状态的"类循环"过程②。（2）儒家人文精神注重事物"平衡性"的追求，将万物走向和谐看作一个趋向机体平衡的过程，认为阴阳是自然界存在的两种对立统一的能量，动态平衡来自事物内部的自发调节。（3）儒家人文精神注重"中"，即适度。警示沿运河城市应该加大城市规划力度，做到规划先行，在保护中适度开发。

---

① 曹莉：《儒家人文精神与我国体育文化产业发展战略研究》，硕士学位论文，曲阜师范大学，2012 年。

② 李翔海：《中国哲学文化生态模式的理论特质及后现代意义》，《中国哲学史》2004 年第 2 期。

第五节　运河体育文化的本质特征

一　运河体育文化的历时性特征

（一）时空依赖性

时间规定性。京杭运河历史悠久，有记载的体育活动历史已逾千年，征服自然、抵抗侵略、保家卫国和民族聚居融合的动力，使传统体育活动以坚强的生命力代代相传、连绵不绝。沿运河先民在长期生产实践中，因时令、节俗、集会、娱乐、祭祀等缔造出门类繁多的传统体育活动，并以竞技、娱乐、健身或歌舞等形式表达。无论技艺高低，是通过一代又一代人传承下来的，受家庭或环境的影响，父传子、兄教弟，乐此不倦，即使不懂技术的人，受环境的熏陶，耳濡目染，也能知晓一二，只要稍加培训，就能很快成长起来，可以塑造为源源不断的后备人才，也是体育文化的忠诚传承者。

运河体育文化表现出空间固定性，例如龙舟、船拳、伞棒舞是依赖水和船的存在，船只作为河中交通工具，提供了水上项目的活动空间，故空间是体育活动存在的前提条件。沿运河名胜古迹、码头、渡口、会馆、广场、寺庙等，既蕴藏着各种民俗文化事项，也是体育文化传播的载体，是传承体育文化的重要场所。庙会是传统体育活动的首选场合，慢慢变化到村民家门口或运河边空地举行，时至今日，城市、乡村各级各类文化广场、健身广场已成为各种传统体育活动最重要的空间场所。

（二）群众性与开放性

体育文化的群众性，也称体育文化的社会性。因此，社会、体育文化、人三者相互影响、相互联系，缺一不可。体育文化直接影响到群众的和谐与社会的生机。沿运河如火如荼的划龙船，众人默契配合，齐心协力，从参赛者到观赛者，只要是同一个码头之人，划船者奋力挥桨，旁观者齐声挥拳助威，为了"夺彩"，不管是划桨手、鼓手还是舵手，无不体现着群众性和集体性的统一。目前以居民小区为代表的群众社区，人们之间的沟通与交往越来越少，大都市钢筋水泥的宏伟建筑虽让人和人居住得很近，但心理距离越来越远。参与体育文化活动能让人放下架子，冰释日常工作与生活中的嫌隙，舒适、轻松、自由地聚在一起锻炼，这是传统体育文化推动社区和谐的魅力。就社会而言，固然拥有种类繁多的活动方式，但体育活动参与是一种积极向上、健康快乐，且具有众多社会效应的活动方式。体育运动给人的刺激与其他文艺活动带来的感受是不能相媲美的，社会活力的创造不能没有体育文化。

开放性首先是运河体育文化不封闭、不保守，可以吸收其他各种文化，从而不断丰富自己。体育文化作为人类意志活动的产物，自身潜存着开放性特质。体育文化本身不具有性别、阶级的标记，不同地域、不同民族可以以此为媒介进行传递与交流，人为的偏见和歧视并不能断定体育文化是封闭的、不开放的，这是体育文化的基本特性之一，正是这一特性，要求体育文化要具有吸纳百川的开放性。其次，运河体育文化开放性的本色仍然是其自身所具备的对外界选择性交流的特性。体育文化的开放性是有一定选择性的，因为不是所有的文化都能被完全吸收过来加以利用，要进行一定的融合就必须要有一定的选择性。另外，在当前开放性的时代背景下，运河体育文化面对改革开放及世界经济全球化的大背景，也要走开放性文化的必经之路。

（三）传承性与变异性

传承性是指体育文化经过不同时代的变化，仍然保留着原有特质的属性。文化在传播过程中，由于人类意识的历史积累和文化传播，文化都具有通过图像、文字、语言等在人们的意识领域和社会核心价值体系中传承的特性，体育文化也不例外。对于体育文化而言，身体是其主要传承形式，究其原因，在于体育文化以身体动作为表达形式。而依附于体育文化之上的语言和文字，对体育文化传承也具有强大的功能。

变异性。主要是传承过程中的变异，自然环境、社会环境以及社会经济、政治等因素的变化，是变异的诱因。从时间维度分析，运河体育文化的传承体系并非一成不变，在传承中变异，在变异中传承。例如嘉兴"掼牛"表演用的牛，必须犄角丰满、姿态雄壮、野性十足，牛角要超过60厘米，而现在圈养的水牛质量根本达不到标准，只得到遥远的西北"进口"①，这是一种劣

---

① 饶平：《中国民族传统体育文化生态研究》，博士学位论文，湖南师范大学，2015年。

质变异。调查还发现，龙舟器材讲究质地优良、外形美观，如果制作龙舟的木材不符合标准，丢掉龙舟制造的精髓，就会失去传统特色，亟须把传统龙舟的手工技艺与现代龙舟制作结合在一起，在传承中变异，在继承中创新。伴随现代高分子材料、纳米材料的应用与推广，进行轻便、安全、美观的改造从而发生变异自在情理之中。可见，运河体育文化延续着传承中华优秀传统文化的重责，其变异性亦随时代进步时刻在发生，充分反映出传承性与变异性的交织。

（四）多样性与整体性

多样性表现为，一是活动形式的多样化；二是活动功能的多样化，含有竞技、健身、娱乐、庆祝等功能，也体现了不同体育项目各自的用途。以运河山东段为例，武术、射箭、游泳、跑步、相扑、投掷、举重等，突显其项目活动形式的多样性。就单个体育项目覆盖的功能（内容）而言，跑步蕴含了长跑与短跑，直接与军事作战息息相关，且为当今田径运动的发展奠定了坚实基础；动作技术、场地器材和比赛规则等，在古代相扑项目中都有涉及；射箭展现了古典武艺中的核心技术和身心愉悦的技艺性；武术更是包罗万象，十八般兵器应有尽有，从刀枪棍棒拓展至农业用具众多类型，集中体现出了我国民族传统体育文化的精髓；举石器、铁器和兵器作为军事训练和力量练习的手段，为后世举重比赛项目的推广和发展打下了坚实基础等，不一而足。

整体性首先表现为传统体育活动需要多人参与，展现出团体活动性质。从传统体育活动的起源来讲，个体的人在面对大自然中的危险时，都显得十分渺小脆弱。先民早已认识到要得以生存与发展就必须依靠群体生活，因此人们会形成共同的民族习俗和行为方式，而这些正是把人们集合在一起共同生存和共同发展的黏合剂。现实生活中，传统体育文化的整体性更体现在节日庆典、结婚祭祀等相关活动之中，把同一民族集合在一起，形成自身民族的亲和力和民族认同感。每逢春节、端午节、清明节、中秋节等传统节日，传统体育活动不可或缺，人们聚集在一起，少则几十，多则上百。参与体育活动依靠团队成员的齐心合力，充分体现出饱满的集体力量和智慧。例如镇江、杭州的龙舟竞渡，场场局面宏伟，参加人数之多，场面之大，都是史无前例的。京津冀地区历代尚武任侠，体育运动遍及各个阶层，为了强身健体、愉悦自我和增进交往，上从帝王将相、军伍官员，下至文人僧道、男女老幼，都是传统体育活动的参与者和亲历者，对体育文化的传承产生了重要影响。

二　运河体育文化的共时性特征

（一）民族性

所谓民族性是指一个民族的体育文化在其发展过程中，形成的民族群体共有的、区别于其他民族体育文化的特征，并以一定的民族形式存在①。体育文化的物质层面、行为制度和精神层面都反映出体育文化的民族性，然而精神层面的体育文化更能体现出最内在、最深刻、最本质的民族性。运河传统体育文化是伴随着人们在生产生活中的生产活动而出现的，在中华民族共同的民族特点之下，各个民族又在各自一定的民族范畴之内，表现出不同的民族体育特点，从而使每个民族的体育文化得以形成各自鲜明的特点。文化的发展历史表明，文化总是民族的文化，没有自己的民族形式，就没有文化的独立性，也就没有文化的存在。体育文化作为文化的重要组成部分，其发展跟民族的发展是分不开的。应当指出，体育文化的民族性不是建立在地理或生物学的基础上，而是建立在社会历史和文化传统的基础上。如回族武术、蒙古族摔跤、杨式太极拳、孙氏太极拳等。京杭运河贯通南北，全长 1794 公里，沿线民族众多，各民族之间既有共性的一面，也有差异的一面。各民族生存环境、生存区域、生产和生活方式、文化积累与传播的不同，导致各民族产生不同的体育文化。

（二）娱乐性与竞技性

娱乐性通常是指可以达到愉悦身心目的活动的欢乐有趣度。沿运河传统体育项目中，有修身养性、强身健体的，也有娱乐、竞技的，但由于各段落生活习俗、道德伦理、地域环境、思维方法等各具差异，不同段落的人在休闲之余各有不同的娱乐活动，通过这些活动以达到放松身体、愉悦心情的目的。如传统的"舞龙""舞狮""赛龙舟"等，就是人们在闲暇、农闲之余或者在特定节庆时，为增添娱乐色彩而举行的娱乐活动。再如斗鸡、斗羊、斗

---

① 郭文庭：《民俗学视野中的我国民族传统体育文化》，《西安体育学院学报》2006 年第 1 期。

蟋蟀等项目都非常的有趣，充满快乐，深受广大人民的喜爱。2019 年 10 月 15 日，笔者团队亲临聊城阳谷县李台镇举办的第十一届抵羊大赛现场，来自梁山、台前、郓城、南乐、清丰等县市的 150 多头羊云集赛场，为 2000 多名观众奉献了一场精彩的斗羊大赛（图 3-2），这些运河小镇及周边城乡斗羊爱好者，饲养斗鸡、赛狗和斗羊已成为一项生计。

图 3-2　阳谷民俗体育——斗羊

　　竞技性是运河体育文化为大众所喜好的一大诱因。传统体育技艺展现的是人类身体的速度、力量、灵敏、协调等素质，作为一种塑造和展现身体的活动，对人审美意识的培养也具有重要作用。各种体育活动有严格的比赛规则，这些约束性规则下的"公平性竞争"为人们提供了一种"契约精神"的典范，有利于促进社会成员学会如何处理人与人之间的竞争。其次，人们通过体育运动使得身体得到锻炼，其心智水平和社会能力也得到滋养和提高。体育活动过程中，竞技性的影响还在于其对人们品性和行为的塑造，更能从精神上锤炼人的意志，需要个体特定的品质，比如勇敢、顽强、坚毅等，这些都是体育精神的具体体现，往往会转换成公民精神。

　　（三）主体参与平等化

　　我国历史上，宗教文化的影响和经济发展的滞后，以及女性参与体育活动的赋权不足，使女性体育处于一种明显的边缘化状态。例如封建社会时期的划龙舟不许妇女参加，认为妇女接触龙舟不吉利，运河划龙舟都是身强力壮的纤夫和男性民工，与女性无关。传统体育活动排斥女性现象的另一原因在于，封建礼教"三纲五常""三从四德"等提倡的社会道德标准，加上父系氏族决定了古代祭祀仪式中的宗族血缘关系，使得广大妇女的地位普遍较低。男尊女卑的传统偏见，甚至受制于封建专制的压迫，使女性被排除在承继传统技艺的活动之外，无权参与各类民俗民间传统体育活动。由辛亥革命兴起的妇女解放运动，推动了女性思想和身体的解放，使妇女的社会地位发生了翻天覆地的历史性变化，促进了妇女体育的大发展。中华人民共和国成立至今，中国妇女自尊自信、自立自强，不断提高自身素质，在经济建设中的历史功绩和伟大作用赢得了社会的称颂①。当代新中国，妇女在教育、科技、文化、体育、卫生等领域，更是获得了令人瞩目的发展。与催人奋进的中国女排精神和体育领域辉煌成就的展现等诸多体育文化现象同步，运河体育文化呈现男女平等化趋势。

第六节　国外 5 个世界遗产运河文化传承与发展经验

　　世界历史上，运河的开凿，让滔滔江河联袂，让重洋大海握手，让半岛地峡变为通衢。运河是改造自然、造福人类的智慧结晶，是人类文明的重要标志。古往今来，运河总是伴着一方经济文化的繁荣而彰显雄伟的身姿，释放着济世利民的无穷魅力。运河的贯通，不但改变了周边国家的经济状况，拉近了经济文化交流的距离，也带动了城市带、经济带和文化带的兴起。

　　截至 2018 年，全世界与运河直接相关的世界遗产共有 6 条，依照被列入《世界遗产名录》的时间顺序，他们分别是：法国米迪运河（1996）、比利时中央运河（1998）、加拿大里多运河（2007）、英国庞特基西斯特水道桥与运河（2009）、荷兰阿姆斯特丹运河（2010）以及中国大运河（2014）。与其他 5 条世界遗产运河相比，中国大运河是一条时空跨度最大、技术含量最高、内容最为丰富多彩的大型活态文化遗产。作为一条新列入《世界遗产名录》的运河，京杭运河在其后申遗时代的管理和维护等方面，必须按照联合国教科

---

①　龙雅芳：《论毛泽东与中国妇女解放运动》，《四川经济管理学院学报》2005 年第 1 期。

文组织的相关法规履行义务和责任。分析国外 5 个世遗运河在生态治理、水上空间利用、体育文化项目开发、旅游资源管理和文化遗产保护等方面的经验，旨在为京杭运河体育文化发展提供有益参考与借鉴。

一　米迪运河

遗产构成分析。法国米迪运河 1667 年开始修建，1681 年竣工，连接地中海和大西洋，共计 360 公里，是欧洲近代最非凡的土木工程之一。其遗产构成包括三个原因。其一，突出运河本身的水利工程性质和技术特色。米迪运河之所以被列入世界遗产，在于它代表着内陆水运技术在工业社会发展到达新的水平。其二，运河沿线的其他类文化遗产已列入相应历史建筑或历史地区得到保护。对遗产分类加以保护，有助于保持文化遗产的多样性和个性。其三，保证管理的可行性，减少利益相关者矛盾，降低管理成本，提高管理针对性和效率。运河遗产的完整性，不能依靠将庞杂类别的遗产捆绑在一起来体现，而更重要的是运河河道本身及其功能的完整保存与实现。

遗产管理。政策法规方面，米迪运河适用的法规是《公共水域及运河条例》，该条例管辖法国境内所有水道。条例中设有专门章节（第 236—245）规定米迪运河的管理，米迪运河也是条例中有专门章节规定的法国境内水道。在管理体制方面，米迪运河的永久财产权曾在 1666 年授予设计师里盖先生及其继承人，1897 年国家将其回购。米迪运河的管理分国家级和地方级。国家级涉及的行政管理部门有土地、装备与交通部、环境部和文化部，具体管理机构为法国航道管理局，是 1991 年成立的国家公共事业单位。在地方，涉及的行政管理机构有图鲁兹大区航管局。国家建筑与城市管理局负责受保护遗址和景观的管理，具体通过大区环境管理局进行管理，文化部下属的大区文化管理局专门管理列入名录的历史纪念物。

借鉴之处。米迪运河工程涵盖了船闸、沟渠、桥梁和隧道等 328 个大小不等的建筑，创造了世界现代史上最为辉煌的土木工程建筑奇迹[1]，在设计上

---

[1]　王金铨等：《世界遗产运河的保护与传承——大运河文化带的视角》，社会科学文献出版社 2020 年版，第 78 页。

也独具匠心，是将运河与周边环境融为一体的典范。成千上万的业余水手来到这里，在沿途会发现因技术的巧妙和建筑的精致而创造的奇迹，这一切都与周围的乡村和谐地融为一体。在运营方面，除旅游收入外，米迪运河的经营收入还包括沿线农业灌溉水费、管理范围内的土地、房屋、设施租赁等。法国经常在运河边举办活动，包括公益长跑、展览、出版发行和学术研讨，从而带动了运河旅游业和沿线城市经济文化的发展。

二　比利时中央运河

位于比利时瓦隆大区埃诺省，运河上的四座升船机和周边设施于 1998 年被列入联合国教科文组织《世界遗产名录》，入选理由：这条历史悠久的运河上的四座液压升船机是 19 世纪最高品质的工业体现，运河、升船机及其周边设施都维护和保存得十分完好，共同构成了 19 世纪后期工业景观的杰作。在当时全球建造的液压升船机中，只有比利时中央运河上的四座仍能维持运转。比利时中央运河的文化架构主要由建筑文化、历史文化、音乐文化、美食文化、旅游文化等方面交叉组合形成。

休闲体育项目开发。除了运河升船机等世界遗产外，慢车道自主网络的开发也是比利时旅游的重要特色。中央运河沿岸许多地区都进行了规划，众多古老的纤道也被开发出来，融入该旅游线路当中。整个慢车道自主网络长 1440 多公里，为步行者、骑行者、骑马者和行动不便者提供不同的旅游路线[①]。该网络道路缓慢、舒适、安全，主要由古老的纤道和废弃的铁路组成，有超过 45 条路线供游客及其家庭选择，可以在其中进行郊游、远足、骑自行车、骑马、滑旱冰等休闲体育活动。这些绿色道路彼此互连，共计形成 10 条区域性路线和 4 条国际性路线，覆盖了整个瓦隆地区。中央运河的旅游区域属于 1 号慢车道自主网络的一部分，包含拥有四座升船机的古运河河段与延伸河段。在该河段的古运河及其堤坝上可以进行钓鱼、划船、皮艇、水上摩托艇等体育娱乐活动。

旅游资源开发。比利时政府采取了一系列措施，大力发展以中央运河为核心的旅游业。当前，古中央运河主要承担旅游观光和文化教育功能，商业

---

① 李巍：《比利时中央运河的旅游开发与保护》，《中国社会科学报》2021 年 5 月 24 日第 A06 版。

运输船只不得进入古中央运河，只能从后开辟的新中央运河通行。游客可以乘坐游船观赏古中央运河风光，了解古中央运河上四台液压升船机的建造历史，体验 19 世纪工业景观的典范。游客可以在游船上亲身感受升船机上升或下降的过程，如同乘坐电梯般突然经历十几米高的水位落差。2002 年，古、新中央运河交汇处的斯特雷皮—蒂约升船机投入使用，游客们可以在 6 分钟内跨越 73 米的落差，也可以通过电影、交互式屏幕等手段了解该升船机的建造过程和景观信息。在运河沿岸，游客们还可以参观意大利移民博物馆，通过馆内陈列的古老物品和资料，了解工业革命以来意大利移民的工作和生活。

经验传递。1. 申遗是最好的宣传和保护，入选《世界遗产名录》表明比利时政府和人民对运河遗产具有较强的保护意识。多项法令涉及中央运河遗产和水体的保护，法律层面的一系列措施有助于让公众认识到运河及其水体保护的重要性，从而促进旅游环境的保护与改善。当前，京杭运河也提出要打赢"碧水保卫战"，深刻认识到水质保护的重要性。

2. 两岸工业化的经验教训。中央运河的挖掘是在煤炭运输的工业需求下进行的，两岸高度的工业化、船只通行量低、生物污染较为严重等，对生态环境造成了较大的破坏，至今尚未完全改善。这一经验教训也提示我们，要注意环境保护，不能对京杭运河及其两岸资源进行过度开发。

3. 经常性的船只航行可以使表层河水和深层河水产生混合，补充深水氧气，提高深层生物的多样性。应对办法是设计休闲体育活动，例如钓鱼、划船、皮艇、水上摩托艇等。对京杭运河给予的启示是，需要在使用中保护，在保护中使用，将京杭运河体育文化旅游融入更大的旅游网络体系中，并注重各种休闲娱乐活动的开发。

三　加拿大里多运河

里多运河连接渥太华和京士顿，全长 202 公里，竣工于 1832 年，包括 47 个石建水闸和 53 个水坝，因其土木工程、建筑和防御工事结构中所体现的纯正手工工艺而获得世界遗产称号。在概念、设计和保存状态上，它是世界上最杰出的平流运河，是首批专为蒸汽船设计的运河之一。里多运河是美洲大陆北部争夺控制权的见证，联合国教科文组织的定名公函称其为"北美保存最好的止水运河，佐证了这项欧洲技术在北美的大规模运用。是上溯到 19 世纪初北美大修运河时代，唯一按原河道作业、其原有结构大部分保存完好的运河。

里多运河的突出价值为军事价值和技术价值。军事价值源自以军事目的而建，技术方面主要是采用了静水技术以及闸坝设施的设计。作为一个整体，里多运河及其毗邻的渥太华市和金士顿市共同为游客提供了一个世界级艺术和遗产体验的聚宝盆，成为北美水上划船、滑冰，岸边垂钓、野营的休闲旅游胜地。

文化项目特质。人类遗产包括国会山、图书馆、档案馆、博物馆、亨利堡垒、莫尼塔和贝尔维尤楼军事堡垒；工业遗产包括航空博物馆、科技博物馆、泵房博物馆和海洋博物馆以及铁路博物馆等9家；农业产品群包括农业博物馆、拜沃德市场以及珀斯和金斯顿的农民市场等9家；自然历史遗产包括自然博物馆、生物多样性博物馆及墨菲点省立公园保护区；食宿包括从沿途78家美食体验场所，不同档次的39家旅馆，可满足游客的不同需求①。

体育项目特质。作为"世界最长的天然滑冰场"，当今里多运河于每年2月中旬都会举办盛况空前的冬季狂欢节，由于里多运河河道横贯渥太华全城，由北至南穿越渥太华市区延伸至京士顿，以首都渥太华的冬庆节最具盛名。渥太华冬季漫长，天气寒冷，冰上运动极为发达，倚靠里多运河滑冰这一最具有特色的项目，冬季渥太华已成为加拿大滑冰爱好者的首选之地。冬庆节的所有活动都围绕着冰雪题材展开，既有冰上曲棍球赛、雪鞋竞速和冰上驾马比赛等竞技活动，亦有冰雕展、滑雪橇、破冰船等休闲体育活动。因此，冬庆节已经成为渥太华一个重要的标志，同时也是整个北美洲地区最吸引人的冬季旅游活动之一。

旅游观光特质。从1870年起，里多运河的功能逐渐从物资运输转变为水上休闲，通航季节只供旅游船只使用，使它成为渥太华最迷人的旅游观光景点之一。在春天、夏天和秋天，人们可以乘船游览。在冬天，冰上运动爱好者可以在这里大显身手，不同颜色的冰鞋套装来回摆动，形成了五颜六色的人流。在里多运河沿岸的几个公园里，独特而精致的各式冰雕如滑梯、旋转木马和雪人，古朴而雄伟的冰雪城堡加雪雕等艺术作品栩栩如生，吸引了许多游客前来观赏和体验，游客不仅欣赏到冰雪艺术家们的巧思与创意，还能在

---

① 田德新：《世界遗产运河文化保护传承利用的立法经验与借鉴》，《中国名城》2019年第7期。

大自然的冰雪王国中尽情体验冰雪运动和冰雕艺术的魅力。早在 2008 年 8 月，加拿大公园管理局、安大略省、渥太华和京士顿等城市走区域合作之路，联合推出运河遗产旅游路线，为沿途的游、食、住、行、娱诸环节提供一站式服务。

管理经验。里多运河遗产廊道的文旅项目由加拿大公园管理局实施管理，采用分级、分层和统一协调的管理模式，取得了显著效果。为了分清主次，廊道的文旅资源按照各自在游客中的知名度分为主导、支持和持续三个层次。在市场营销活动中，管理局注重将主导景点的游客导向支持度和维持度较低的景点，对文旅项目的整体成功起到了至关重要的作用。管理局对文旅项目实行垂直和横向协调并用的管理方式，每年维护费用达 1900 万加元，上至国家和军方，下至省、市、村镇等各个方面的合作与协调①。2006 年，为加强运河本身、沿岸生态和土地开发的管理，再次修订了"里多运河管理战略规划"，强调着眼长远，全方位、系统、真实、完整地保护里多运河的文化遗产价值。"运河遗产路线旅游联合会"执行主任阿内·哈贝克在接受新华社记者采访时说，作出上述决定的目的是将各级政府和业界资源整合成一体，以绿色旅游、环保旅游来增强当地居民的环保意识，从而带动运河沿岸地区整体绿色产业的发展。

四　庞特基西斯特水道桥与运河

位于英国威尔士的东北部，总长 18 公里，是工业革命土木工程技艺的典范，完成于 1805 年，是英国最长和最高的高架水道桥。由于运河沿途地形复杂，渡槽建设技术卓越而出彩，改变了过往启用闸门的方式，故庞特基西斯特输水道及运河被誉为天才创意作品，它展示了彼时欧洲先民具备的桥梁建造和河道运输知识，并激励了世界无数土木工程项目。今天的庞特基西斯特输水道已经不再搬运煤和石灰石这些矿物，但它却因为独特的渡槽景观，成为最受旅游者青睐的运河之一。

旅游发展。庞特基西斯特水道桥与运河是非常受欢迎的旅游目的地之一，每年接待超过 20 万游客。运河旅游机构每年出船约 1.5 万次②，还是无法完

---

① 《加拿大里多运河"驻颜"有术》，http://www.news.cn/，2008 年 9 月 4 日。
② 赵科科、孙文浩：《英国庞特基西斯特水道桥与运河的保护与管理》，《水利发展研究》2010年第 7 期。

全满足游客乘船游览的需求。水道桥与运河以旅游业为主导的发展模式，既协调社会、经济、环境，达到可持续性发展，又提高当地居民学习和传承遗产文化的热情。国内旅游展示：组织学生参观水道桥遗产，讲解相关历史、文化；学生通过查找资料、玩游戏、动手制作模型等活动，了解遗产历史和文化。在运河下游的茅尔国家公园，为游客提供乡村体验，举行绕水道桥步行活动。运河地区开发了一条国家级步行线路，由路桥、水道桥、牵引道等组成，串联了兰迪谷、马蹄瀑布、庞特基西斯水道桥等遗产要素。

管理规划。《庞特基西斯特水道桥与运河管理规划》于 2007 年编制完成，重视清晰明确的实施行动。对文化遗产的保护分为三个等级：第一级是文物保护单位，包括庞特基西斯特水道桥、赛斯尔斯特桥和位于缓冲区内的布兰城堡等 14 处；第二级是历史建筑、构筑物及遗址，如运河的水坝、桥、门闸等，在核心区与缓冲区内共有超过 330 处；第三级是与文保单位、历史建筑等关联的环境，如遗产所处的特雷沃盆地区域，核心区与缓冲区内各有 3 处。管理机构由政府、非营利组织、企业等组成，相关管理机构进行整合，由雷克斯议会牵头成立庞特基西斯特水道桥和运河指导小组。

可持续性利用。遗址及缓冲区举办大型活动以吸引游客，如每年兰格伦国际音乐会吸引来自世界的人们来到运河周边的举办地；户外活动方面，当地政府积极鼓励遗产及缓冲区内有吸引力的地区举办户外活动，特别是发挥兰格伦峡谷和瑞格山谷的优势吸引步行者、垂钓者、自行车车手、骑士及乘船人。

民间组织活动。庞特基西斯特之友会组织所有社区进行商业活动；驻地社区为游客提供奶油茶，其收入用来翻新社区，以增加游客的受欢迎程度；特雷福社区中心举行"晴天锻炼活动"；每年 8 月，遗址及缓冲区内举办"家庭乐趣节"，该节日会吸引 5000 名游客[①]。

建设参考。这条世界遗产运河的总体思路是建立以旅游业为主导的发展模式，协调社会、经济、环境，做到保护、维护和利用遗产，同时与周边社区建立良好关系，吸引更多游客来遗产区旅游，并将遗址中产生的收益用于

---

① 赵建中：《国内外运河保护与开发利用典型案例探讨（上）——江苏省大运河文化带建设参考研究》，《江苏地方志》2021 第 6 期。

增加当地经济和再投资，通过良性循环达到可持续性的遗产保护和管理方式。英国运河保护主要由一个涵盖了三个层面的架构体系组成，即国家层面的咨询与顾问组织、地方层面的组织与管理机构、实际工作中的执行机构，同时建立遗产保护彩票基金，吸收民间资金用于保护工作。概言之，英国明确了运河的文化和商业价值，贯彻开发与保护相平衡的利用原则。

五　阿姆斯特丹运河

阿姆斯特丹运河总长度超过 100 公里，拥有大约 90 座岛屿和 1500 座桥梁，使得该市被称为"北方威尼斯"。完成于 17 世纪的阿姆斯特丹运河带，堪称城市建设和建筑设计的艺术品，集中体现了荷兰"黄金时代"的政治、经济和文化。

运河文化旅游特点。阿姆斯特丹运河体系的大部分是城市规划的成功结果，游船穿行在绅士运河、皇帝运河和王子运河，沿岸传统民居建筑古老而极有味道，不同住宅区缀以蓝色、绿色和红色。阿姆斯特丹是座水城，四周运河环绕，165 条人工开凿或修整的运河道穿梭其中。坐船巡游是领略阿姆斯特丹水上魅力的最好方式，河道上泊有两千多家"船屋"，设施齐全。

运河遗产保护和利用。在城市居住和工业外迁的过程中，黄金年代建成的旧城区逐渐转换为以景观、生态、文物保护为核心的历史文化街区。阿姆斯特丹运河文化区的申遗过程起始于 2006 年，当时为了保持世界遗产的真实性，放弃了重建运河带内古塔的修建计划，而且为了保护整个运河城市体系，拒绝了联合国教科文组织提出的，将运河带内一条不美观的街道剔除在外的要求①。而运河环形区域的保护和利用主要体现在四个方面：第一，采取有效管理措施最大程度保持原有运河的水利工程功能；第二，尽量保持运河以及沿岸历史文化古迹的"原汁原味"；第三，扩大与国内外运河名城的合作交流；第四，运河立法保护措施完善、全面。法律法规从国家和城市两个层面有力地推动了运河历史文化遗产、人文古迹、运河河道、居住环境等一系列方面的保护，使得阿姆斯特丹这座运河城市重新焕发出无穷的魅力，成为世界知名城市。此外，阿姆斯特丹还通过大学之间的交流对外传播自身的文化。

---

① 陈京京、刘晓明：《论运河与阿姆斯特丹古城的演变与保护》，《现代城市研究》2015 年第 5 期。

水上空间的传承与利用。阿姆斯特丹充分利用运河自然与文化资源，提升岸上与水上生活品质，延续了历史传统中对水上空间的利用，一直沿用运河游船，不分日夜和四季都有船游运河①。乘坐观光游船，顺运河领略水城风光，透过玻璃船顶和玻璃窗欣赏两岸各个时期色彩斑斓的荷兰传统民居建筑，是各国游客参观游玩的最受欢迎的项目之一。阿姆斯特丹运河和城市相互发展，最终形成和谐的城市景象，对我国运河城市建设具有极为重要的现实意义，值得借鉴。

第七节　本章结论

本章重点从人类文化学视角，结合历史学与地理学区域科学理论，对运河体育文化进行了考察、归纳与总结，结果如下：

1. 环境是创造运河体育文化的自然前提，生产劳动直接促进了体育活动的形成，生存需求间接促进了体育活动的产生。

2. 体育形式最初现身的条件来自于大自然的馈赠——"能"，对"能"的获取和利用，推动体育活动的产生和发展，地理环境是人类赖以生存和发展的物质基础，是体育文化创造的自然基础。

3. 生计方式是区分地域体育文化类型的依据，运河漕运推动了运河体育文化的交流与传播。

4. 古典兵家军事思想，对体育文化带来了深远的影响，运河体育文化与燕赵文化、齐鲁文化、吴越文化是一种相互依赖、相辅相成的关系，融汇吸附了传统燕赵文化、齐鲁文化、吴越文化的精髓与涵养。

5. 运河体育文化既具有时空依赖性、群众性与开放性、传承性与变异性、多样性与整体性等历时性特征，也具有民族性、娱乐性与竞技性、主体参与平等化等共时性特征，这些特征印证了以上文化人类学观点。

6. 国外 5 个世遗运河在生态治理、体育文化项目开发、旅游资源管理和文化遗产保护等方面，为京杭运河体育文化发展提供了经验与启示。

---

① 程丹妮：《阿姆斯特丹与杭州运河带的塑造对比分析》，《中国市场》2021 年第 1 期。

第四章　京杭运河城市体育文化旅游点轴模式设计

第一节　研究目的与SWOT分析理论

丰富多彩的运河体育文化资源，丰富多元的体育文化特征，充盈了运河体育文化的内涵与外延，我们可以从每一类传统体育项目中找出一个典型代表进行分析与探索，增强运河体育文化生态本质的通透认知，进一步培育和拓展体育文化力，探寻有利于加快运河体育文化发展的步伐和策略。而文化旅游对京杭运河非物质文化遗产的保护与开发起到积极的反哺作用，实现非遗保护和文化旅游开发的良性互动，是运河非遗保护和文化旅游产业发展的共同需要和必然选择。目前京杭运河非遗保护与旅游开发互动关系中存在的问题，主要表现在运河非遗保护形势严峻、文化旅游开发层次较低、各自为政等方面。

运河申遗成功，必然带动运河旅游热，推高运河文化商业化，为运河沿岸城市提供了一个新的发展之窗。在体育旅游发展如火如荼、区域体育旅游趋向一体化的后申遗时代，研究运河城市体育旅游发展之道，增强其内生发展动力，有利于优化文化、经济功能，推进城市可持续发展，并为运河城市经济与文化发展创造新的增长极。

SWOT分析法由哈佛大学教授安德鲁斯（K. Andrens）于20世纪60年代最早提出，起初用于管理学领域，重点涉及企业发展的战略制定，即基于内外部竞争环境和竞争条件下的态势分析，判别企业的内部优势和劣势、外部机会与威胁等。SWOT分析法的形成基础，4个维度中S代表优势（Strengths）、W代表劣势（Weaknesses）、O代表机遇（Opportunities）、T代表威胁（Threats），其中S、W是特指内部因素，O、T是特指外部因素（图4-1）。将SWOT分析法运用到运河体育文化旅游发展中，系统调查其存在的优势和劣势、机会和威胁，把各种因素相互匹配加以分析，可以深入剖析目前运河体育文化旅游存在的问题，客观地摸清运河体育文化产业现状，适时把握运河体育文化旅游发展的机遇，进一步为运河体育文化旅游的健康和可持续发展提供决策性建议。

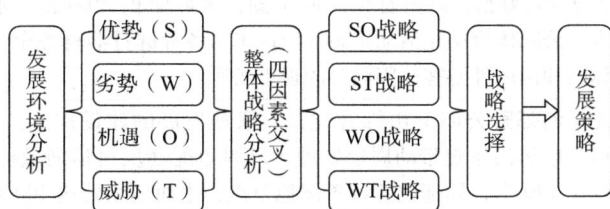

图4-1 SWOT分析因素与进程

第二节 京杭运河体育文化旅游资源禀赋与特色

一 京杭运河体育文化旅游资源禀赋

京杭运河地跨京、津、冀、鲁、苏、浙等4省2直辖市，沿途18个城市体育文化旅游资源丰富，从北到南以运河命名的公园和幅员辽阔的体育文化活动设施（表4-1），形成了千姿百态的体育文化生态景观，为沿运河线城乡居民参与体育文化活动发挥了积极的作用。资源禀赋论最初诞生并服务于国际贸易，是指一个国家所拥有的能用于生产的各种生产要素的数量，与运河体育文化旅游有关的生产要素主要有：运河自然资源、地理环境、人文资源，运河名胜古迹、传统体育资源、运河体育公园、运河体育场馆、运河体育赛事等。资源禀赋论是一种比较优势理论，在其指导下的运河城市体育文化旅游发展，要重视培育自身的竞争优势，整合各具特色的自然资源与体育人文资源，使产业结构趋于合理，而且还要依靠政府的力量，通过政府的扶持来进一步发展产业，使自身在激烈的市场竞争中处于不败之地。

表 4-1 以京杭运河命名的公园及体育文化基础设施一览表

名称	体育文化活动设施
北京通州运河体育公园	在运河奥体公园、生态公园和运河文化广场基础上扩建改造，集水上游乐观光、体育竞技健身和休闲娱乐为一体，总长 4600 米，是目前京东面积最大的城市公园，公园内帆船雕塑、沿岸体育休闲健身区、千年步道、游泳设施俱全，1、2 号码头快艇、划船和救生设施完善，木桥、漫步河堤的健身步道和自行车骑游环境良好
大运河森林公园	占地 10700 亩，园内有南北两个湖，水域面积 2500 亩，水深平均为 2.5 米。公园体育文化活动生态环境优美，各种健身器材齐全，是家庭、亲友休闲和国内外游客休闲健身的理想场所
天津武清区北运河郊野公园	北运河郊野公园突出综合建设、联动发展的建设理念，建设面积 2800 亩。以运河景观带动周边发展、以周边配套反衬运河效应，河道建成宽度达 140 米，局部位置设置湿地节点，水面最宽处达 400 米①。在滨水绿化带外铺设一条 9 米宽沥青路面，路面标准按照自行车比赛和马拉松比赛等体育赛事的赛道要求进行建设
德州运河公园	运河公园以运河为轴，分为东西两区建设，呈现"一纵一横布六区"的总体格局。公园内体育文化设施齐全，如全民健身路径、游泳池和其他活动设施构成一个集餐饮、娱乐、休闲、观光于一体的多功能和具有古运河文化气息的现代化体育健身新区
无锡运河体育公园	占地约 11 万平方米。公园建有何振梁与奥林匹克陈列馆，是目前城区面积最大的文化主题公园。两个特色体育运动广场，包括体育健身馆、幼儿活动区、网球、藤球、毽球和航海模型等多项体育文化设施，可满足不同年龄层次市民的体育文化活动需求
苏州市运河公园	位于苏州市苏浒路狮山大桥东，西邻古运河，面积 15 公顷，是一处具有现代气息的多功能文化娱乐休闲场所，设有碰碰车、脚踏车、划船，高尔夫俱乐部、休闲游泳池、都市农庄等体育文化娱乐设施。高新区浒墅关运河公园，步道总长 13 千米，东岸 7.2 千米，西岸 4.9 千米，体育主题、自然风光和人文风光多角度、多层次融合
杭州西塘河运河中央公园	面积 55.41 公顷，包括西塘河公园、周边的城北文体中心、运河体育馆、塘河美食街和运河大剧院等 5 部分，城北文体中心建筑面积 3.6 万平方米，运河体育馆实用面积 4.5 万平方米，集休闲、体育、文化、饮食为一体，游人在西塘河公园体验"运河千古情"，也可在城北文体中心、运河体育馆和体育健身设施点感受体育魅力。另艮山公园位于东河与运河交汇处，面积 1.8 公顷；北星公园位于石祥路与丽水路的西南角，占地 4.43 公顷；大关公园位于大关桥东北侧，占地 7.12 公顷等，均强调传统滨水古街的再现

---

① 卢岚、刘牛、刘兴权：《京杭运河文化遗产保护数据库的设计》，《新型工业化》2016 年第 4 期。

二　京杭运河体育文化旅游资源特色

两千余年的文明发展，幅员辽阔的大运河为后人留下了丰富的运河传说与故事、运河艺术与民俗资源，以及无数的古镇、古桥、古塔、古闸，沿岸城镇的民情习俗和节日庆典中保留着形形色色的体育文化。从生产要素的角度分析，运河体育文化资源特色鲜明，具体体现为区域生态特色、资源特色和文化保护特色等。以京杭运河为轴心的不同区域体育文化生态特色和资源特色正在逐步形成，如扬州市 2015 年 3 月至 2017 年 10 月在古运河沿岸建设的 19 个健身点和 10 个篮球场已成为服务全民健身长廊工程，该健身长廊以古运河风光带慢行步道为轴线，充分利用边角地、硬质地、草皮稀缺地和少量绿地，因地制宜点状修建休闲健身设施，让市民和游客既能欣赏古运河风光，又能享受体育文化休闲健身的乐趣。

截至 2021 年 8 月，苏州姑苏区段的堤防加固工程全线完工，同步改造绿化面积 29.9 万平方米，建成步道总长 16.5 千米，实现了运河姑苏区核心段步道整体贯通，为市民休闲健身提供了好去处。杭州以西塘运河中央公园为载体，以水上运动为桥梁和纽带，构建了以游艇运动、水上体育旅游、竞赛表演、水上运动训练、水上运动器材生产及维修等为主要内容的体育产业链。这些运河体育文化生态特色和资源特色，不仅营造了健康向上、文明和谐的城市文化氛围，塑造了运河城市的整体形象，也是践行《全民健身实施计划》和《健康中国 2030 规划纲要》，贯彻落实"开放、创新、协调、绿色、共享的发展理念，全方位保障人民健康，大幅提高健康水平[①]"的重要举措。

本研究认为，运河体育文化旅游资源具备以下三大特色。一是整体性。运河城市体育文化旅游资源包含了赛事观赏型、现代游乐型、节庆参与型、民俗表演型、游山玩湖型等多种主导性体育旅游产品（表 4-2）。二是开放性。不同区段城市体育文化资源丰富、种类齐全，为运河体育文化旅游产品的生产、设计、创新提供了不竭的灵感源泉。三是动态性。运河城市体育文化旅游资源可以根据游客和市场的需求进行多元化整合，通过资本市场、信

---

① 《中共中央国务院印发〈健康中国 2030〉规划纲要》，https://www.gov.cn/zhengce/2016-10/25/content_5124174.htm。

息技术和人才三驾马车拉动，把体育文化旅游资源转化为产业和财富。尽管运河体育文化遗产项目发展前景堪忧，而如何将运河体育文化遗产保护与当地旅游发展有机结合，既保护了文化遗产，又推动了地方经济社会的发展，成为运河体育文化旅游发展的又一大特色。

表 4-2 运河不同段落体育文化资源特色与产品类型

区段	体育文化旅游资源特色	体育旅游产品类型
通惠河	2008 年北京奥运会后，朝阳区已在通惠河兴建一条全长 82 千米的滨水文化景观带，推动通惠河体育公园、体育休闲步行街、自行车健身步道等体育文化活动特色项目，同时将时尚娱乐创意与体育文化休闲消费相结合，把运河两岸的景观、雕塑、建筑和体育文化设施融为一体，形成通惠河具有自身特点的体育文化资源	赛事观赏型 民俗表演型 节庆参与型 现代游乐型
北运河	自北京通州区至天津入海河处，全长 186 千米①。将运河环境保护、体育休闲、健身娱乐等体育文化基础设施始终贯穿于北运河全线治理的发展规划和建设中，不仅突出了运河两岸的体育文化生态气息和较强的地域体育文化特征，还为大众参与游泳、龙舟比赛和自行车等多项体育赛事提供了良好的条件	赛事观赏型 民俗表演型 节庆参与型
南运河	南起山东省临清市，流经河北吴桥、青县入天津静海区，至三岔河口与北运河汇合汇入海河，全长 509 千米。沿线体育公园及健身广场涵盖了多功能体育文化资源，健身馆、体育馆、全民健身路径、灯光球场等室内外健身设施成为集中体现"公园体育化、体育公园化"的体育景观工程	民俗表演型 节庆参与型 现代游乐型
微山湖运河	自北向南 140 余千米，占运河总长的 1/25。丰富的公开水域生态体育文化资源如龙舟竞渡、游艇、摩托艇、游泳、垂钓、潜水、滑水等常年举行。微山湖体育旅游渡假村由农民投资 400 万元建成的摩托快艇旅游公司，吸引众多游人参与，提高了体育文化活动的品位	游山玩湖型 民俗表演型 现代游乐型
韩庄运河	横穿枣庄市区至苏鲁边界止，全长 42.5 千米。有红色体育文化旅游节、渔灯秧歌、人灯舞、骨牌灯舞、四蟹抢船，鲁南花棍舞等体育文化资源。运动博览城充分利用森林、水系、植物、村落等在整个区域打造成为一个以运动养生为主题的体育文化健身区	游山玩湖型 赛事观赏型 民俗表演型 节庆参与型

① 王国平总主编：《杭州运河历史研究》，杭州出版社 2006 年版，第 32 页。

续表

区段	体育文化旅游资源特色	体育旅游产品类型
中运河	从台儿庄到淮安黄河故道河段，其中徐州境内的运河全长 181 千米①。流经新沂窑湾、邳州土山 2 座古镇，沿岸居民经常开展的体育文化活动有竞技类民俗体育文化、休闲娱乐类体育文化、节日庆典性体育文化等多种形式	民俗表演型 节庆参与型 现代游乐型
里运河	淮安至扬州，全长 170—180 千米。具有国家级、省级及市级文物保护单位百余处，周恩来同志纪念馆是淮安城市的骄傲。通过创建国家 5A 级旅游景区策略，将里运河体育文化项目与体育旅游、休闲及特色主题乐园打造成多功能一体化的运河体育文化聚集区	游山玩湖型 民俗表演型 节庆参与型
江南运河	北起江苏镇江、扬州，绕太湖东岸达苏州，南至杭州，全长 323.8 千米②。如扬州在 15 千米古运河健身长廊设 19 个健身点和 10 个篮球场，形成了平均不到 1 千米就有一个健身点市民的健身长廊，是举行健身长跑、自行车赛和民俗体育文化表演等项目的最佳选在地	游山玩湖型 民俗表演型 节庆参与型 现代游乐型

第三节　京杭运河城市体育文化旅游的 SWOT 分析

一　优势（Strengths）

（一）民俗体育旅游资源优势

民俗体育衍生于沿运河先民长期的生产与生活实践过程中，是与时令、节庆、庙会、灯会和祭祀等民俗联系在一起的，例如春节的舞龙、舞狮和灯舞，元宵节的赏灯、高跷和杂技，寒食和清明节前后的踏青、郊游、秋千、放风筝，端午节的龙舟竞渡、抢鸭子，重阳节的登高、射箭、狩猎等活动。在立夏、端午、中秋等佳节，苏州市郊仍有出拳船的风俗，各乡拳师齐登拳船献艺。少数民族方面，传统节日体育亦丰富多彩，如北京侗族的摔跤节、沧州回族的

---

① 刘怀玉等：《后运河申遗时代江苏运河发展加减乘除效应》，《江苏商论》2014 年第 1 期。

② 张京祥、刘雨平：《沿京杭大运河地区的空间发展——以京杭大运河扬州段为例》，《经济地理》2008 年第 1 期。

元宵武术节、江南苗族的秋千节和龙舟节等。这些民俗体育是人们世代相传的特殊体育文化形态，具有集体性、传承性和模式化三个特征[1]，也有教化民众遵守公共秩序与接受等级伦理之效，其表现形式多种多样，在技艺娴熟的基础上一般是以歌舞、音乐、竞技、娱乐或健身等方式体现出来，属于珍贵的体育文化旅游资源。

沿运河民众热衷于斗鸡、斗羊、赛狗等民俗体育的传统由来已久，例如上一章所调查的阳谷民俗斗羊，这些运河小镇及周边城乡的斗羊爱好者，饲养斗鸡、赛狗、斗羊已成为一项生计（图 3-2）。这类民俗体育活动既能使参与者调养身心、强健体魄，还能够让游客感受到运动的激情与乐趣，将其纳入体育文化旅游资源中，具有较强的吸引力。

运河江浙段，舞龙、舞狮、放风筝等项目特多，游泳、龙舟竞渡、摇快船等项目最普遍最均衡；而运河山东段及以北城市，是当前我国龙舟"南舟北移"最具代表性的区域。这个区域在 21 世纪初期开始举行大规模的龙舟比赛，各个城市以运河河道、湖泊及其附近水域资源为依托，参与人数逐年上升。2005 年，中国龙舟协会将每年的"龙舟月"启动仪式定于五月初五，使端午节成为龙舟赛事宝贵的展演时期，事实上，运河城市举办的龙舟比赛并没有固定的时间，除了端午节，在"十一""五一"或其他节日，仍可以看到龙舟比赛。

（二）地理、交通优势

"天上银河，地上运河"。京杭运河总长 1794 公里，是世界上人工挖掘最早、里程最长的南北走向河流，与万里长城齐名，是中华民族文化的一颗璀璨明珠。当今，这条贯通京、津两市及冀、鲁、苏、浙四省，沟通海河、黄河、淮河、长江和钱塘江五大水系，连接微山湖、骆马湖、洪泽湖、高邮湖和太湖的南北水系大动脉一直发挥着重大的作用[2]，其连通海上丝绸之路与陆上丝绸之路，是运河文化和中国文化走向世界的起锚地、南北方文化交流互鉴的会通渠道。

---

① 王俊奇：《也论民间体育、民俗体育、民族体育、传统体育概念及其关系——兼与涂传飞、陈红新等商榷》，《体育学刊》2008 年第 9 期。

② 姜馨：《扬州运河旅游资源开发研究》，硕士学位论文，南京师范大学，2007 年。

沿运河城市地处华东、华北两大地域，是东部沿海连接西部内陆的经济交通重镇，京九铁路、京沪铁路、京福高速、京沪高速在境内交叉，京杭大运河延绵贯穿其中，外加 10 余条国道省道纵横交错，有效串联"一带一路"建设、长江经济带发展、长三角区域一体化发展等国家重大战略。总之，重要的地理和交通为该流域体育文化旅游发展提供了良好的条件。

（三）政策优势

2016 年 12 月，国家旅游局和体育总局联合印发《关于大力发展体育旅游的指导意见》，提到文化旅游与体育旅游是相辅相成的关系，两者相互促进、相互补充。从 2013 年颁布《京杭大运河旅游总体规划》开始，2015 年国家发改委批复京杭运河江浙段三级航道整治工程，到 2016 年北京市将通州运河文化带保护利用规划纳入"十三五"发展规划，联合天津武清区和河北香河县落实通航合作框架协议，再到 2018 年实现旅游观光通航、2020 年实现客货运通航，有力地促进了旅游文化产业发展。证明国家政府相关部门和沿运河城市，已充分认识到运河旅游发展优势和潜力，为运河文化旅游发展制定了较多的优惠措施，也为运河体育文化旅游发展提供了前所未有的政策支持。

2016 年至 2021 年，沿运河各个省市迎来运河文化旅游政策制定与颁布高峰期（表 4-3）。这些政策是与国家旅游业发展战略的有机衔接，也是国家扩大内需政策实施，沿运河省市开放战略不断推进，国家区域合作不断深化，以及推进健康中国建设，提高人民健康水平等，为运河体育文化旅游提供了千载难逢的发展机遇。再如，北京市通州区人民政府，自 2018 年颁布《北京（通州）大运河文化旅游景区创建国家 5A 级旅游景区项目建设工作方案》至今，启动并完成了《北京（通州）大运河文化旅游景区创建国家 5A 级旅游景区总体规划》和《北京（通州）大运河文化旅游景区创建国家 5A 级旅游景区对标整改提升方案》，细化分解创建工作任务，各部门对照工作任务，按照时间节点完成相关工作。

当今，江苏正在研究制订《关于推进世界级运河文化遗产旅游廊道建设实施方案》，提出推进大运河全域旅游体系建设，打造众彩纷呈的世界级旅游景区度假区和运河文化体验地，共安排 100 多个措施项目予以支撑。《浙江省大运河世界文化遗产保护条例》通过省级地方立法（国内首部）。另外，在文化和旅游部网站，以及沿运河 4 省 2 市文化和旅游（局）厅网站，在"公告通知"和"政策法规"栏，输入"运河旅游"，查阅到有关运河文化带、运河文化旅游、运河旅游产业、运河治理的动态和要闻等一千余条，关于京杭运河文化与旅游提案的答复文件 70 余项。

表 4-3　　　　　　　　国家与沿运河各个省市相关政策法规统计表

年月	文件	机构	运河文化旅游要点概述
2021-12	《"十四五"旅游业发展规划》	国务院	以长城、大运河、长征、黄河国家文化公园和丝绸之路旅游带等 10 项目为依托，构建"点状辐射、带状串联、网状协同"的全国旅游空间新格局
2016-12	《关于大力发展体育旅游的指导意见》	国家旅游局、国家体育总局	引领健身休闲旅游发展，培育赛事活动旅游市场，培育体育旅游市场主体，提升体育旅游装备制造水平，加强体育旅游公共服务设施建设
2021-07	《大运河文化保护传承利用"十四五"实施方案》	国家发展和改革委员会	到 2023 年，大运河相关世界文化自然遗产保护水平迈上新台阶，旅游精品线路和品牌初步创立。到 2025 年，力争大运河国家文化公园成为向世界传播中华文化的重要标志
2020-09	《大运河文化和旅游融合发展规划》	文化和旅游部、国家发展和改革委员会	提升大运河文化产业和旅游产业融合发展水平，培育文旅融合精品线路和系列品牌，促进大运河文化和旅游公共服务融合发展，加强规划实施保障
2021-04	《关于开展 2021 年全国"行走大运河"全民健身健步走活动的通知》	国家体育总局办公厅、国家发展和改革委员会办公厅、文化和旅游部办公厅	为落实《大运河文化保护传承利用规划纲要》和《长城、大运河、长征国家文化公园建设方案》，深入实施体育旅游示范工程，挖掘大运河体育旅游资源，打造大运河体育旅游特色示范活动品牌
2019-12	《长城、大运河、长征国家文化公园建设方案》	中共中央办公厅、国务院办公厅	推进文物和文化资源保护传承利用，研究发掘、环境配套、文旅融合、数字再现等基础工程建设，使长城、大运河、长征沿线文物和文化资源保护传承利用协调推进局面初步形成

续表

年月	文件	机构	运河文化旅游要点概述
2019-02	《大运河文化保护传承利用规划纲要》	中共中央办公厅、国务院办公厅	充分挖掘大运河丰富的历史文化资源，保护好、传承好、利用好大运河这一祖先留给我们的宝贵遗产，打造大运河文化带
2012-08	《大运河遗产保护管理办法》	文化部	加强对大运河遗产保护，规范大运河遗产利用行为，促进大运河沿线经济社会全面协调可持续发展
2019-12	《北京市大运河文化保护传承利用实施规划》	北京市政府	从2025年、2035年和2050年三个阶段，对大运河文化保护传承利用的中长期目标进行了安排，涉及文物、生态、旅游、景观、协同等多个方面
2019-12	《北京市大运河文化保护传承利用五年行动计划（2018—2022）》	北京市政府	对《规划》任务进行了细化、量化、具体化和项目化，主要包括构建大运河文化带发展格局、开展沿线环境整治、梳理运河历史文脉、推进文化项目建设、提升旅游休闲功能、促进跨域交流合作、创新体制机制等9部分内容
2021-06	《天津市文化和旅游融合发展"十四五"规划》	天津市文化和旅游局	串联大运河沿线历史文化、自然生态、现代文旅优质资源，开发特色漕运文化观光游线、古今交融民俗文化体验游线等四条主题游线，着力体现中国风、运河韵、天津味
2019-07	《天津市促进旅游业发展两年行动计划（2019—2020年）》	天津市人民政府办公厅	统筹文化事业、文化产业发展和旅游资源开发，在积极融入大运河、长城国家文化公园建设，深入挖掘世界文化遗产大运河天津段、黄崖关长城的文化遗产和天津市非物质文化遗产
2021-09	《河北省文化和旅游厅加强旅游服务质量监管提升旅游服务质量专项行动方案》	河北省文化和旅游厅	主动对接国家战略，围绕京津冀协同发展、大运河国家公园建设，重点培育锦绣长城、风情运河等一批世界级旅游景区和度假区
2020-07	《山东省文化旅游融合发展规划（2020—2025年）》	山东省文化和旅游厅	在运河山东段文化旅游示范区，实施大运河国家文化公园（山东）建设工程；通过"文化+旅游""文旅+"，培育文旅新业态，激发产业发展新动能

年月	文件	机构	运河文化旅游要点概述
2021-05	《关于印发大运河（山东段）文化和旅游融合发展实施方案的通知》	山东省文化和旅游厅、山东省发展和改革委员会	实施大运河生态环境保护修复工程、非遗保护工程，文化价值挖掘工程、文艺精品创作展演工程、文旅产业振兴工程、文化旅游数字化工程和"好客山东·鲁风运河"品牌宣传推介等十大工程
2021-10	《江苏省"十四五"文化和旅游发展规划》	江苏省人民政府办公厅	突出"水+文化"融合特质，以水为脉、以文铸魂，充分展现"水韵江苏"之美，高水平建设运营扬州中国大运河博物馆
2021-04	《吴江运河文化旅游景区创建国家4A级旅游景区实施方案》	苏州市吴江区平望镇人民政府	着力打造苏州运河十景"平望·四河汇集"核心景观，成为展示大运河文化带建设和江南文化品牌的"最美窗口"，精心描绘现代版"运河繁华图"
2020-09	《浙江省大运河世界文化遗产保护条例》	浙江省人民代表大会常务委员会	大运河遗产保护区划分遗产区和缓冲区，缓冲区以外的开发利用，符合生态环境保护、国土空间管控等要求，并与大运河遗产及其历史风貌相适应
2013-02	《京杭大运河旅游总体规划》	国家旅游局	提升和打造京杭运河旅游特色，为国内文化遗产旅游产品创新性开发提供新思想与方法

表格来源：文化和旅游部网站和沿京杭运河4省2市文化和旅游（局）厅网站。

二　劣势（Weaknesses）

（一）体育文化传承利用有待加强

运河文化由京津、燕赵、齐鲁、吴越、中原等各具特色的地域文化融汇而成，沿线有水工遗产、运河故道、古城古镇等各具特色的文明遗迹遗址1200余个。但是，运河沿线体育文化遗产活态传承载体和传播渠道还需进一步丰富，少数非物质文化体育遗产代表性项目存在濒危风险，系统性、全方位的遗产保护和文化展示仍显不足，对运河体育文化创造性转化和创新性发展形成制约。运河承载的文化价值和精神内涵挖掘深度与彰显力度尚需拓展，运河体育文化主题旅游产品开发仍需加强。

北京、扬州、无锡、苏州、杭州等城市围绕运河文化遗址发展出影视制作、娱乐表演、住宿餐饮等业态，促进了所在地产业的转型升级。这启示运河沿线省市，应紧紧围绕"地域特色文化""地域特色体育文化""古城古镇遗迹"等资源禀赋特点，实施差异化的体育文化旅游融合策略，明确本段体育文化旅游融合发展的重点方向和路径，着力培育极具辨识度和吸引力的体育文化旅游品牌，打造"一城一品"或"一市一品"。例如，通州区开展了路县故城考古遗址公园建设，沧州正建设大运河酒文化博物馆，杭州正建设京杭大运河博物馆等。在大运河山东东平段，当地依托京杭运河、大汶河、大清河、汇河等水资源优势，打造出以旅游观光、体育休闲度假为主的戴村坝景区，吸引不少游客慕名前来"打卡"，体育文化旅游产业外溢效应日渐突出。

（二）体育文化旅游体验质量有待提升

运河申遗成功加上南水北调东线工程的实施，沿运河城市近年来都对辖区内的运河古道、健身步道、健身路径、文化广场和基础交通设施等进行了规划与改造。然而，体育文化旅游自然资源丰裕，架子较大但精品不足，可观的收益上不去，体育旅游产品质量低下，能够参与的体育活动比较单一，趣味性不足，可供选择的辅助产品亦很少，造成体育文化旅游增收困难。尤其是以体育竞赛观赏为主的旅游产品差异化不够鲜明，体育休闲产品开发力度需要加强，体现运河特色的沉浸式、交互式体验型项目还需加大力度打造，一些体育旅游项目文化含量不够高，仍需通过文旅产业链"补链强链"，给人们带来更具审美情趣和更多精神愉悦的旅游体验。

在提升运河体育文化旅游竞争力方面，运河体育文化主题仍旧不明显，在推动沿线旅游景区、休闲度假区、乡村旅游区品质提升的基础上，应加强体育文化资源和新业态旅游项目开发，加快重大文化旅游精品建设，挖掘和弘扬大运河千年文化的时代价值和时代特色，提高运河文旅公共服务效能。

（三）体育文化与旅游融合发展有待深化

推动体育文化与旅游融合发展的理念和意识还需强化，当前沿运河城市体育文化旅游资源尚未得到系统的普查与评价，资源开发价值大小和市场发展前景如何，没有科学合理的预测与分析，不能为运河文化资源的开发与利用提供一个良好的参照，不利于体育文化旅游业的开发。因此，体育文化与旅游资源整合和服务协作机制有待创新，运河体育文化精品线路产品亟须市场化开拓，体育表演与观赏等领域的标志性项目还不够多，文化和旅游与相关产业的融合程度还不够高，运河体育文化品牌影响力和美誉度有待进一步提升。

总体上看，目前全线运河文化带的体育文化与旅游的融合水平还不高，体育文化与旅游产业间的共生性不显著，在文化旅游景观景区打造上存在趋同性问题，产品特色不够突出，产业实质内容与运河关联度也有较大提升空间。

运河申遗成功意义重大，既是对古老运河的再一次发现，也对挖掘京杭运河独有的文化价值与旅游价值，帮助我们进一步整治、复兴、保护运河生态与环境发挥重要作用。调研发现，沿运河县级市和乡镇景点的体育文化旅游开发能力尤为不足，过多地关注了眼前经济效益，不注重对生态环境的保护，这类资源景点的容时量和容人量小，离散度较大，旅游资源功能单一，主要以展示介绍为主，参与型、娱乐型景区少，项目开展缺少连续性，体育文化旅游产品季节性十分突出，淡旺不均。

三 机遇（**Opportunities**）

（一）"大运河国家文化公园建设"带来历史性发展机遇

2019 年 7 月，习近平总书记主持中央深化改革委员会会议，审议通过了《长城、大运河、长征国家文化公园建设方案》（以下简称《方案》）。《方案》的贯彻实施意味着大运河、长征、长城等大型文化遗产所蕴含的价值与能量将再一次被释放，也为运河体育文化旅游带来新的发展机遇。目前启动的运河国家文化公园实践中，浙江省最先编制具体建设方案和规划，推动试点建设和项目落地。如杭州拱墅区大运河亚运公园、大运河中央公园的建设于 2021 年底竣工。两大工程以全民健身为主题，集亚运记忆、运河文化、体育培育为一体，同时具备体育馆、运动场、商业配套、服务设施的综合性公园项目，承办 2022 年亚运会乒乓球和曲棍球比赛两项重要赛事，作为一个综合性的体育公园，运河亚运公园不仅立足于亚运会，也将更好更长久地服务于大众。杭州地处京杭运河最南端，也是浙东运河的发端，为打造更多示范性、引领性标杆项目，近几年将重点建设大运河世界文化遗产公园，主要包括京杭大运河博物院、大城北中央景观大道、大运河未来艺术科技中心、大运河杭钢工业旧址综保项目、大运河滨水公共空间、大运河生态艺术岛等6个子项目。

紧扣2023年底基本建成大运河国家文化公园目标，沿运河城市同步开启了运河文化公园建设的步伐（图4-2）。天津市红桥区实施大运河红桥段国家文化公园7个项目，重点建设运河码头游船、西沽南历史文化旅游街区等项目。依托大运河及其非物质文化资源，沧州在建设沿运河景观带、吴桥杂技大世界景区、吴桥杂技服务中心、吴桥运河公园、南皮县文化展览中心等项目的基础上，建造文化浓郁、特色鲜明的大运河非物质文化遗产公园，总占地3700余亩，由园博园、大运河非物质文化遗产展示中心、大化相关片区等3个区域构成，预计2021年完成工程量的50%。

图4-2　大运河国家文化公园建设体育功能区

推进"大运河国家文化公园建设"，既是贯彻落实党中央、国务院重要决策部署的具体行动，也为运河体育文化的保护与传承提供了可依附的实践路径，站在大运河国家文化公园建设的新起点上，可以把运河体育文化进行"文化再生产"，使之成为丰富的体育文化旅游资源。

（二）可支配收入提高为体育旅游消费提供了条件

随着社会经济的快速发展，沿运河城镇的居民生活水平也在不断提高，表现为综合国力的提升使人民福祉得到增进，人民生活品质得到改善，尤其农村生活条件越来越高，农村富余劳动力向非农领域转移速度加快。根据国际粮农组织提出的标准，处于富裕阶段的标志是人均GDP超过3000美元，恩格尔系数一般为30%—40%，人们的文化消费率为23%左右。由表4-4可见，运河沿线省市在城镇居民消费性支出和农村居民人均纯收入中，有86%的指标高于全国平均水平，尤其城镇居民可支配收入远远超过前述富裕阶段标准，城镇与农村地区的恩格尔系数分别为34.8%与37.1%。高品质的生活方式是每个生存个体的追求，也是现代社会发展的必然结果。因此，运河沿线城镇居民将会有更高的体育文化消费需求，可以预测不久的将来，随着社会经济的发展，人们的可支配收入进一步提高，花费在体育文化上的消费也会提高，而在体育文化旅游领域，必然存在着较大的现实缺口与隐性需求。

表4-4 运河省市人均收入、消费支出统计（2020年，单位：元/人）

省市	城镇居民可支配收入	城镇居民消费性支出	农村居民纯收入	农村居民消费性支出
北京市	75602	41726	30126	20913
天津市	47659	30895	25691	16844
河北省	37286	23167	16467	12644
山东省	43726	27291	18753	12660
江苏省	53102	30882	24198	17022
浙江省	62699	36197	31930	21555
全国	43834	27007	17131	13713

数据来源：2020年中国统计年鉴。

（三）运河申遗成功推动区域规划升级

申遗成功以来，沿运河各个城市资本、资源、劳动力、制度、科学技术等要素得到培育，现有体育文化旅游资源禀赋得到不同程度的配置与提升，如北京市打造七大运河文化展示区，分别位于白浮泉、颐和园、万寿寺、什刹海—玉河、通惠河沿线和通州古城。自2018年通州大运河规划方案出台，预计5—6年内运河一期主体改造工程能够完全竣工，该段运河的河堤将会拓宽200米，届时还会具备运河博物馆、五星级酒店、演出场地集群等商业设施。

运河山东段，德州武城县运河文化长廊作为山东省重点建设项目，总投资近6亿元，建设充分展现漕运文化和齐鲁文化，供市民和游客进行健身步道、自行车道和全民健身路径的特色项目。聊城市按照《京杭运河聊城段旅游发展及水生态体系规划》，建设包括旅游综合体、两条旅游道、一条国家步道以及运河风情小镇等，旅游河道长度 110 公里，国家步道 152 公里，建设停车场 21 处，自驾车房车营地 8 处，游客中心 9 处。

运河申遗成功以来，各地政府都高度重视城市景观打造和生态环境保护，如《京杭运河杭州段两岸城市景观提升工程规划》提出了水文化（Culture）、水城市（City）、水创意（Creative）的 3C 战略，把运河杭州段建设成为美丽中国国家廊道的建设样本。苏州段运河景观规划设计方案，包括现状分析、区位分析、各局部景点设计等，从苏州至杭州的游船，暮发朝至，路经无锡。2016 年起，徐州市实施《大运河（徐州段）遗产保护规划》，重新规划持续发展的交通系统，逐步外迁古城区污染企业，降低市域范围和运河沿线的结构性污染，对非物质文化遗产，寻访、挖掘、认定和命名杰出传承人等。

这些因地制宜的运河整治与开发工程，不仅促进了运河城市自然环境、生态环境、社会环境的发展，使古运河旅游观光价值增加，提升了运河体育文化资源禀赋，为打造集休闲、健身、体验于一体的运河景观片区，发展体育文化旅游带来机遇。

四 威胁（Threats）

（一）多类型旅游市场分流客源

第一，"一带一路"国家级倡议的实施，国内"一带一路"沿线地区和城市在旅游发展、节庆活动、旅游品牌培育、旅游市场开发、客源互送、媒体宣传和国际交流等方面将会一直走在全国前列，这既对运河城市的体育文化旅游起到一定的带头引领作用，也使运河体育文化旅游市场受到严重威胁。

第二，与京杭运河城市相邻的华中、华南和华北部分城市旅游业发展迅速，体育文化旅游市场气势旺盛、气氛热烈，作为与其相似的资源，这种遍地开花的局面，给运河体育旅游市场开拓增加了难度，带来了困难。

第三，全球化趋势和现代化进程加快，使沙漠旅游、太空旅游、航空旅游等迅速崛起，中国旅游的固有板块如出境游、滨海游、森林游、商务游、

图 4-3 通州、沧州、杭州运河体育广场及其辅助设施

度假游等如火如荼，加上旅游需求多样性和可诱导性，导致旅游目的地选择的随意性以及对周围环境的敏感性增加，而旅游者增长率毕竟有限，给拓展客源市场带来一定压力，从而引发运河体育文化旅游客源分流与竞争。

第四，运河体育文化旅游面临着来自全国其他地区的挑战，尤其周边蒙、豫、皖、晋、陕、鄂、赣、宁、辽、吉、甘和闽等省都是强有力的竞争对手。在这些潜在客源市场中，游客更趋向于选择距离最近的同质目的地，产生一定的热点转移和游客分流，如不积极提高在这些省市的知名度，对体育文化旅游业将会造成负面影响，造成社会关注度、游客流量和国内外游客比例下降。

（二）协同发展不力是各个段落的普遍问题

运河体育文化旅游资源在地理位置上本身就比较分散，整体上给人一种支离破碎之感，而运河不同段落将关注点放在自己管辖的运河流域，地方政府在追求各自的利益而形成的竞争中，通过在文旅政策制定层面、招商引资、利用外资的直接干预能力谋求各自地区利益最大化，其结果是各自为战，产业结构同构化，低水平重复建设现象严重，在很大程度上影响了旅游经济增长极的培育和发展，进而影响到增长极的"极化"与"扩散"效应的发挥。况且体育文化旅游资源开发布局不合理，存在多个行业和部门自成体系，管理上缺乏统筹规划，难以形成合力，与其他地区也难以形成合力。

沿运河城市在打造运河文化品牌方面的定位还不够清晰，协同发展联动性有待增强，甚至出现争抢"运河之都""运河故里"等称号的现象。实现运河体育文化与旅游融合发展，尤应以新发展理念为引领，既要充分发挥各地比较优势，注重差异化创新发展，也要高度重视区域间统筹协调。因此，京杭运河不同段落跨部门、跨区域协作机制和平台还需健全完善，部分地区还存在运河整体环境风貌分割、生态岸线不足、亲水平台较少等现象，配套体育公共服务设施有待完善提升。

（三）专业从业人员匮乏

体育文化旅游属于专业性较强的行业，要求从业人员必须具有指导、救护能力，掌握基本的体育运动技能和医学知识，例如潜水、攀岩、探险等具有刺激性的野外活动。运河城市的浙江大学、苏州大学、常州大学、扬州大学、江苏师范大学、聊城大学、天津大学等高校不同程度开设了体育、文化管理、旅游管理等相关专业，而尚无专门开设体育旅游专业的院校，这些来自不同专业的毕业生要么体育专业生疏旅游，要么旅游专业生疏体育，还不是擅长体育、善文化、专长经营的复合型体育旅游专门人才。沿运河城市体育旅游企业与高等院校人才交流与合作的雏形初现，但在深度合作上还远远不够，集产、学、研多位一体的合作机制并未形成，仅仅是挂牌形成一些名气和人气，局限于学术交流的范围。

统计显示，体育旅游市场从业人员中仅有5%左右毕业于体育专业，有一定的体育经历，掌握一定的体育知识和技能[1]，表明目前我国体育文化旅游专门人才市场尚未真正建立。在体育文化旅游人才严重缺乏和市场机制尚未建立的情况下，运河体育文化旅游的专门人才需求，无论在数量和质量上都面临着较大威胁。因此，如何培养和引进紧缺、高端、领军文化和旅游人才，依托各级各类院校、研究机构和培训基地，加强沿线地区体育文化和旅游从业人员培训，并建设一支适应新阶段文旅融合发展需要的专业人才队伍以提

---

[1]　卢长宝等：《体育产业与旅游产业对接的长效机制》，《体育科学》2011年第9期。

供智力支撑，是推进运河体育文化旅游发展亟待解决的现实问题。

第四节　京杭运河城市体育文化旅游开发策略

一　基本原则与发展目标

根据 2021 年国务院颁布的《"十四五"旅游业发展规划》、2016 年国家体育总局《关于大力发展体育旅游的指导意见》，依托并围绕"一带一路"建设、京津冀协同发展和长三角区域一体化发展重大战略叠加机遇，扩大运河流域人文交往，加强体育文化旅游紧密协作，系统打造全景式运河文化旅游带，形成体育文化旅游产业生态圈，是促进运河体育文化旅游资源开发的基本原则。

通过未来十年的发展，把运河体育文化旅游，打造成旅游产品更加丰富，运河体育文化在引领风尚、服务社会、推动发展方面的作用得到更好发挥，体育文化价值和精神内涵得到深入挖掘和活态传承，运河体育文化和旅游在更大范围、更广领域、更高层次上实现融合，运河文化品牌享誉中外，成为宣传运河形象、彰显文化自信的亮丽名片，助力大运河成为与万里长城、丝绸之路齐名的中华文化旅游经典品牌。

今后京杭运河城市体育文化旅游资开发应以市场为导向，走区域合作之路，加强与国内外体育文化旅游发达城市联动合作，实施体育旅游示范基地推动策略、整体性开发策略、联盟化营销策略和一体化服务策略。

二　示范基地推动策略

运河文化资源是稀有战略资源，促进运河体育文化资源开发、推动体育产业发展的重要载体，是打造运河体育文化旅游示范基地。

第一，利用京杭运河孕育滋养的传统庙会、水神祭祀、渔俗信仰等传统生活方式、民间信仰和节庆习俗，设计推出体验浓郁淳朴、多姿多彩运河民俗风情的旅游项目。依托沿线传统体育游艺杂技、传统舞蹈、曲艺、民俗等非遗项目，将运河非遗展示作为增强文化旅游吸引力的重要内容，推动非遗与原有历史空间相结合，融入吃、住、行、游、购、娱各环节，建设非遗特色景区，推出一批有特色、有效益、可持续的非遗主题旅游线路，提升非遗旅游产品影响力。同时，引导沿线各地创新举办无限定空间体育非遗进景区活动，突破时间、空间、形式限制，植入形式多样的体育非遗展演、体验活动，提升体育非遗项目融入性、互动性和活动代入感。

第二，充分挖掘湖泊、江河、湿地、山地、滨海等独特的自然资源和传统体育人文资源，出台水上运动、山地户外运动、航空运动等产业发展规划，重点打造山地运动、户外休闲运动、水上运动、汽摩运动、航空运动、武术运动等各具特色的运河体育文化产业集聚区和文化带。

第三，依托运河沿岸绿色生态廊道和旅游风景道路，开发健走、骑行、马拉松、龙舟运动等特色项目产品，举办行走大运河、运河龙舟、赛艇等特色体育赛事，开展沿运河群众性体育休闲和全民健身活动，实现竞技表演、运动健身、旅游休闲融合发展。要从深度和广度两个维度来进一步拓展体育文化和旅游的深度融合，打造运河城镇旅游精品工程，推动体育文化旅游提质增效，践行绿水青山就是金山银山的理念，生态优先，绿色发展。

三 整体性开发策略

运河城市的体育旅游业构成一个"群落系统"，城市之间在体育旅游资源和产品的开发上达成优势互补，产业集聚才会产生更高的经济效益。游客需求的多样性和资源形成基础的广泛性使区域旅游资源具有多种单一的吸引功能，它们相加、组合、融合成区域旅游资源的整体吸引功能，区域旅游资源的整体吸引功能所具有的作用力和由此产生的效益，将远远大于各单一吸引功能的相加之和。因此，体育文化旅游开发的首要前提是先规划、后开发，防止一哄而起，盲目开发，重复建设。

其次，运河城市应该建立政府间的合作机制，实现合作与共赢，通过搭建合作平台，形成统一开发机构，加强各市之间的交流与合作，尤其是各市旅游部门、体育部门和文化部门更要加强合作，避免各自为政、条块分割。通过制定统一的体育旅游发展规划（包括年度计划、五年计划和长期规划），建立统一的旅游市场体系，形成主次分明的开发局面。

再次，坚持沿运河一盘棋的思路，整体联动，有效整合各市、县、区的旅游资源，联合开发精品体育旅游线路，加强旅游综合信息平台建设，强化信息发布、指挥调度和风险管控。促进旅游景区和黄金旅游线路联网，通过合理分工协作，达到功能互补、组织有序、整体优化的目的，实现旅游资源和旅游客源共享，拓展旅游市场空间。

最后，需要顾及周围城镇整体性发展，推进运河体育文化旅游公路交通体系建设，完善"快旅慢游"交通体系，改善沿线旅游景区、度假区通达条件。加快运河沿线景区与现有公路网络连接道路建设，统筹高速公路出入口设置与运河重要景区布局，构建以高速公路为骨架、以旅游道路为主体的运河旅游公路体系。

四 联盟化营销策略

运河城市体育旅游品牌的运营模式选择，更适应于"联合推介，捆绑营销"的联合运营方式。第一，将沿运河分散的体育旅游景点和产品组合起来，打造出更有影响力的品牌，通过打造全新的旅游形象，借助央视等主流媒体进行传播，增加播放频率，进一步提高运河体育旅游产业的知名度。

第二，创新媒体广告采购形式，集中采购媒体服务，如山东省旅游局局长丁冲所言："我们采取 3 个 1/3 的办法，主流媒体本来买 5 秒是多少钱，我现在买你 60 秒，集中采购，省旅游局拿 1/3，开发商拿 1/3，参加捆绑的旅游地再拿 1/3"，让经营效益最大化。促进网络消费、定制消费、体验消费、智能消费、互动消费等新型消费发展，发展云旅游、云演艺、云娱乐、云直播等新型消费形态，实现文旅消费更具多样、更有活力、更加便捷。把体育文化消费嵌入运河沿线节庆、会演、展览、市集等各类消费场所，推动建设集体育文化创意、度假休闲等主题于一体的文商旅综合体。

第三，价格上的营销模式采用"套餐—捆绑式"，即在体育文化旅游行业中制定套餐旅游项目，使套餐总价格低于各个旅游项目价格之和，借以吸引游客。准确及时地把握游客动态，努力吸引其他地区的客源，只有增加游客数量才能保证运河体育文化旅游业长期繁荣。旅游企业与企业之间应该协同配合，共享统一的体育旅游中介服务，既节约促销经费，保证人才利用的最大化，还有助于建立一个成熟完善的服务网络体系。运河城市应与周边著名旅游区域建立合作关系，通过地区旅游公司的合作，广泛宣传推送沿运河城市特有的旅游资源，把旅游者吸引过来，变潜在消费者为目标消费者。

五　一体化服务策略

首先，将运河体育文化融入现代公共文化服务体系建设，完善服务设施，提高服务效能，为居民和游客提供品质化、个性化、智能化公共服务，营造融文化、体验、游憩等于一体的主客共享运河文旅空间。建设智慧文旅体系，推出体育旅游交通、景点门票、体验项目、用品消费等一卡通，推行体育旅游在线服务、网络预订和网上支付。游客持有一卡，就可以畅游所有的运河旅游景点，共享体育旅游和娱乐消费。

其次，改造提升现有陆上旅游交通组织方式，建设沿运河绿色生态廊道高等级旅游公路，配套自行车道、旅游步道等绿色慢行交通设施，畅通主题线路、风景道、骑行道、步行道、运河航道（码头）等微循环网路，形成串联沿线城乡文化生态旅游资源的"一路一特色"旅游交通模式，增加休闲游憩、餐饮购物、停车换乘、车辆租赁等服务功能，构建路域环境生态美、乡风乡情展现美、附属设施服务美的旅游风景道路系统。构建运河城市无障碍旅游区，行程安排、专业服务、生活消费等统一销售和结算，施行"一票到底"的旅游服务。

最后，挖掘消费者需求是体育旅游产业可持续发展的内在动力，对旅游企业及政府主管部门来说，应树立以满足消费者体验需求为导向的市场拓展理念[①]。制定从业服务标准，解决车行、舟行、人行、骑行等"四行"，和车位、床位、餐位、厕位等"四位"问题，提升从业人员服务意识和服务水平。建立完备的体育旅游基地和完善的体育旅游培训机构，对从业人员进行全方位的培养，提高其整体素质和文化水平，保证没有受过体育旅游专业知识教育的人员低于10%，还要加大高层次旅游管理专业人才的引进力度，借以提高体育文化旅游服务的整体水平。每个旅游目的地提供能够凸显地方特色的体育旅游商品和旅游服务产品，把提高服务质量落实到游、食、住、行、练、娱各环节和体育旅游全过程，优化体育旅游消费环境，构建一体化体育旅游服务体系。

---

① 《乡村振兴战略规划（2018—2022 年）》，http://journal. crnews. net/ncjygl/2018n/d10q/yw/925573_20181106112703. html，2018 年 9 月 26 日。

第五节　文化线路理论下运河体育文化
旅游的点轴模式设计

一　理论支撑

（一）文化线路理论

文化线路理论最初应用于国际遗产保护界，为跨区域、综合性线形遗产资源的整体保护战略和具体措施提供了新的理念和方法。2008 年联合国《文化线路宪章》中，将"文化线路"阐释为：任何交通线路，无论是陆路、水路还是其他类型，拥有清晰的物理界限和自身所具有的特定活力和历史功能为特征，且必须满足以下条件：一是在时间上促进受影响文化间的交流，使它们在物质和非物质遗产上都反映出来；二是必须集中在一个与其存在历史联系和文化遗产相关联的动态系统中。① 与以往世界遗产相比，文化线路注入了一种新的世界遗产发展趋势，即由重视静态遗产向同时重视动态遗产方向发展，由重视单个遗产向同时重视群体遗产方向发展②。毫无疑义，作为世界文化线路遗产，沿运河自然、地理、历史、文化特色等存在差异，尽管各个段落民风民俗和传统体育文化各具自身特质和文化背景，但一定程度上属于文化统一体。文化特质是某一文化内容的最小单元，来源不同的文化相互融汇，能够构成一个利益共同体，同时体现作为一个地理学事实接受自然的多样与统一，运河文化线路遗产的合理保护、传承和利用关乎沿线城市的振兴大业。

（二）点—轴系统理论

"点—轴系统理论"由我国著名学者陆大道先生于 1984 年最早提出，"点"指各级居民点和中心城市，"轴"指由交通、通信干线和资源、水源通道连接起来的"基础设施束"，"轴"对附近区域有很强的吸引力和凝聚力③。点—轴系统理论升级了增长极理论，一个增长极一旦形成，就会对周边区域

---

① 陈秋静：《从文化线路的角度看明清大运河的演变与价值研究——以沧州段为例》，硕士学位论文，北京理工大学，2015 年。

② 魏亮：《文化线路建筑遗产价值评价及保护策略研究》，硕士学位论文，湖南大学，2017 年。

③ 陆大道：《区域发展及其空间结构》，科学出版社 1995 年版，第 23 页。

的生产要素产生"虹吸效应"，并使周边区域向极化区域转变，该理论把分散目的地和中心城市指代为"点"，也就是"增长极"，把点与点之间相联结的"交通线"称为轴，轴线上集中的文化经济要素，对附近区域内的人口、产业具有辐射作用，与附近区域内的文化经济要素相融合，就会产生新的生产力，形成新的经济增长点，带来发展空间的再次蔓延和膨胀。将点轴依次联结贯通，就会形成点轴系统。

"文化线路"具有显著的遗产性，而点轴模式是从增长极模式发展起来的一种区域开发模式，是增长极理论的延伸。本书认为，文化线路理论和点—轴系统理论，既"二位一体"地诠释了运河体育文化的价值和内涵，又对运河体育文化旅游开发起着理念支撑、思路引领和规范创新作用，尤其对运河传统体育文化的保护与利用、传承与发展有着重要的借鉴意义。

二　京杭运河文化线路的特征

以往人们所熟知的，如故宫、泰山、孔府、苏州园林等，归根结底都是点状的。之后，把点延伸并扩展到了多点组成的面，文化景观就是由自然风光和人文风光组成的面。京杭运河呈现典型的文化线路形态，历史上因运河线路的使用而带来文化上的反响，以及在世界运河史上的突出地位，完全符合文化线路作为世界文化遗产的判别标准并具备以下特征：一是时间特征上，大运河建设始于2500多年前的春秋，日久岁深源远流长，以京杭运河作为文化线路能够对其所涉及的社会、文化和经济等各方面产生更深的积极影响；二是空间特征上，京杭运河南北跨度大、地理空间广阔，各种资源、环境和社会诸要素的组合与交流十分广泛，串联的文化内容各式各样，众彩纷呈；三是角色和目的上，运河文化线路的突出作用明显，在中国南北工农业经济发展和文化交流等方面，空间结构功能庞大，且具有很强的经济拉动和推进社会发展的潜力；四是运河文化线路能够提高文化引领和文化认同，对融合维系不同地域文化也有卓越的贡献。运河两岸文化名城、历史文物、风景名胜、古遗址、古建筑以及各类非物质文化遗产星罗棋布，有形与无形的文化遗产相结合[①]，在文

---

① 赵一诺：《文化线路视角下京杭运河沿岸古镇保护发展探究——以山东段微山湖区域南阳古镇为例》，硕士学位论文，中央美术学院，2017年。

化共性的感召催动下，二者相互作用彼此影响，组成了完整的文化线路综合体。

三 运河体育旅游点轴模式设计

根据运河城市经济发展水平和体育文化旅游资源的分布状况，北京通州、天津市、河北省沧州、山东省济宁和枣庄、江苏省淮安、常州和苏州、浙江省杭州等城市，属于国家级历史文化名城，这些城市的基础设施比较完善，体育文化旅游具备一定的基础、规模和特色，充分利用它们体育文化旅游发展中的优势与特点，建议聚焦节点，作为重点河段或城市，以体育文化旅游项目为抓手，通过整合自然生态资源、金融市场创新、体育文化基地集群资源等，建立运河体育旅游全国示范基地和体育文化产业示范区，加快推动运河体育文化旅游产业转型升级，以点带面拉动运河区域整体复兴。

首先，科学保护，规划先行。突出京杭运河不同段落源远流长、各具特色、传承至今仍发挥作用的体育文化传统，构筑体育文化旅游实体与地域文化伴生共荣的集中展示空间，建设彰显运河文化特色的体育旅游目的地，整体打造"改革创新"燕赵文化旅游高地、"好客山东"齐鲁文化旅游高地、"海纳百川"吴越文化旅游高地。

其次，通过"以小聚大"的建设模式，产生运河体育旅游"文化核"，围绕一个个"文化核"而后形成体育旅游"文化轴"，加强整体动态联动。这些城市作为运河体育文化旅游的增长极，通过运河体育旅游示范基地或体育文化产业示范区的创建，引领运河沿线所有城市，利用好宝贵的传统体育文化资源，推动运河体育文化价值向产业价值转变。结合城市在区域经济中的"极化—扩散"效应，逐步向外辐射，为运河各个段落的体育文化旅游发展提供动力。

最后，将通州、天津、沧州、济宁、枣庄、淮安、常州、苏州和杭州等中心节点城市联结起来，形成运河城市体育文化旅游中心发展轴，旨在打造效益与利益综合体，建设运河体育文化旅游命运共同体。因此，既要重视"点"对城市体育旅游业的辐射带动作用，还要强调点与点之间"轴"的用途，即体育文化旅游线路对地理条件和投资环境的优化效能，以及对区域体育文化旅游发展的推进作用。

四 点轴模式设计的空间布局

按照"河为线，城为珠，线穿珠，珠带面"的思路，以京杭运河及沿线区域为主轴，运河京津冀段、运河山东段、运河江浙段三区联动，串联沿线城镇，构建"一轴三段多节点"空间布局，发挥京杭运河连线织网、融汇交流的重要作用。

一轴。即京杭运河主轴。立足运河沿线古街古镇、寺庙园林、水利工程、湿地湖泊、工商业遗存等原真性景观，打造一批既有"颜值"又有"气质"的运河全域体育文化旅游示范区，推出文旅精品，提高运河体育文化旅游辨识度。

三段。以"行政区域"与"历史文化区"为界，划分"运河京津冀段体育文化旅游区"、"运河山东段体育文化旅游区"和"运河江浙段体育文化旅游区"，三个段落错位发展、优势互补、功能衔接、协同推进。推动运河沿线水域、岸线及沿岸体育文化、生态景观等资源要素点带汇聚、有机组合和高效匹配，构建体育休闲、近岸度假的体验空间格局，发挥线性串联和综合展示功能，形成城河共兴、河湖相生、古今辉映的体育文化旅游发展主轴。

多节点。以北京通州、天津、沧州、济宁、枣庄、淮安、常州、苏州和杭州为支点，以京杭运河为线路，以文化和旅游为主业，挖掘体育文化内涵，培育城市个性旅游形象，合力展现运河繁华盛景。以沿运河文化名城名镇名村为单元，打造一批彰显体育文化特色和旅游魅力的城镇和乡村，构建运河体育文化与旅游融合特色城镇带。

第六节 本章结论

京杭运河作为我国重要的文化长廊、经济通廊和生态走廊，运河体育文化旅游资源禀赋突出，为世界运河所仅见。运河体育文化旅游在民俗体育旅游资源、地理、交通和政策方面具有优势，存在体育文化传承利用有待加强、旅游体验质量有待提升、体育文化与旅游融合有待深化等劣势，借助"大运河国家文化公园建设"、沿线居民可支配收入提高和运河申遗成功推动区域规划升级等方面发展机遇，需要规避多类型旅游市场分流客源、协同发展不力、专门性从业人员匮乏等威胁，践行与实施体育旅游示范基地推动策略、整体性开发策略、联盟化营销策略和一体化服务策略。本书以文化线路理论、点轴模式理论和 SWOT 分析方法为基础，对运河体育文化旅游进行了点轴模式设计，构建了"一轴三段多节点"空间布局，旨在为实现运河城市体育文化旅游的可持续发展提供参考。

第五章　运河体育文化遗产保护与传承

第一节　运河城市体育非遗项目生存数量

在运河沿线城市，尚无准确的调查数据证明所有传统体育项目的具体情况，也无法比较龙舟与杂技、秋千与抖空竹的传承发展质量。回看我国传统体育文化保护与发展的历程，40 余年的学术研究在保护、传承传统体育等方面有了一系列成果，传统体育文化的挖掘和整理工作也逐步成熟。然而这些成果和绩效的出现，并不能掩饰中国传统体育文化在发展过程中面临的困难，民族传统体育一直以来缺乏科学的理论指导和评价标准。综合近几十年来各个学科、不同学者的研究结果，区别于奥林匹克主义影响下的现代体育文化，武术是中国传统体育文化传承与国际传播的最优秀代表，究其原因，在于"关注程度高、参与人数多、开展日常化[①]"，加上门派林立的各式太极拳、功夫和拳术等都在国内外产生了重要影响。

第五批国家级非物质文化遗产项目，于 2021 年 6 月 10 日由国务院公布，代表性项目名录 185 项，扩展项目名录 140 项[②]，运河城市体育文化遗产项目有 9 项，其中北京 1 项、天津 4 项、沧州 1 项、济宁 1 项、浙江 2 项。笔者对沿运河城镇不同批次的所有体育文化遗产进行了梳理与统计（表 5-1），一是

---

①　李平、梁枢、岳文言等：《"一带一路"倡议背景下传统体育文化的国际传播机制研究》，《第11 届全国体育科学大会论文摘要汇编》，2019 年。

②　《国务院关于公布第五批国家级非物质文化遗产代表性项目名录的通知》，https://www.gov.cn/zhengce/content/2021-06/10/content_5616457.htm？ivk_sa=1023197a，2021 年 5 月 24 日。

为运河体育文化的生存与发展现状提供了依据，二是从统计结果中能够明显看出，武术在运河传统体育文化项目中所占比例最大，故本研究无法突破武术文化的藩篱。梳理分析体育非遗名录，除了武术项目，本书以运河沿线的龙舟、船拳、镖局等最代表运河体育文化的项目，作为个案研究对象，进行"解剖麻雀"式的微型研究，进一步探寻运河体育文化传承发展的一般规律。

表 5-1　运河城市第 1—5 批国家、省、市、县四级体育非物质文化遗产保护名录

	国家级	省级	市级和县级
北京	天桥中幡，抖空竹，天桥摔跤（宣武区）；吴氏太极拳（大兴区）；八卦掌，通背拳（西城区）；幻术（朝阳区）；孙氏太极拳（西城区）		帽山二贵摔跤，老北京跤艺，张三功夫，南窑水峪中幡，蹴鞠，北京鬃人，东田各庄九曲黄河阵灯会，通州大风车，六合拳，三皇炮捶拳，珍珠球，意拳，八极拳，杨氏太极拳，小架梅花桩拳，古彩戏法，车技，弹弓术，解连环
天津	李氏太极拳（武清区）；戏法（和平区）；拦手门武术（河东区）；回族重刀武术（红桥区）；无极拳（东丽区）；大六分村登杆（静海区）；永良飞叉（武清区）；穆氏花键（北辰区）		五行通臂拳，高氏八卦掌（武清区）；竞技麻将，毕氏"一指禅"（和平区）；宋派形意拳，子午蛇形掌（河东区）；功力门武术（红桥区）；霍氏练手拳四，开合太极拳（西青区）；北仓少练老会，鲍氏八极拳，王秦庄少林功力拳，赵堡太极拳，银炭导引养生功，穆氏传统戏法，永新通背拳，闫街少林功夫拳，两翼猿拳，刘快庄形意拳；北少林武术，无极拳（蓟州区）；东丽区登杆，独流通背拳（静海区）；傅氏形意拳（宁河区）；五行通臂拳，群英武学社重刀武术（南开区）；群英武学社重刀武术，天津传统形意拳；乌鸡门武术（河北区）；太祖长拳（河西区）；程派高氏八卦掌，静海迷踪拳（静海区）

续表

	国家级	省级	市级和县级
廊坊	香河安头屯中幡（香河县）；八卦掌（廊坊市）；八卦掌（固安县）；左各庄杆会，苏桥飞叉会（文安县）	五行通臂拳，固安戳脚（固安县）；太极通背拳（三河市）；六合软手通臂拳，东王庄飞叉（霸州市）；南关少林武术，黄漕飞叉，中幡（安次区）；杨氏太极拳（大城县）；李派太极拳（广阳区）	文武高跷会（香河县）；中平架杨氏太极拳，自然门武术（廊坊）；吉城少林武术，祁派通臂拳（固安县）；徐氏通臂拳，查拳，少林功力门，何氏弹腿，五步十三枪，八极拳，少齐派通臂拳，形意拳，文安苗刀；五虎棍，燕青拳（三河市）；公议少林会武术，风云武术，信安镇东云锦杆会（霸州市）；小北市中幡，南辛庄村少林会，景尔头村武术（安次区）；相士屯少林会，车式形意拳；永清博弈（永清县）
沧州	沧州武术，劈挂拳，燕青拳，孟村八极拳（沧州市）；吴桥杂技（吴桥县）；沧州武术六合拳（泊头市）；贾氏青萍剑（黄骅市）	查滑拳（沧州市）；吴桥杂技驯兽、驯鼠、硬气功，地摊魔术，杂技唢呐，吴桥杂技大变活人，吴桥马戏（吴桥县）；沧州通臂拳，苗刀，杨氏青萍剑（运河区）；孟村八极拳（孟村回族自治县）；潭腿，传统武术（沧县）；河间左把大奇枪，八仙拳（河间市）；贾氏青萍剑，黄骅五虎棍，白猿通臂拳，高氏迷踪拳（黄骅市）；青县麒麟拳，连环绵掌，李氏迷踪拳（青县）；阴阳八盘掌（任丘市）；二郎拳（南皮县）	戳脚，弹腿，太祖拳，功力拳（沧州）；独台戏，上刀山，钻坛子（吴桥县）；泊头唐拳，传统摔跤，黑虎拳，春秋大刀，六合大枪，六合双刀（泊头市）；风魔棍，拦手门九节鞭，大六合门，中幡，画眉张口技，少林螳螂拳，太极通臂（运河区）；通背劈挂拳（孟村回族自治县）；沧县武术，弹腿（沧县）；马礼堂气功，左把大奇枪，大圣拳，二郎通臂拳，华拳，形意拳（河间市）；柔式八极拳，周氏秘踪拳，太师鞭（黄骅市）；盘古王拳，李省山长穗剑，宫跤（青县）；任丘五虎群梢子，正洛罗家枪（任丘市）；飞虎拳，八卦拳，八极拳，八极大枪（南皮县）；形意拳，献县轻功，关东拳，冯氏杂技，程派八卦掌（献县）；沙家门武术（东光县）；二郎拳，六合大枪，王氏摔跤，化龙拳，八卦剑，十三太保内功，王氏义六合拳，十八拦刀（新华区）；郭桥武术（海兴县）；戳脚（肃宁县）；新宏狮子舞（肃宁县）；圣佛二郎拳（盐山县）

	国家级	省级	市级和县级
衡水	形意拳（深州市）；戳脚（桃城区）	冀州三皇炮锤（冀州区）	
邢台	王其和太极（任县）；邢台梅花拳（邢台）；梅花拳（威县）；沙河藤牌阵（沙河市）	十字八方拳（威县）；孙式太极拳（沙河市）；洪拳（巨鹿县）；曦阳太平拳（清河县）；开河散手通背门（南宫市）	弹（潭）腿（临西县）
德州	宁津杂技（宁津县）		
聊城	东昌杂技；查拳（冠县）；肘捶（临清市）	临清潭腿（临清市）；东阿杂技（东阿县）	田庙查拳，流星锤，聊城梅花桩拳（东昌府区）；金刚力功，独杆桥技艺（东阿县）
泰安	徐家拳（新泰市）	子午门（东平县）	
济宁	梁山梅花拳（梁山县）	子午门（梁山县）；文圣拳（汶上县）	傅派陈氏太极拳，昆仑太极拳，查拳（济宁）；梁山武术，秘踪拳，掌洪拳，佛汉拳，黄氏二郎拳（梁山县）；岳王拳，济宁杂技，五扑拉袖拳（汶上县）；鲁南民间游戏，抢铁花，腹语，落地梅花拳（邹城市）；中国华拳，查拳（任城区）；独杆子桥（鱼台县）；查拳，马氏形意拳（兖州区）；傅派太极拳，昆仑太极拳，抖空竹（任城区）；查拳（微山县）；文圣拳（嘉祥县）
枣庄		独杆轿（峄县）；大洪拳（滕州市）；四蟹抢船（市中区）	赶蛋，打瓦，打（腊）子系列，大洪拳，鲁班锁（滕州市）；斗鹌鹑，抽陀螺，滚铁环，张马亮康大刀游戏，狮子龙灯（薛城区）；吴氏八极，格六洲（市中区）；王氏戏法魔术，运河酒令，回族武术（台儿庄区）
徐州		彭祖导引养生术（徐州）；沛县武术（沛县）；铜山少林拳（铜山区）	八卦太极拳（徐州市）；石老道养生术，八极拳（丰县）；拾石籽（新沂市）；六步架大洪拳（丰县）

	国家级	省级	市级和县级
扬州		十五巧板（邗江区）	
镇江		孙式太极拳（镇江市）	花键（丹阳市）；芦江张家锐（句容市）；孙式太极拳（京口区）
常州		金坛抬阁（金坛区）；阳湖拳（武进区）；八卦掌（溧阳市）	常州南拳，遥观鹞灯，掮轮车，潞城猴拳（武进区）；常州划龙舟（天宁区）；高跷（钟楼区）
无锡		无锡花样石锁（新吴区）	
苏州		江南船拳（苏州市）	
嘉兴	掼牛（南湖区）；高杆船技（桐乡市）	南湖船拳	
杭州	翻九楼（萧山区）；余杭滚灯，五常十八般武艺（余杭区）；易筋经；迎大旗（磐安县）	西溪船拳；武林活拳（拱墅区）	蒋村船拳（西湖区）；新市天罡拳（建德市）；上田十八般武艺（临安区）；鹰爪内功（下城区）；罗汉内功（江干区）

资料来源：运河城市政府网站。

第二节 少数民族传统体育项目生存现状

我国人口最稠密的地区处于运河流域。清代嘉庆（1796—1820）年间，大运河流经的山东、江苏、安徽和浙江四省人口地域分布列于全国前四位，福建、河南、湖北、江西，则是大运河的主要辐射区。汉、回、蒙古、满等数十个民族都居住在运河流域。自元代起，回民就迁居到京都门户通州，回民聚居区在明清时期初步形成。畏兀儿、蒙古、河西、女真等民族 170 余户上千人从元代以来就侨寓居住在江南镇江府，苏州、淮安、天津、临清、扬州等城市居住更多"五方杂处"之民。据中外交流史记载，苏禄国王访华病逝后安葬于德州城北的大运河畔，其后裔自此移居中国，这段佳话在运河沿岸广为流传。

在自然条件和人为因素的共同作用下，运河沿线形成了众多聚集与居住场所。运河的开凿与贯通使得沿岸发生了地理环境变化，水陆交汇处交通便利、商业繁荣，自然吸引了人口聚集。中国 56 个民族汉族人数最多，55 个少数民族人口虽少，但分布很广。根据第七次全国人口普查数据，全国共 14.1178 亿人，少数民族人口占 8.89%（12547 万人），比 2010 年增长 10.26%，少数民族人口比重上升 0.4 个百分点。中国东部地区人口 39.93%，比 2010 年上升 2.15%，中部地区占 25.83%，比 2010 年下降 0.79%。少数民族人口稳步增长，人口向经济发达区域、城市群进一步集聚，人口流动活跃，城镇常住人口持续增加。京杭运河沟通北方政治中心与南方经济中心，对打破民族、地区间的壁垒，加强各民族之间的融合和文化认同感等方面都起到了重要作用[①]。

少数民族传统体育既有鲜明的民族特色，又有较强的竞技表演性、娱乐观赏性和强身健体作用，极大地丰富了少数民族的文化生活，也是少数民族节日的重要内容。沿运河各民族所处社会发展阶段、生产方式、宗教信仰、风俗习惯和地域环境不同，也就形成了各民族独特的社会生产生活方式，由这种社会生产生活方式孕育出的民族传统体育，在内容和形式上都鲜明地表现出各民族的文化特色和风格特征。1990 年，国家体委文史工作委员会联合中国体育博物馆，经过 4 年时间编撰而成《中华民族传统体育志》，总计 977 条目"[②]。民族传统体育在改革开放以来，走上了全面复兴的道路。目前对民族传统体育的研究已有了质的突破，但京杭运河流域少数民族传统体育的研究成果并不多见。

全国少数民族传统体育运动会作为我国少数民族传统体育文化展示的最高平台，从 1953 年的 5 个竞赛项目、27 个表演项目，到 2011 年的 16 个竞赛项目和 150 个表演项目，再到 2019 年的 18 个竞赛项目和表演项目（表 5-2），以少数民族为参加主体，为传承与发掘各民族传统体育项目，弘扬民族体育文化，推广全民健身运动等作出了积极的贡献。走访调查发现，沿运河城市各级体育局在民族传统体育项目上，都有着各自的管理、教学、训练体系，坚持开展武术、民族式摔跤、民族健身操、高脚竞速、板鞋竞速、蹴球等少

---

① 靳怀堾：《治水与中华文明》，《国学》2011 年第 8 期。
② 中国体育博物馆、国家体委文史工作委员会编：《中华民族传统体育志》，广西民族出版社 1990 年版，第 791 页。

数民族传统体育运动特色教学和训练，参加市、省或全国少数民族传统体育运动会比赛，并能取得优异成绩。在运河沿线高等体育院系，民族传统体育专业为少数民族体育项目提供了人才储备。

表 5-2　　　　　　　　全国少数民族传统体育运动会项目统计

年月	届	举办地	竞赛项目	表演项目（个）
1953 年 11 月	1	天津市	举重、拳击、摔跤、短兵和步射等 5 项	27
1982 年 9 月	2	呼和浩特市	射箭和摔跤等 2 项	68
1986 年 8 月	3	乌鲁木齐市	摔跤、射箭、赛马、叼羊、射弩、抢花炮、秋千等 7 项	115
1991 年 11 月	4	南宁市	龙舟、抢花炮、秋千、射弩、珍珠球、木球、摔跤、赛马和武术等 9 项	120
1995 年 11 月	5	昆明市	抢花炮、珍珠球、木球、毽球、摔跤、秋千、武术、射弩、龙舟、赛马和打陀螺等 11 项	129
1999 年 9 月	6	北京市	抢花炮、珍珠球、木球、毽球、蹴球、秋千、武术、射弩、龙舟、打陀螺、"押加"、民族式摔跤和马上等 13 项	129
2003 年 9 月	7	银川市	高脚竞速、龙舟、武术、木球、花炮、秋千、珍珠球、蹴球、民族式摔跤、陀螺、毽球、押加、马术、射弩等 14 项	124
2007 年 11 月	8	广州市	龙舟、蹴球、珍珠球、押加、花炮、木球、陀螺、毽球、秋千、射弩、武术、马术、摔跤、板鞋和高脚竞速等 15 项	148
2011 年 9 月	9	贵阳市	蹴球、押加、花炮、珍珠球、独竹漂、板鞋竞速、秋千、木球、毽球、龙舟、射弩、陀螺、高脚竞速、武术、民族式摔跤和马术等 16 项	150
2015 年 8 月	10	鄂尔多斯市	毽球、民族健身操、射弩、独竹漂、陀螺、珍珠球、高脚竞速、押加、少数民族武术、马术、民族式摔跤、秋千、花炮、木球、龙舟、蹴球和板鞋竞速等 17 项	178
2019 年 9 月	11	郑州市	马上、珍珠球、木球、毽球、蹴球、花炮、秋千、龙舟、射弩、陀螺、马术、板鞋和高脚竞速、押加、摔跤、少数民族武术、健身操和独竹漂等 18 个竞赛项目和表演项目	139

第三节　运河体育非遗保护与传承绩效

一　全面恢复，多方参与

非物质文化遗产是指各族人民世代相传并视为其文化遗产组成部分的各种传统文化表现形式，以及与传统文化表现形式相关的实物和场所①。我国体育非遗事业经历 40 余年尤其近 20 年的探索与实践，工作重心已从"建章立制""有序保护""运河生态""建博传承"等基础性工作，逐步转入"摸底普查""提高保护水平"，进而探索活态传承与发展阶段。

20 世纪 80 年代是一个新旧交织的特殊时期，伴随改革开放浪潮、世界各地思想与文化冲破藩篱涌入生机勃勃的中国，运河体育文化也进入了全面恢复阶段，落实到田野调查、资料收集、实物挖掘、多样化整理各个传统体育项目上。传统文化遗址、建筑、重要史迹、壁画、石刻等文物，和历代重要手稿、文献、图书资料等可移动文物得以被保护，传统体育文化遗产的各种技艺技能、表演艺术得以被继承，有关实物、场所和器械得以恢复。政府、企业、体育、文化、旅游等部门组织策划并筹集资金，媒体宣传与推广逐步介入，学者研究和民间组织积极响应，作为体育非物质文化遗产载体的社会风俗、礼仪、节庆等得到宣传与散播。

二　建章立制，有序保护

党中央、国务院非常重视传统体育文化的保护，积极响应和加入联合国教科文组织关于保护非物质文化遗产的国际公约。国务院于 2005 年发布《关于加强文化遗产保护的通知》，2011 年颁布施行《中华人民共和国非物质文化遗产法》，各级政府部门研制、出台了国家、省、市县各级别的，含有体育类非物质文化遗产保护的法律法规文件。

各级政府成立有保护传统体育文化遗产的组织领导机构，即中央、省（自治区）、市、县四级管理，"国家+省+市+县" 4 级保护体系形成。例如，

---

① 《中华人民共和国非物质文化遗产法》，http://www.xinxing.gov.cn/xxxrmzf/mhwz/whjgxx/whg/content/post_1241091.html，2011 年 2 月 25 日。

2006 年 9 月，中国非物质文化遗产保护中心挂牌成立；2010 年，完备的文化遗产保护制度初步建立，明显改善了文化遗产保护状况。至今，我国已经有了"文化遗产标志"、"文化遗产保护公益歌曲"和"文化遗产日"，对于增强民众保护文化遗产意识具有积极作用。

制定了从中央到地方多级含有体育类非遗名录；确立了体育类非遗活态传承人；经费上给予了重要支持。随着文化遗产保护体系逐步完善，保护文化遗产成为全社会的自觉。

三　运河生态，建博传承

各类运河博物馆、运河研究院、研究中心等研究机构达 38 家（表 5-3），对运河文化的普查和文物整理兴起于 21 世纪的前 10 年，尤其黄河以北城市对运河文化遗产保护的诉求比较强烈，运河博物馆陆续建成。博物馆保护体育文化有五个特点，即原生态性、民众性、原地保护、整体保护和动态发展①。运河博物馆建设同时体现了文物保护利用和文化遗产传承、大运河文化带和国家文化公园建设等方面的需要。例如，码头镇运河博物馆位于衡水市码头镇魏圈村，是唯一一座村级博物馆，于 2019 年 9 月开工。扬州中国大运河博物馆于 2021 年 6 月正式对外开放，是集文物保护、科研展陈、休闲体验为一体的现代化综合性博物馆，极具新意的沉浸式互动体验，让人们身临其境地体验运河体育文化。大运河与钱塘江交汇处新建的钱塘江博物馆，力争2022 年亮相。首都博物馆东馆又名"运河之舟"，正式定名为大运河博物馆，2023 年底具备开放条件。

表 5-3　　　　　　　　全国运河博物馆和研究机构一览表

序号	机构名称	城市	序号	机构名称	城市
1	京市大运河文化带建设组	北京	3	北京物资学院运河文化研究所	北京
2	中国文化传媒集团大运河文化研究院	北京	4	中国管理科学研究院大运河文化南方发展研究中心	北京

① 欧阳国辉、杨春蕾：《从静态保护到活态传承：乡村生态博物馆营建策略——以黄山市休宁县木梨硔村为例》，《长沙理工大学学报》（社会科学版）2021 年第 2 期。

续表

序号	机构名称	城市	序号	机构名称	城市
5	天津市大运河文化带建设规划小组	天津	22	隋唐大运河古陶瓷文化研究会	商丘
6	天津财经大学运河智库研究中心	天津	23	安徽省大运河文化带建设领导小组	合肥
7	沧州市大运河文化研究会	沧州	24	江苏省社会科学院大运河文化带建设研究院	南京
8	码头镇运河博物馆	衡水	25	邳州市大运河文化研究会	徐州
9	邢台学院运河文化研究中心	邢台	26	宿迁市古运河研究会	宿迁
10	德州市运河研究会	德州	27	中国漕运博物馆	淮安
11	山东省运河经济文化研究中心	济南	28	淮阴师范学院运河与漕运文化研究中心	淮安
12	聊城市运河文化研究会	聊城	29	淮安市大运河文化研究会	淮安
13	中国运河文化博物馆	聊城	30	世界运河历史文化城市合作组织（WCCO）	扬州
14	聊城大学运河学研究院	聊城	31	扬州大学中国大运河研究院	扬州
15	济宁市运河文化研究会	济宁	32	扬州中国大运河博物馆	扬州
16	台儿庄区运河文化研究会	枣庄	33	无锡市古运河研究会	无锡
17	枣庄学院运河文化研究院	枣庄	34	大运河文化带研究院无锡分院	无锡
18	郑州大学河南省运河文化研究院	郑州	35	苏州大运河遗产展示馆	苏州
19	洛阳隋唐大运河博物馆	洛阳	36	杭州市运河（河道）研究院	杭州
20	洛阳市丝绸之路与大运河经济文化研究会	洛阳	37	拱墅区大运河文化研究院	杭州
21	中国隋唐大运河博物馆	淮北	38	中国京杭大运河博物馆	杭州

四 摸底普查，提高保护水平

通过摸底普查，建立了摸底普查制度，确立各类非遗活态传承人，加强对活态传承人寻访、造册登记、推介宣传、等级评定等。非遗活态传承是以非遗项目传承人评选、培养、保护与资助为主要内容的非遗保护措施。至 2020 年，59 个中国非遗项目入选联合国教科文组织非遗名录，成为拥有世界非物质文化遗产数量最多的国家，运河城市遗产数量占有比例接近 1/3（表 5-4）。

表 5-4   运河城市世界遗产一览表

分类	运河省市	世界文化遗产名称	时间
世界文化遗产	河北省、天津市、北京市、山东省、河南省等	长城	1987.12
	北京市	明清故宫，周口店北京人遗址	1987.12
	北京市	颐和园，天坛	1998.11
	河北省	承德避暑山庄及其周围寺庙	1994.12
	山东省	曲阜孔庙、孔林和孔府	1994.12
	江苏省	苏州古典园林	1997.12
	河北省、江苏省、北京市	清东陵和西陵，明孝陵和十三陵	2003.7
	浙江省	杭州西湖文化景观	2011.6
	北京市、天津市、河北省、山东省、河南省、安徽省、江苏省、浙江省	大运河	2014.6
	浙江省	良渚古城遗址	2019.7
世界双重遗产	山东省	泰山（文化与自然双重遗产）	1987.12
世界自然遗产	江苏省	中国黄（渤）海候鸟栖息地	2019.7

第四节 体育非遗保护与传承存在的问题及原因

一 传承人缺乏使体育非遗失去了传承动力

体育非遗中的技能或技艺，因为一个人的去世而失传，被称为人亡艺绝。在沿运河农村，热衷于公益事业的老人和体育爱好者在推动体育非遗过程中起着举足轻重的作用，以往这些老人和爱好者都是文化或体育精英。时过境迁，掌握一定传统体育技艺的人愈来愈少，或年事已高，后继乏人。人们价值观与世界观的变化，传统宗代观念受到冲击，部分思维敏捷、经济条件好的中青年成为村里的精英，传统体育项目引不起他们的关注，紧跟市场经济潮流是他们所密切关注的事项，使文化遗产传承活动处于时断时续的境地。

目前体育非遗学徒与"人才分配"有相似之处，多为相关部门选拔推荐，自愿拜师学艺的人很少，即便是师徒传承，同样面临实践意义上的困惑[①]。从技艺传承的角度考虑，体育技艺的娴熟需要旷日持久的刻苦训练，三年只是刚入门练就基本功，当今三年的拜师学艺不可能实现对濒危民间技艺的完全掌握。

城市化和新型城镇化进程的加快，越来越多的人离开家乡，转移到喧嚣的城市发展与生活，依靠体育非遗为生、从艺终身的传承人寥寥无几。传承人的缺乏与缺失，造成体育非遗丧失了发展动力和后劲。沿运河一线城市的体育非遗流逝风险更大，原因在于一线城市受现代化和多元文化的冲击最深，体育文化传统在青年一代中被淡忘和曲解，那些传统体育文化中的仪式、礼仪、规范等被简化、分割和支解，难以呈现原本的风采和面貌。可见，物质和经济利益的诱惑、习练环境遭遇破坏、传承人缺乏、传承活动时断时续等，使体育非遗失去了传承动力。

二　家族传承方式的脆弱

以运河武术为例，武术传承人会以什么样的状态存在呢？本研究确定了明确的寻访标准：首先，他所训练的拳种或器械具有百年以上历史，并有清晰的传承脉络；其次，必须具备器械实战功底。在北京，经熟人介绍，笔者团队寻访到一位沧州孟村小架八极拳传人。

刘保龙，54岁，自幼拜沧州孟村小架八极拳拳师王树森为师，北漂11年，曾是一家小型日化企业技术员。2019年所在企业关停后，为谋生计成了一名网约车司机。刘保龙住在北京市东南四环边上、地属十八里店乡的一处出租房内，狭窄的小胡同，凌乱无序的电线，让这里像极了周星驰电影《功夫》中那个藏龙卧虎的九龙城镇。来京不久的刘保龙就把胡同东侧的一片小树林当成了习功练武的世外桃源。正式演练之前，刘保龙先给我们展示了八极拳的功力训练。

---

① 饶平：《中国民族传统体育文化生态研究》，硕士学位论文，湖南师范大学，2015年。

问："就孟村八极拳这一项目，谈谈历史起源情况。"

答："八极拳门派创于康熙年间，流行于沧州市孟村镇已有 300 多年，也是国家级非物质文化遗产。"

问："您是第几代传承人，谈一下以往传承人状况？"

答："我是第 9 代，一共传承 12 代了，家庭生活原因来北京打工，脱离了固定的传承工作。作为传统名拳，八极拳以实战闻名，百年来从皇宫内院到军政要人，缺不了八极拳门人的身影。"

问："提及八极拳，人们首先想到其刚猛暴烈的特点，你认为呢？"

答："对！八极拳法只要练的内容对，就能出功夫，练好了绝对防身。上台跟现在的散打、搏击对打，练就真功夫的话，还真不吃亏，如果跟没练过功夫的相比，你有三两人的，还真不行。"

问："八极拳动作有变化吗，表现在哪里？"

答："八极之名是要求本门弟子将头、肩、肘、手、尾、胯、膝、足 8 个部位的功能发挥到极致，此拳属于短打拳法，特点是猛起硬落，暴烈突然，技击手法上讲求寸截寸拿、硬打硬开，发力于脚跟，行于腰际，故爆发力极大。"

问："作为曾经的传承人，谈谈你在京教拳情况。"

答："这些年跟我学八极拳的人不少，有的人来了，有的人走了，一直能坚持下来的却寥寥无几……"

城市改造步伐日益加快，自己未来会栖身何处，一身武艺的刘保龙心里也没数。

20 世纪 80 年代，短暂的武术热之后，它似乎悄悄淡出了大多数中国人的视野，今天的 80、90 后两代，多已为人父母，他们的孩子还会再为传统武术而痴狂吗？分析前文泊头六合拳近三代"石姓"嫡系传承人，即祖父石光起（1925—2002）、父亲石同鼎（1961—）、儿子石增林（1985—），发现爷孙三代所处社会环境不同，角色定位不同，祖父一代是"被政治裹挟的一代人"，父亲一代是"善用资源，敢于创新的一代人"，儿子这一代则是"肩负使命，却又迷失的一代人"。

三 体育经费不足导致农村体育非遗难以为继

财政投入是农村体育文化建设的重要保障。一方面，在沿运河农村，归附农村集体所有的公共收益仍然有限，村委会经费开支受限，家庭捐助固然可行但是难度增加，每年面向农户的资金筹集均会遇到阻力，个别农户对家庭捐款非常抵触。由于不同家庭的立场与觉悟存在偏差，在谈及体育非遗的参与和组织问题时，村民倍感无奈，叹息集体文娱活动世风日下，同时表现出因不是自家的事情彼此推诿的现象，导致传统体育文化活动处于难以为继的状态。

另一方面，地方体育和文化部门无力常年投入固定的经费到农村传统体育活动中，充足的经费支持难以实现，影响了体育非遗的传承与发展。农村体育文化活动的开展和管理，一般是发展场地器材相对简单又比较受民众欢迎的娱乐活动，体育非遗项目备受冷落。

体育经费指购置体育设施、装备和开展所有体育文化活动的经费。由表5-5显见，农村体育经费来源向多元化方向发展，除政府财政拨款以外，由于村委会经费开支有限，依靠民间集资、企业赞助和体育组织赞助等渠道支付体育文化活动开销，56.80%的政府财政拨款率，表明体育经费严重紧缺，与实际需求相比缺口较大，对农村体育设施配置和改良以及体育非遗活动的开展带来了极为不利的影响。同时，财政经费的紧缺难以保障对体育非遗项目进行详尽的普查、建档、整理与保护工作，相关学术研究也不能顺利展开。

表5-5　　　　沿运河农村体育经费来源调查表（多选）（N=2056）

经费来源	运河京津冀段		运河山东段		运河江浙段		合计	
	n	%	n	%	n	%	n	%
政府拨款	402	70.18	385	57.84	381	55.64	1168	56.80
企业赞助	236	34.52	216	32.92	171	28.44	623	30.24
民间集资	219	26.54	232	36.88	251	44.27	702	34.16
村财政支付	162	21.78	118	18.59	87	10.01	367	17.92
体育组织赞助	198	27.75	169	23.05	219	32.27	586	28.50
其他	31	5.23	20	2.46	23	3.36	74	3.60

四　运河遗产保护利用条例过于宏观，缺乏操作性

运河 4 省 2 市非物质文化遗产条例，均以《中华人民共和国非物质文化遗产法》（2011，简称《非遗法》）为基础，规定了公民、法人和其他单位与组织在非物质文化遗产申报、传承、保护过程中的责任。如对文化和旅游主管部门及其他部门工作人员在非物质文化遗产保护、保存工作中有下列行为之一的，依法予以处分：1）违反法定条件和程序，评审、认定代表性项目、传承人或者项目保护单位的；2）侵犯公民、法人和其他组织的合法权益，造成严重后果的；3）截留、挪用、贪污非物质文化遗产保护、保存经费的；4）其他玩忽职守、滥用职权、徇私舞弊的行为。从条例内容来看，找不到相应的法律内容与其一一对应，无法落实到相应细节的操作与管理，因此法律保护机制比较宏观，在体育非遗的保护与传承过程中，容易出现逃脱法律制度规范与约束的行为。

《非遗法》的出台使中国非物质文化遗产保护进入"有法可依"的法治保护阶段，但是，《非遗法》关注的是国家和地方政府在非遗保护领域的责任，而在涉及所有权、使用权、署名权等问题时，仍需其他相关法律法规予以衔接。应当在法律指导下，根据地方特色和实际情况，将原则化、抽象化的法律，细化为具体可行的行为规范。从各省市《大运河文化遗产保护利用条例》（限于篇幅，不再详细列出）来看，仍处于照搬阶段，缺乏具体化，当涉及前所未有的难题时，难免会陷入政策模糊、开展传承活动受阻的境遇。

调研走访运河体育非遗项目时还发现，有些体育非遗传承人对本地市非物质文化遗产保护条例、国家《知识产权保护法》和《非遗法》一知半解，缺乏自我保护的法治意识与措施，仅能采取拒绝将动作图解、口诀、秘籍等公之于众，以此保护项目技艺的原创归属权，造成体育非遗传播与记录的困难。

第五节　运河体育非遗保护与传承措施

一　增加鼓励与补助，保护非遗传承人

运河体育非遗传承人大都生活在农村或城镇等经济落后地区，没有稳定

的工作和收入，生活比较困难，在这种情况下就难以开展文化遗产传习活动。因此，对于那些没有经济收入来源、日常生活确实有困难的体育非遗传承人，所在地政府有关部门应当增加补助，保护非遗传承人，并积极鼓励社会组织或个人对其进行扶持与帮助，保障其基本的生活需求。扶持与帮助的方式包括：

（一）提供必要的传习活动场所；

（二）资助有关技艺资料的整理、出版；

（三）资助传承人的授徒传艺或教育培训活动；

（四）提供展示、宣传及其他有利于项目传承的帮助。

中央财政对国家级非遗代表性传承人的资金补助分为 3 个发展阶段：2008 年补助标准为每人每年 0.8 万元，2011 年补助金额提到每人每年 1 万元，2016 年再次调整补助金额上升为目前的 2 万元。尽管近十多年来在传承人补助金额上有 3 次跳跃式增长，我国的非遗鼓励与补助政策与其他国家还是存在不小差距。2016 年 3 月 30 日，文化部非物质文化遗产司巡视员马盛德在文化部例行发布会上宣布：中国现有 1700 多名国家级非遗代表性传承人的补助标准将提升至每人每年 2 万元，争取在 2020 年前完成 300 名不满 70 周岁但体弱多病和年满 70 周岁传承人的抢救记录[1]。马盛德表示，"对非遗传承人的资金补助并非生活支助，而是为有效解决部分传承人在开展传习活动中面临的现实困难，在财力允许情况下，在当前的基础上再进一步提高传承人补助标准，争取基本解除传承人的后顾之忧，能更加专心地从事技艺传承[2]"。

现今，省级非遗传承人的政府补贴一般在每人每年 4000 元至 7000 元之间，且市级以上非遗传承人要求 60 岁以上，才能获得每人每年 0.6 万元上下的津贴补助。县级传承人补贴金额各有差异，一般介于 0.3 万—1.0 万之间。可见，省级以下尤其县级体育非遗传承人的资金补助缺口很大，经费投入需要增加。

---

① 《关于开展国家级非物质文化遗产代表性传承人抢救性记录工作的通知》，https://www.ihchina.cn/project_details/8892/，2015 年 4 月 2 日。

② 《中国国家级非遗传承人补助上升至每人每年 2 万元》，http://china.cnr.cn/ygxw/20160330/t20160330_521745737.shtml? from=singlemessage&isappinstalled=0，2016 年 3 月 30 日。

二 敦促非遗传承人履行权利、责任与义务

传统体育类非物质文化遗产的传承人肩负着对遗产的传承与传播的重要使命，国家赋予其作为文化遗产传承人的权利，当然还有肩负保护和弘扬文化遗产的责任和义务。作为我国传统体育类非物质文化遗产项目代表性传承人应承担以下义务：

（一）采取收徒、培训、办学等方式传授技艺，培养新传承人；

（二）妥善整理、保存相关实物和资料；

（三）配合非物质文化遗产调查；

（四）参与非物质文化遗产公益性宣传活动；

（五）接受县级以上人民政府文化主管部门的业务指导和监督检查；

（六）其他与非物质文化遗产保护相关的义务。

关于非遗代表性传承人权利，各省市非物质文化遗产保护条例中作了较为明确的描述（表5-6），而对非遗代表性传承人的相关责任，尚缺乏明确而详细的规定，仅有如《天津市非物质文化遗产条例》规定：（1）无正当理由不履行义务的；（2）歪曲非物质文化遗产代表性项目内涵的；（3）贬损非物质文化遗产代表性项目价值的；（4）滥用非物质文化遗产代表性项目或者过度开发的，负有相关的责任等①。这些条款还未落实到相应细节的实际操作与管理，易导致非遗传承人在保护与传承过程中缺乏制度的规范与引导。尤其当涉及非遗保护中前无先例的具体难题时，传承人难免会处于政策模糊、开展传习活动受阻的境遇。

表5-6 京杭运河城市非遗体育传承人法定权利

地域	传承人权利
北京市非物质文化遗产条例/2019.06施行	享有自主开展代表性项目的知识和技艺传授、创作、生产、宣传、展示、交流、研究等活动的权利。具有一定技术水平的代表性传承人，可以按照国家和本市有关规定申报专业技术职称

---

① 《天津市非物质文化遗产保护条例》，https://www.tjrd.gov.cn/flfg/system/2018/12/17/030011278.shtml，2018年12月14日。

续表

地域	传承人权利
河北省非物质文化遗产条例/2014.06 施行	（一）开展授徒、传艺、交流等活动并享资助；（二）参加有关活动获得相应报酬，提出非遗保护、保存工作意见和建议；（三）传承活动困难者向县级以上政府文化主管部门申请支持
天津市非物质文化遗产保护条例/2019.01 施行	注重提升自身修养，积极弘扬、传播中华优秀传统文化；项目保护单位享有研究、合理利用该代表性项目的权利
山东省非物质文化遗产条例/2015.12 施行	（一）开展技艺展示、传授及创作、研究活动；（二）自主选择、培养传承人，依法使用项目实物、场所和资料等；（三）获取传承人补助经费；（四）对非遗保护工作提出意见或建议
江苏省非物质文化遗产保护条例/2013.04 施行	（一）开展知识和技艺传授、艺术创作与生产、展示、表演、学术研究；（二）依法向他人提供知识和技艺及有关的原始资料、实物、建（构）筑物、场所，提供产品和服务；（三）取得传承、传播工作报酬；（四）传承有经济困难者向县级以上地方人民政府申请资助等
浙江省非物质文化遗产保护条例/2007.06 施行	（一）开展传艺、展示技艺、讲学以及艺术创作、学术研究；（二）依法向他人提供有关原始资料、实物场所；（三）取得相应报酬；（四）传承活动有困难的，可以申请县级以上人民政府予以支持等

资料来源：北京、河北、天津、山东、江苏和浙江等地政府网站。

三 应对城镇化背景下人口流动对遗产传承的冲击

自党的十八大提出工业化、城镇化、农业现代化和信息化"四化同步"的发展战略以来，"以城带乡、以工促农"的新型城镇化持续推进。2020 年我国城镇人口为 9.02 亿，城镇化率高达 63.89%，乡村人口为 5.09 亿，仅占 36.11%，流动人口达 3.76 亿，预计将来会有 10 亿城镇人口。从"乡土中国"到"城镇中国"，农村青壮年主动进城务工就业，造成农村空心化，农村社会结构也在发生变化，传统体育文化在空心化农村靠谁传承成了问题。

经济高速发展时期往往是文化遗产遭受破坏的严重时期，运河体育文化遗产正面临着巨大的威胁，应该在保护的基础上发展非物质体育文化遗产。非物质文化遗产之所以要保护，不是因为好看，而是因为有用。申遗不等于保护，申遗成功远远不够，重要的是有效保护，还要摆脱申遗成功而体育遗产文化消亡的窘境。纵览世界城市传统文化的保护与传承工作，始终无法脱离把原生态传统文化请进博物馆作为永久陈列品，以及将传统文化异化搬上舞台获取票房利润等片面景象①，沿运河城市也存在类似问题。

留守青少年娱乐多元化，城市文化的回馈缺失。随着网络多元化、综合化和智能化发展，产生了更多的高科技娱乐方式，让农村留守青少年闲暇时有更多的娱乐选择，引起传统体育文化的传承主体出现断层现象。进城务工群体逐渐壮大，其中不乏一些传承体育非遗的人才，在有了更好的工作和生活以后，有责任和义务回馈家乡，为体育非遗传承提供更好的人力和物力支持。然而，在现代城市文明和生活节奏加快的双重压力下，往往出现对传统文化的排斥，他们对传统体育文化已不再关注，放弃了自己对传统文化的追求。

四 健全保护主体，完善资助与扶持监督管理制度

体育非遗保护过程中需要政府制定和建立各项政治、经济、文化、法律制度作为依据和保障，健全体育非物质文化遗产保护机构作为依托，也需要社会团体和个人的积极参与，尤其是在遗产的确认和保存环节，所以说完善法治建设是对体育非遗保护的根本保证。体育非遗保护主体是指对体育非物质文化遗产的传承没有直接关系，但对于其传承与发展过程起着重要推动作用的外部力量②。目前，运河体育非物质文化遗产的保护依旧归属于文化部门，各级体育部门很少参与，各类非物质文化遗产由文化部非物质文化遗产保护中心主管，没有下设专门机构，容易出现保护不当、政策法规倾斜等问题。体育非遗保护工作具有长期性和系统性，这就决定了不能仅仅只有政府参与，应当要求政府和社会共同参与，并且分工明确，目标统一，认真贯彻坚持"政府主导、社会参与，明确职责、形成合力"的原则，共同承担起保护体育非遗保护与传承的重任，形成体育非遗的保护主体体系。

为响应国家《非物质文化遗产保护法》规定，沿运河省市将非遗保护列入本级（本地）国家经济和社会发展规划，并将保护保存经费列入本级财政预算。例如 2012 年江苏省财政厅颁布《江苏省非物质文化遗产保护专项资金使用管理办法》，2019 年河北省财政厅《关于下达 2020 年省级非物质文化遗产

---

① 吴昉：《"海派剪纸艺术"传承与发展研究》，博士学位论文，上海大学，2016 年。

② 申佃贞：《江苏省传统体育类非物质文化遗产保护策略研究——以殷巷石锁赛力为例》，硕士学位论文，南京师范大学，2015。

保护专项资金的通知》等，都为非物质文化遗产的保护提供了政策和资金保障。然而这些法律条例，要么是有关非物质文化遗产的总则，不具有针对性，要么面对名目繁多的绩效目标（表5-7），在实际操作过程中难免出现偏差，所以应当制定扶持与资助的法律细则，推动非物质文化遗产的保护进程。

表 5-7　　　2020 年河北省省级非物质文化遗产保护专项资金绩效目标表

资金情况（万元）			年度财政资金总额：1153 万元	
总目标	对省级非遗年度重点项目进行补助，包括传承人记录和保存、民俗活动支出、相关调查研究、传承人群研修研习培训、理论及技艺研究、出版、展示推广以及传承人开展传习活动等，推动非遗传承保护			
绩效指标	一级指标	二级指标	三级指标	指标值
	产出指标	数量指标	省级非遗年度重点项目保护个数	≥15 个
			非遗传承、展示、推广活动数	≥5 个
			研修研习培训复排剧目数	≥1 个
			理论研究及出版数	≥2 个
			举办京津冀非遗联展参观人数	≥1 万人
			省级传统工艺工作站建站补助数	≥5 个
			补助省级传承人传习活动人数	≥630 人
		质量指标	省级非遗项目保护任务完成率	≥90%
			传承人记录实施完成率	≥90%
			传承人群培训结业率	≥90%
			振兴曲艺、传统工艺完成率	≥90%
			传承人传习活动补助发放到位率	≥95%
	效益指标	可持续影响指标	对中华优秀传统文化传承影响	显著
			促进传承人群增长	稳定增长
		社会效益指标	非遗传承人群增长率	≥5%
			非遗保护与传承受益公众增长率	≥5%
			社会参与非遗保护与传承渠道	增加
	满意度指标	服务对象满意度	社会公众对非遗保护满意度	≥90%

　　来源：河北省财政厅《关于下达 2020 年省级非物质文化遗产保护专项资金的通知》（冀财教〔2019〕142 号），2019 年 12 月 26 日。

运河城市非遗条例明确规定了非物质文化遗产"项目保护单位"保护非遗的职责和义务，确保非遗的合理性传承与发展获得制度性保障。项目保护单位指拥有某个项目代表性传承人或者相对完整的资料，具备实施和制订该代表性项目保护计划的能力，拥有展示活动、开展传承的场所和条件的企业事业单位和社会组织①。针对非遗体育传承人的传承和传播活动，沿运河城市非物质文化遗产条例规定县级以上人民政府文化主管部门，要帮助组织开展项目的传习、展示、展演、出版、成果转化等工作。同时支持和鼓励社会组织依法设立非遗体育传承和展示场所，合理利用非遗体育项目开发具有地方特色的体育文化产品和服务。

此外，还应建立非物质文化遗产保护监督管理机制，严格检查、督促有关部门的遗产保护工作，保证遗产保护工作的质量和进度、保证遗产保护的科学合理性、保证遗产的传承与发展，防止出现部门重申报、轻保护现象，以及为了经济利益而肆意开发乱象。

---

① 《北京市非物质文化遗产条例》，https://www.gov.cn/xinwen/2019-02/13/content_5365365.htm，2019年2月13日。

第六章　运河体育文化面临的困境和发展路径

第一节　运河体育文化发展面临的困境

一　传统体育文化逐步失去空间，前景堪忧

"中国传统文化的基本状况是复兴、衰退和变异三种现象并存"①，中国社会科学院王希恩教授指出了我国传统文化的生存现状。而运河传统体育项目的发展前景堪忧，其遭遇更加令人惋惜。调研发现，在沿运河城市中小学运动会上越来越难看到传统体育项目的身影，当今的都市少年多在习练跆拳道，崇尚实战的青年们纷纷选择了国外搏击运动。在他们看来，这些都很时尚，古老的传统体育项目难觅踪影。在农村，年轻人认为传统体育项目是属于祖辈那一代人的，与他们无关，他们更喜欢篮球、足球、跆拳道运动，不去舞龙舞狮、练武术、滚铁环、抽陀螺、打石瓦、踩高跷、举石锁、玩投壶等，甚至认为传统体育是古董、落后和可笑的项目。

农业人口纷纷流入城市，城镇化率迅速增长的同时，不但造成了大量耕地被闲置，也动摇了传统体育文化根源于农耕文明的根基。社会变革使传统体育文化依赖的民风民俗土壤发生改变，传统民俗节日逐渐被边缘化。以往逢年过节，各种节庆活动如扭秧歌、跑旱船、舞龙舞狮等约定俗成，形式多样，如今生活节奏越来越快，网络让人们的生活变得丰富多彩，造成过多依赖网络，为缓解工作压力，户外参与徒步、踏青、广场舞、休闲旅游者居多，

---

① 王希恩：《论中国少数民族传统文化现状及其走向》，《民族研究》2000 年第 6 期。

而传统体育文化活动却难有触及。在走访的运河德州段故城镇 5 个村，由于过去组织和管理体育非遗活动的宗族组织已经销声匿迹，昔日宗族制度、轮值制度也日益消失，至今没有固定的组织或个人来负责传统体育活动。

中国民族传统体育文化生态的活动形式（项目）在 20 世纪 80 年代据统计有 977 个，2008 年前后已经可以考证的只有 320 个，但是到现在却不足 30 个了（吕韶钧，2015）。我国少数民族传统体育运动会已成功举办了 11 届，省级少数民族传统体育运动会在除港、澳、台的各省、自治区、直辖市都定期或不定期举办，发掘了一大批新项目，但是很多项目例如蹴球、民族武术、民族式摔跤、民族马术、射弩、高脚竞速、板鞋竞速等，除了专业的职业运动员以及少量的爱好者，普通民众稀少有机会接触或参与到这些运动中去。

总之，运河传统体育文化项目发展前景堪忧，随着传统民俗节日的边缘化以及生活节奏的加快，人们参与传统体育活动的氛围和意识已经淡化，让传统体育文化丧失了生存空间与发展活力。体育非遗项目也受到很大冲击，濒危项目逐年增加，在申遗立项成功后所面对的处境与困难依然严峻，再次强烈呼吁保护运河沿线濒临灭绝的传统体育文化遗产项目。

二　武术技击本质的流逝和核心价值的消解

当代武术对世人来说有很大的困惑，例如沿运河民间的传统武术，有实战能力的还有多少，它今天留给我们什么东西，如何去伪存真，时至今日，运河传统武术价值何在？带着这些疑惑和问题，笔者在实地调查传统武术非遗传承人的基础上，面向运河城市部分高等院校体育院系的武术教师（表 1－4），进行了一次追根溯源的寻访，代表性的观点和重点访谈内容摘录如下。

　　问："当今武术套路有什么特点？"
　　天津体育学院武术学院杨＊＊老师："武术套路是一种攻防技术的艺术体现，就是把一系列攻防技术的动作按照一定的程序编排出来进行传承练习。现今武术参照了体操的评判模式，以追求高、难、美、新为理论指导。所谓美，就是气脉不断、行云流水、强调节奏和精神表演，武术套路已经不追求对抗性。"

问："现今有没有强调技击能力的武术项目？"

答："答案是有，这就是武术散打。套路和散打比赛都属于武术的范畴。80 年代初期，国家认为我们的运动员只会练程式化的，拳打脚踢不行，它应该有对抗的形式，试验之后设立了武术对抗的项目，取名散打，包含了武术当中的踢、打、摔、鞭、拳、鞭腿等。"

苏州大学体育学院孟 ** 教授是著名的武术学者，出版武术专著两部。孟老师告诉我们，武术从军旅传入民间后，技术越来越细腻，形势越来越繁杂；离开了军营，很多兵器技术也演变为功力训练法，服务于徒手拳术，"拳"逐渐成为武术的代名词。

问："传统武术，你认为有实战能力的还有多少？"

答："传统武术的实战能力仅在少部分人那里保留，绝大部分习武之人受限于时间、精力和财力，无法从传统武术的习练中获得应有的实战能力。世界上的一些武术已经改变、失去了对传统的尊重，他们学到的也不是真正的武术，现在兴起了一场有关身体健康的革命，普通人是为了学习自卫和强身健体，对他们来说武术不在于格斗，竞技格斗不适合所有人，武术表演让人们有机会自由地展示自己，据有关调查，世界上有 98% 的人口不习武，我们为什么学习武术，不是为了在比赛中追求第一，那不是习武的本意，通过习武可以锻炼品格，使人专注、坚持、自控、谦逊以及不屈不挠。"

问："武术技击本质的核心是什么？"

答："武术从军旅走入民间后，功能与形式发生变化，但是技击作为它的本质与核心却从未改变。中华人民共和国成立之后的实战都是在规则之内的擂台竞技，表演可以有，但这仅是表演，大众练武术是为了健身，也不必人人都去试，这都不是武术的高端，武术的高端，是实战，一定是比试，有规则的比试，接受西方博击规则，并不意味着全盘放弃中国武术的传统训练方法，这样才能恢复我们中华民族古代武术的整体结构，而这个整体结构的核心是'试'，是戚继光讲的'既得艺必试敌'，要有输赢！"

问："武术逐步缺乏实战或对练，你认为原因是什么？"

德州学院颜老师（48岁，民族传统体育带头人）认为："武术坚持到现在，最根本的内涵——'技击'是它的根本，所谓'练拳不练功，到老一场空'，民间武术人对技击的追求始终都在。今天中国传统武术的普遍套路化是技击能力缺失的主要原因，在民间，多数习练者只会套路，进行过对抗训练的人少之又少，有过实战经历的人更是微乎其微。现在我觉得传统的武术，越有攻击性，那些就越容易失去。"

问："在远离战火的和平年代，中国武术的价值究竟何在？"带着这个疑问，探访了北京体育大学武术教研室李**教授。

答："我把它归纳了三个字：技、身、心，'技击'的'技'，这是它的本；和它紧密融在一起的是'身'，不仅仅是健康，是强壮；'心'指的道德，道德层面的人格塑造也好，都是通过习武提高技击能力来体现的。长期的武术使用，会锻炼一种坚韧不拔的毅力，吃苦耐劳的精神，有了对社会的担当，由此，技、身、心构成了一个基本价值体系。"

问："您对武术未来发展有什么展望？"

答："武术脱离实战训练是常态，无论是高校还是民间，偏离了实战的传统武术，必定遭受质疑。有人说它中看不中用，也有人执着地要证明它能打。首先应改变的是各大院校武术专业教师的理念和技术，一定要强调攻防技术。其次，传统武术未来的主流群体应该是年轻人，而且是有文化、有修养、有教养的年轻人，高等教育是一个重要阵地。同时，民间武者展示技击能力的平台也有欠缺，需要搭建全新的训练和比赛平台，中国武术才会有更好的未来。"

因此，可以得出以下结论。

（1）武术作为"技击术"和"杀伐之术"，是一门"武艺"，一种中华民族特有的强身防身、杀敌制胜的技击术，除了实战功能，最宝贵的是蕴含其中的精神、思想、信仰和文化。

（2）武术实战技术、体育竞技、健身表演等只是外在表现形式，随着历史发展和社会变迁以及环境的变化产生了一定变异，传统武术的普遍套路化是技击能力缺失的主要原因。

（3）当代武术套路追求高、难、美、新，受现代体育文化影响，武术蕴含的传统思想内涵正在被削弱，它依附现代竞技体制而存在，偏离实战的传统武术必定遭受质疑。因此，传统武术要改变现状，需要回归技击本质；运河传统武术要想传承下去，首先要将实战的核心价值召回。

三 内容单一，体育文化产业化水平低

作为 21 世纪的朝阳产业和新兴产业，体育文化的产业化，是以传统体育文化资源为依托，以资本运作为纽带，以传统体育文化产品生产和服务为经营对象，赢得经济效益和社会效益的经营方式和产业组织形式①。沿运河传统体育诸如武术、龙舟、杂技、太极拳等项目发展势头不错，历经几十年的开发和培育，业已形成了较好的国内外市场，但这仅是很少一部分传统体育文化项目达到了产业化阶段。

体育成为产业的历史不足百年。1978 年至今，我国体育文化产业经历了以下阶段。

（一）萌发雏形的初步发展阶段（1978—1997 年），始于党的十一届三中全会后的改革开放。

（二）制度引领的改进提高阶段（1998—2008 年），以 1998 年"中体产业"公司的成功上市为标志。

（三）规模提升的巩固发展阶段（2009—2019 年），以 2008 年北京奥运会为标志，之后京、鲁、苏、浙、沪、粤等一线城市率先发展，经过十余年的快速推进，产业发展环境日趋优化，产业竞争力得到有效提升。

（四）拓展领域的产出导向阶段（2020 年至今）。

内容单一是体育文化产业化发展滞后的瓶颈之一。纵览运河各个段落体育文化产业发展近况，运河两端诸如北京、杭州、苏州等城市起步早，进程较快，以 2008 年北京奥运会开幕式上出现 2008 名功夫小子的武术表演，将中国武术推向了全世界为标志，运河其他段落的发展则相对较差。开发利用的传统体育项目要么作为一种活跃气氛的手段，要么成为商场垫场义演的组

---

① 孙健、张辉：《传统蹴鞠非物质文化遗产的"文化软实力"解析》，《沈阳体育学院学报》2015年第 1 期。

成部分，能够直接产生经济效益的项目不多，贸易氛围浅淡，可依附资源也严重不足，致使独立行业的形成存在很大困难。

《体育强国建设纲要》（国办发〔2019〕40 号）提出了 2035 年体育产业成为国民经济支柱性产业的目标，充分表明体育文化产业发展潜力巨大、前景广阔。在中国经济由高速增长阶段稳步向高质量发展阶段迈进的背景下，运河体育文化产业化发展对运河城市提供更多的就业机会，在促进城市旅游、交通、通信、邮电、餐饮服务等方面，都具有积极的带动作用。目前运河体育文化产业化发展，仍依附于旅游产业中发展的现状上，得益于最近十余年旅游业的蓬勃发展。毋庸置疑，将带有地方特色的传统体育项目与旅游业相结合，能够为运河体育文化提供很好的发展平台，充分体现其经济价值。作为发挥中华传统文化效能的重要阵地，发展体育文化产业可以满足广大群众的精神文化需求。运河体育文化产业缺乏独立的理论与实践体系，在"文化搭台，经济唱戏"号角的引导下，沿运河城市的景区、游乐山庄和乐园，为了增强景点吸引力，相继引入了一些传统体育项目，体育文化产业直接带来的收入无法也没有完全剥离旅游业。

因此，本书认为，运河体育文化产业是融合文化与产业的新业态，其发展处于制度引领的改进提高阶段，远远达不到文化产业"规模化、集约化、专业化"水平。运河体育文化产业化发展，应遵循文化产业发展的特点和规律，直面各种威胁和不利因素，紧密跟随我国经济发展和文化事业日益壮大的步伐，尽快形成独立行业。

四 运河文化带建设步调不一，区域联动不足

就运河文化带建设的实践而言，运河各个段落建设内容与建设进度步调不一，彰显"各唱各调，各吹各号，各说各重要"的味道。由南而北，浙江以发展文化旅游产业为建设方向；江苏以建设大运河文化示范区为己任；山东以挖掘齐鲁文化资源为定位；河北以文化遗产保护传承为宗旨；天津以演绎大运河历史文化为抓手；北京以城市副中心串联式规划建设为指向[①]等，各

---

① 刘涛、张少琪、季文丹：《大运河沿线城市文缘融通人缘相亲对策研究》，《上海城市管理》2020 年第 2 期。

自铸造了文化带建设的工作架构。共性的一面，各具特色的经济带和城市群，推动了地区经济和文化的繁荣，为区域联动奠定了基础。另一方面，区域联动需要不同地区多层次、形式多样的沟通，运河各个段落"自拉自唱"的多、合并"同类项"的少，"体育文化"同类项合并的先例更少。

究其原因，首先在于运河文化带建设绩效评价的手段遵循"行政区划"而非"经济区域"或"文化区域"。诸地各自为政，片面追求经济利益，将运河文化带建设当作随心所欲上项目、搞旅游和商业开发，致使破坏生态环境和文化遗产的现象随踵而至。其次，缺乏对培育运河全线增长极系统的关切，各地都从自身出发，优先考虑自己的"一亩三分地"，个别地方投资文化经济和旅游经济的主动性没那么强，给区域联动的规划和实施带来了困难。最后从局部分析，沿运河城市还存在多部门利益纠葛问题，例如物质文化遗产属于文物部门，非物质文化遗产属于文化部门，航道属于交通运输部门，河道水工设施属于水利部门等，既增加行政资源内耗，破坏了各个部门的指挥链和信息链，又使文化市场管理尺度不一，容易引发恶性竞争，给运河文化公园和运河文化带建设、文化遗产保护利用等工作带来不利影响。有学者将运河通航较慢的原因也归咎于属地管理，指出运河水域统一管理的障碍表现在各地管理模式存在区别，如公司运营、企业承包、政府管理等①，形式多种多样，于是穿行不同段落的京杭运河，颇具管理不同、面貌相异的感受。

运河体育文化赖以生存的运河线路生态，由于同质化建设与竞争导致的资源浪费，应该引起相关部门的重视。一直以来，沿运河旅游风光带备受开发商关注，导致废真迹、建"假古董"的现象时有发生，原因首先在于有些开发商和建筑商缺乏社会责任和遗存保护意识，盲目追求利润，加上有关部门监管不力。例如 2009 年以来，称誉"运河古都、江北水城"的聊城市对古城建筑物整体拆除，古城复建工作持续多年，造成大批具有纪念意义和历史价值的遗址和纪念物等永久性毁坏和消失。为此，国家文物局、建设部于 2012 年通报批评，要求制止和纠正错误做法。2019 年，住房和城乡建设部官

---

①　王楠：《申遗后的千年大运河该如何保护开发》，《中国城市报》2021 年 3 月 15 日。

网再次提到聊城市，对该市古城内大拆大建、大搞房地产开发问题提出批评①。另有，隋唐运河城市洛阳也存在古城和历史文化街区内大拆大建、拆真建假问题②，在文物保护和遗址重建方面被点名批评了两次。以上现象表明，经济建设和文化遗产保护的矛盾还未得到彻底解决，沿线同质化建设与竞争，使许多传统街区"人去楼空"，缺乏生活气息与民俗活动，而在城镇规划与建设中如何保护体育文化遗产，充分利用产业资源，减少传统文化产业资源浪费，不仅考验着各方智慧，更决定着城市未来。

随着实地调查范围的扩大与走访过程的深入，发现类似现象在运河沿线其他地区也存在（图6-1），多地陆续投入资金打造景区，几十年来运河开发利用的速度被大大推进，尤其大运河成功申遗后，频频出现建设性破坏、仿古建筑千城一面、不伦不类的仿古等，令人惋惜。历史遗存来源于人类的创造性活动，一旦被破坏，恢复消失历史遗存的工作进退维谷，因此必须注意历史遗存的保护与利用。而运河文物古迹也是重要的文化产业资源，大拆大建、拆真建假对文物古迹与周围环境造成破坏，也为传统体育文化的生态环境带来威胁。

图 6-1　XX 市运河古城拆建现场

---

① 王楠：《申遗后的千年大运河该如何保护开发》，《中国城市报》2021 年 3 月 15 日第 15 版。
② 《住房和城乡建设部关于部分保护不力国家历史文化名城的通报》，https://www.sohu.com/a/302995875_100285193，2019 年 3 月 14 日。

五 传统体育项目发展失衡

由上文可见，运河体育文化的传承和发展是一个系统工程，主观上受到不同段落文化体制、区域经济和政策扶持力度的制约，面临地域分割和地方保护主义等问题；客观上存在沿岸城市运河文化及其相关产业重复性建设增多，跨地区和跨部门体育文化协作效益较低，产业流动与融合困难等问题，使得运河体育文化的传承和发展呈现各自为政、恶性竞争的乱象。

运河传统体育项目有多种传承方式可供选择，包括：（1）与竞技体育相结合；（2）与学校体育相结合；（3）走体育产业化道路；（4）走体育表演道路；（5）与大众健身娱乐相结合；（6）自发自觉地散落。每一种方式选择既是物竞天择的文化进化结果，同时破坏了传统体育自力更生、自以为是、自我陶醉的生存幻想，启迪我们以适者生存的危机感，思考运河传统体育文化究竟向何处发展这一重大问题。

调查发现，传统体育项目发展失衡，有些运河传统体育项目，虽然申报了县市级非物质文化遗产，但是受地方经济发展水平、集体保护意识高低、政府重视程度、项目自身特点等方面的制约，使得传统项目处于岌岌可危的境界，或是处于一种失去控制的状态。例如无锡花样石锁、新沂拾石籽等濒临销声匿迹的境地；武进掮轮车、常州高跷、杭州翻九楼等动作技巧性高，技术方法繁杂，观众日渐缩减，操练的人也日益减少，致使这些丰富多彩的体育形式出现难以为继的状况。

针对运河体育文化发展失衡与多种传承方式选择，唯有保留其基本文化内涵，注重"存异"与"和而不同"，深挖传统体育文化记忆，遵循对人生价值意义的探究，才能实现与时代相适应的现代化转型。文化现代化是一种历史趋势，应坚持"博采众长、为我所用"原则，提高文化认同、驱除草根性尴尬，以走娱乐性表演的大众健身化道路为普及，以走规范性发展的教育化道路为根基，加强品牌塑造并向节日盛会推动，由封闭逐步走向开放。同时，优化实践方式，不应仅停留在"应激—反应"的本能阶段，各级体育部门应由重竞技轻群体过渡到竞技群体协调发展，如果仍是固守本身，不能在继承中创新发展，缺少走信息化时代发展道路的催化剂，终究会被现代化社会所淘汰。

第二节　运河体育文化发展路径

一　保护层次分类和利用模式规划

运河沿线及其周边独特的地理环境、社会历史发展、生产生活方式以及民风习俗的熏陶等因素，使传统体育文化蕴含着特有的文化情怀、审美情趣和精神动力。通过对运河沿线各类传统体育文化项目，尤其是非物质文化遗产体育项目进行规范性、预见性的讨论和考量，针对所包含的民族民间特色、文化底蕴、保护利用价值和市场开发潜力等内容，来判定是否符合当今社会价值观的发展要求。通过梳理，将运河传统体育文化项目保护利用层次分为优势项目、一般项目和劣势项目三类，如表6-1所示，期望能为运河体育文化项目资源的分类建档和做好本真性记录奠定基础。

表6-1　　　　　　　　　运河传统体育文化项目保护利用层次

层次分类	运河京津冀段	运河山东段	运河江浙段	布局	保护利用模式
优势项目	老北京跤艺、蹴鞠、北京天桥中幡、抖空竹、天桥摔跤、八卦掌、通背拳，天津拦手门武术、回族重刀武术，廊坊八卦掌、沧州武术，孟村八极拳、吴桥杂技、六合拳、戳脚等	冠县查拳、临清肘捶、聊城杂技、宁津杂技等	运河船拳、彭祖导引养生术、常州划龙舟、余杭五常十八般武艺、杭州翻九楼、南湖掼牛、桐乡高杆船技等	国内外布局	规模开发型（产业化经营）
一般项目	沧州查滑拳、孟村八极拳、任丘阴阳八盘掌、南皮二郎拳、沧县传统武术、河间左把大奇枪、黄骅五虎棍、白猿通臂拳，高氏迷踪拳、青县麒麟拳等	滕州大洪拳、四蟹抢船、独杆轿、梁山子午门、汶上文圣拳、临清潭腿、东阿杂技等	无锡花样石锁、金坛抬阁（金坛区）；武进阳湖拳、溧阳史式八卦掌、镇江孙氏太极拳、沛县武术、丰县六步架大洪拳等	国内布局	市场培育型（省内外推广）

层次分类	运河京津冀段	运河山东段	运河江浙段	布局	保护利用模式
劣势项目	通州大风车、北京鼗人、三皇炮捶拳、珍珠球、意拳、车技、弹弓术、解连环、天津形意拳、五行通臂拳、功力门武术、银炭导引养生功、北辰穆氏花毽、蓟州无极拳、群英武学社系列重刀武术、静海迷踪拳、廊坊自然门武术、永清博弈、戳脚、吴桥民间体育游戏、六合系列功夫、肃宁新宏狮子舞等	济宁查拳、梁山系列武术、济宁杂技、鲁南民间游戏、抢铁花、中国华拳、鱼台独杆子桥、任城昆仑太极拳、聊城梅花桩拳、田庙查拳，流星锤等	西湖蒋村船拳、丰县养生术、新沂拾石籽、丹阳花毽、芦江张家镜、常州南拳、掮轮车、武进潞城猴拳、萧山翻九楼、建德新市天罡拳、拱墅武林活拳、临安上田十八般武艺等	省内布局	静态保护型（区域内静态化展示）

在充分调研及论证的基础上，遵循运河传统体育文化项目能否进入市场，怎么进入市场和发展潜力预测等研究假设，依据不同项目生存现状、资源特征和利用价值等要素，对应于三个保护利用层次，将运河体育文化资源划分为规模开发型、市场培育型和静态保护型 3 种开发利用模式（图 6-2）。其中"静态保护型"项目 45 项，居于金字塔底层，囊括县市级以下非物质文化遗产项目；"市场培育型"包括已开发和有待于开发并具有可利用产业价值的项目 24 项，居于金字塔中间，能够增加体育文化服务性供给，在扩大体育文化旅游、文化创意、品牌体验、信息服务、健身娱乐等方面释放潜力。"规模开发型"项目的市场条件相对比较成熟，能够在文化产业上做大做强，共有 26 个项目，居于金字塔尖部。并非所有的传统体育项目都陷入了文化产业危机，运河武术（包括太极拳和健身气功）、龙舟、杂技以及群众喜闻乐见的秋千、拔河、毽球（花毽）等就保持着很好的发展势头。这种金字塔型的保护利用模式，针对不同传统体育文化项目进行分层管理，统筹兼顾，在塑造体育文化发展新模式和新业态，创造和激发新的经济增长点等方面颇具潜力。三种模式相互关联，互为补充，并非固定不变或单独应用，以顺应运河体育文化

保护利用的路径选择。建议对"规模开发型"实行产业化经营,"市场培育型"实行省内外推广化发展,"静态保护型"实行区域内静态化展示。运河体育文化项目,是京杭运河各个段落形成的体育技艺集合体,形成文化产业集群是增强区域文化竞争力和国家现实文化发展和长远利益的需要。

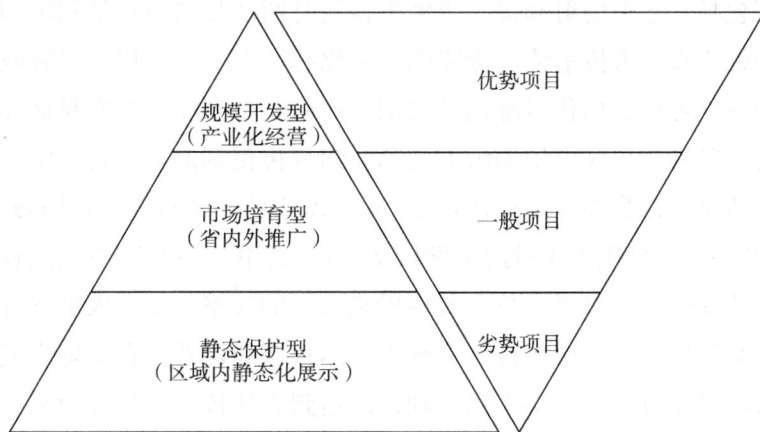

图6-2 运河体育文化保护利用层次与模式

二 拓宽运河体育文化传承形式

目前运河体育文化的传承形式,微观上血缘社会关系、能力社会关系、体制社会关系三者共存,其中家族传承、师徒传承、部门推选三种形式共同完成了对传承人的认定。根据运河体育文化资源的起源、分布和特征,从宏观层面入手,将运河体育文化的传承模式拓展为六种(图6-3)。这些传承形式的组织结构、方式、制度等不尽相同,既有政府、企业参与,民众自愿参与,也有政府、企业和民众联合参与,传承目的和途径的差异较为明显。

职业性形式传承,能够接收借鉴其他文化优秀因素做到与时俱进,是继承体育文化基因的典范。赢取利益和为了生存是这种形式传承活动的目的之一,技能专业,运动水平高。沿运河各个镖局中的镖师走镖,是古代职业性形式传承中的典型代表。宋代蹴球不仅盛行于宫廷,以家庭为单位的民间也有快速发展,为"求觅铺席宅舍钱酒之赏,拖儿带女习练"①。沿运河一些城

---

① 黄伟:《宋代体育与宋代社会》,《史学月刊》1992年第6期。

郊和村落，街头卖艺依然存在。当今武术、龙舟、太极拳等项目，其传承活动颇具组织和规模，有着严谨的制度约束，能够获得体育赞助，形成并参与不同级别的赛事，在国内外已具有一定影响。

学校形式的传承由来已久。古代中国学校形式传承的主体是官学，传授内容主要包括六艺中的射和御。产生于春秋时期的私塾与官学相辅相成，两千余年延绵不衰，为传承传递传统体育文化起过重要的作用，如聊城冠县陶山书院由查拳习所，借作教练巡警之用，衡阳私塾和泽书院有易筋经、八段锦、少林拳等科目，深圳梧桐山上的私塾学校传授剑道等。新中国，学校形式的武术传承，备受各级政府的重视，运河城市济宁现有 69 所民办武校，最多时达 70 多家。枣庄市注册武术学校 99 所，其中"一级"以上武校 11 所，普通武校共 88 所[①]。各类学校主要传授武术中的长拳、简化太极拳等，参与主体固然是学生，学校形式传承主要依靠体育课和课外体育锻炼完成，相关传统体育项目经过选择、加工和整理，以达到文化传承、教育和健身强体的目的。

运动会形式传承，作为开展和挖掘传统体育项目的重要形式，彻底改变了中华人民共和国成立以前对少数民族体育的发展持不闻不问、任其自生自灭的态度。截至 2019 年，全国少数民族传统体育运动会成功举办了 11 届，成为增进民族团结友谊、展示不同地域体育文化的平台。此外，各省、自治区、直辖市的运动会此起彼伏，全国少数民族体育文化运动会每四年举行一次，省级民族体育文化运动会两年或四年举办一次。例如浙江省已经举办了 7 届农民运动会、2 届体育大会和 6 届少数民族运动会，传统项目涵盖射弩、门球、高脚竞速、板鞋竞速、围棋、象棋等，推动了传统体育运动的蓬勃发展。

日常性形式传承，活动主体一般自我意识较强，重视个人身体健康，带有明显健身、娱乐性质。活动内容主要是动律相对迟缓、运动强度中等的太极拳、太极剑、健身气功、五禽戏、易筋经、八段锦、导引养生气功等。日常性形式传承因自愿参加者居多从而缺少纪律约束，组织形式相对松散，参与人群以中老年为主，以健身休闲为目的的日常性传承活动充分利用了民众的闲暇时间。

---

① 张永虎、胡洪泉：《京杭运河体育文化建设路径研究》，《武汉体育学院学报》2017 年第 4 期。

　　节日性形式传承，节假日传统体育文化活动缤纷亮相，当数运河城镇的一种文化记忆。其主要目的为世俗的娱乐性，是一种悠久的历史传承，如端午节赛龙舟，清明节踢毽子、拔河、荡秋千，春节舞龙舞狮、秧歌等活动。这些传承活动与其他少数民族或地域的传统体育活动一起，形成了中国传统体育文化形态的多样性。

　　宗教性形式传承，一般残存于生活水平不高、自然环境相对封闭的沿运河农村。这种形式的传承活动带有弱健身和娱乐性质，常与其他民俗民间文化如游艺、舞蹈、杂技、戏曲、魔术等紧密掺杂在一起，包藏着丰富的人类文化基因。浓厚的宗教信仰导致某些宗教传承活动带有巫术性质，主要目的是娱神或驱鬼，相关传统体育文化活动开展的时间往往是在比较重大的传统节日里举行。

　　综上，为了使运河传统体育文化走上普及、提高、规范、科学之路，无论哪一种形式的传承，在探索普及与提高结合、传统体育与现代体育结合、群众性与专业化结合、民族性与世界性结合的道路上"任重而道远，不择地而息"[1]。

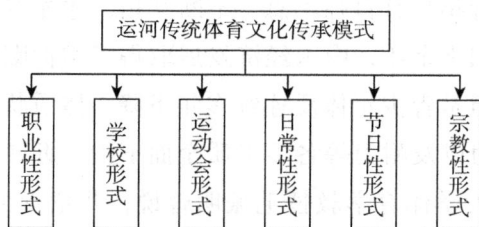

图 6-3　运河传统体育文化传承形式图

三　推动运河传统体育项目进学校

　　习近平总书记在党的十九大报告中，43 次提到"教育"，79 次提到"文化"，这是时代的呼声。延绵流长的运河文化和内涵丰富的运河体育文化，处处体现着民族文化的闪光点，为了推进教育强国和体育强国的建设工作，实现以体育智、以体育心的育人功能，《关于全面加强和改进新时代学校体育工

――――――――

　　[1]　习近平：《会见香港澳门各界庆祝国家改革开放 40 周年访问团时的讲话》，《人民日报》2018年 11 月 13 日第 2 版。

作的意见》要求"补齐短板，特色发展，真正实现一校一品、一校多品的目标[①]，须以深入开展'传承的力量——学校体育教育弘扬中华传统文化成果展示活动'，加强宣传推广，让中华传统体育在校园绽放光彩"等内容。

2021 年 2 月，教育部《中华优秀传统文化进中小学课程教材指南》要求学科安排以语文、历史、道德与法治三科为主，艺术、体育与健康学科有重点地纳入。强调选择民族民间传统体育活动（如抽陀螺、跳房子、踢毽子、滚铁环、抖空竹、舞龙、舞狮、荡秋千、踩高跷、竹竿舞）、武术、中国式摔跤、跳绳、毽球、珍珠球、赛龙舟、传统健身功法（如五禽戏、八段锦、易筋经）和我国传统体育文化知识等。高中阶段，引导学生从武术与民族民间体育必修选学模块中选择适合学习的 1—2 项运动进行学习，较为熟练地掌握其运动技能，培养运动兴趣，强健体魄，形成 1—2 项运动专长，增强传承中华优秀传统体育文化的能力[②]。唯有做到有制可依、有规可守、有序可循，才能推动运河传统体育项目在各级各类学校得到规范有序、充满活力的开展。

经济、文化、教育和科技的竞争，归根结底还是人才的竞争。体育人才的众寡优劣直接影响着体育文化的兴衰存亡，体育人才也是体育文化传承与发展的关键。有志青年只有自强不息，不断开拓，才能肩负起振兴民族体育的大任。改革开放四十余年，中国经济发展取得了举世瞩目的成就，民众生活质量不断提高。但是青少年体质连续多年下降，体质状况令人担忧，学生力量、速度、爆发力以及耐力等各项素质全面下滑，近视眼和肥胖比例仍不断上升。北京师范大学体育学教授毛振明曾说，儿童青少年时期，是速度、力量、柔韧性和灵活性发展的敏感期，错过这个时期，很多孩子极有可能要用一生来承受体质孱弱的恶果。因此，培养学生体育兴趣，让青少年接受传统体育项目教育，传承体育文化基因，营造持续有序的开展环境，显得尤其重要。亟待我们把运河传统体育项目纳入现行各级各类学校体育课程，对传统体育文化资源进行合理的完善与整合，使源远流长的运河传统体育文化舞动起时代的脉搏。

---

① 《关于全面加强和改进新时代学校体育工作的意见》，https://baijiahao.baidu.com/s？id＝1680658728364123171&wfr＝spider&for＝pc，2020 年 10 月 15 日。

② 《中华优秀传统文化进中小学课程教材指南》，http://www.moe.gov.cn/jyb_xwfb/gzdt_gzdt/s5987/202102/t20210205_512630.html，2021 年 1 月 8 日。

四 组建运河城市体育文化联盟

运河体育文化的保护与传承、开发与利用不能因大运河的行政划分而人为割裂，沿运河城市要增进沟通与联络，携手共同推动运河体育文化的保护、传承与发展。近几年，地方和民间自发形成了譬如小学教育、曲艺、武术、博物馆、文化带建设、文化公园建设、党建等各类联盟（表6-2）。体育文化是一个运河城市独一无二的印记，所谓"合则强，孤则弱"。因此，建议由中国体育协会、国家体育总局等相关行政部门或团体作指导，联合沿京杭运河18个市、县或区体育文化部门和运河管理部门，成立"运河城市体育文化联盟"。

联盟以宣传弘扬运河体育文化为宗旨，在政府主导、地方扶持、市场推动下，联袂办好各类具有品牌效应的传统体育赛事、景观体育赛事、体育展演等。以联盟打造为契机，定期开展非遗挖掘、技术培训、体育论坛、学术交流、体育旅游、功夫影视、设计开发校本体育课程等活动，沿运河城市要秉承开放包容、互学互信、互利共赢的合作精神，并肩同行，寻求最大空间，扩大利益结合点，打造运河体育文化命运共同体。通过联盟联动，促进运河体育文化的对接交流与合作，推进运河流域体育文化的整体繁荣和共同发展。

表6-2 京杭运河城市各类联盟统计

名称	时间	地点	宗旨	参与单位
大运河城市旅游推广联盟	2014-06-24	杭州	打造一条全新的京杭大运河世界级精品旅游线	沿线18个城市旅游部门
中国大运河武术文化联盟	2018-09-16	清河县	弘扬大运河武术文化，促进沿线武术文化交流	各武术协会、馆校、社团和武术爱好者
大运河文化教育联盟	2019-03-29	北京通州区潞河中学	共同开发大运河文化教育资源，以文学、艺术手段探索大运河文化	中国当代文学研究会联合沧州一中、济宁一中、苏州中学、杭州高级中学等学校

续表

名称	时间	地点	宗旨	参与单位
大运河城市全媒体联盟	2019-05-05	扬州	加强大运河沿线各媒体间合作联动，扩大大运河国际影响力	运河 38 个城市报纸、广播、电视、网站、新闻等媒体
运河文化小学教育联盟	2019-11-26	无锡梁溪区东林古运河小学	统领运河文化学校教育实践	运河沿线五省两市 10 所学校
大运河城市智慧文旅消费联盟	2020-09-06	无锡	聚焦千年文脉，彰显运河时代风采；打造运河 IP，释放文旅融合潜能	江苏省文化和旅游厅、大运河沿线代表城市
大运河博物馆联盟	2020-11-14	扬州中国大运河博物馆	传承运河文化、讲好运河故事、传播运河声音	全国 32 家博物馆
大运河武术文化联盟	2020-12-22	拱墅区运河文化广场北楼	凝聚沿运河武术组织和武术爱好者，品牌塑造、义利共生	杭州市拱墅区文化、广电、旅游、体育等各部门
中国大运河曲艺文化联盟	2021-04-10	淮安	宣传大运河文化	运河沿线六省市近 40 家文化馆
大运河品牌联盟	2021-06-16	北京	跨界连横，互促互助，形成示范，提升价值	中国网文化中心、大运河频道运营
大运河沿岸区县合作联盟	2021-06-22	杭州市拱墅区委区政府、浙大城市学院	围绕大运河文化带和国家文化公园建设，联合开展研究、交流与合作	运河沿线 10 区县
大运河杭州段世界遗产党建联盟	2021-09-06	杭州市园林文物局	以高质量党建引领发展为出发点，以"保护好、传承好、利用好大运河"为目标	杭州市相关市直部门、国资企业和运河沿线相关城区约 20 家单位

另外，在运河城市各种联盟中，教育类联盟和武术文化联盟仅各有 2 家。开展运河传统体育项目的沿运河中小学零星存在，但是以体育学科为主导的

学校体育教育联盟尚无建立，以体育为手段开发体育文化教育资源，对培养未来人才会起到很好的积极作用。我们要把传承传播体育文化与加强新时代爱国主义教育结合起来，深化宣传教育，利用大运河申遗成功纪念日等重要节点，组织形式多样的主题教育活动，让运河体育文化走进学校，深入课堂，贯穿学校体育教育全过程。

五　经济搭台，文化唱戏

（一）"文化搭台，经济唱戏"的产业焦虑

"文化搭台，经济唱戏"指导了中国 20 世纪八九十年代沿运河城市的文化建设与经济发展工作。首先，人们普遍认为，作为上层建筑的文化，既是经济基础的反映、服务于经济基础，又具有一定的独立性，遵循本体的生存法则。"文化搭台，经济唱戏"使文化跟经济直接结合，是对文化反作用的自觉利用，合乎唯物辩证法的科学态度，具有十分广阔的开发潜力。其次，20世纪 80 年代初，经济部门和工矿企业开始由产品经济向社会主义商品经济过渡，激烈的市场竞争中，需要运用文化、舆论等方式提升企业和产品影响力，增加营销渠道，经济在文化的背景下展开。最后，越来越多的地区意识到民俗文化带动经济发展这一手段，各类文化旅游节百花齐放，尤其以文化和经济联姻形式出现的各种艺术节、博览会逐步推广开来。"文化搭台，经济唱戏"的客观依据在于，能够烘托环境，营造一种文化氛围和欢庆气氛，为商务运作、经贸洽谈、引资招商等起到铺路搭桥的作用。

但是，从文化自尊、遗产保护和传统生计转变的视角，"文化搭台，经济唱戏"的本质是民间资本、国家权力资本与经济资本之间的共谋，传统文化或民俗事项最终被仪式化，或者丧失了自身的文化底蕴与文化生存语境，或者被注入意识形态与商业经济因素成为象征符号。其迷惑在于拿着国家、人民的钱，拉来一帮跑场子的明星折腾几个小时，将文化变成了一些人心中的"穷欢乐"，是经济活动之前的"开场锣"，是经济发展之后的"庆功鼓"，是炫耀经济成果的"研讨会"①。搭台子花出去的钱，超出了发展经济挣来的效益。

反对者认为在"文化搭台，经济唱戏"里，文化本身不是最重要的，也

---

① 杜学峰：《"文化搭台，经济唱戏"的迷惑》，《中外企业文化》2013 年第 4 期。

没有获得足够的尊重，只是实现经济目标的工具和手段，如果实现经济目标的路径改变了，负责"搭台"的文化随时可以替换①。须知，不尊重文化主体性和独立性就不是真正地重视文化，它很容易对文化造成矮化和伤害。

社会结构的剧烈变革，为生存和追求更高层次的生活，"打工经济"的浪潮仍将持续，大规模"乡村到城镇"的人口异地流动，是沿运河城镇发展不争的事实，加上近几年中国进入老龄化社会和人口结构的变革，运河沿线居民一手高举着发展，一手高举着传统，通过举办各种文化、节庆活动招商引资，其最终目的是追求 GDP 的增长，消除本地传统文化的产业焦虑，致使文化沦为经济的附属品和装饰品。

（二）"搭台文化"中体育文化品位的变异

毋庸置疑，有些搭台的文化都是文化味十足，如沿运河城市端午文化节、风筝节、龙舟文化节、船拳文化节、吴桥杂技节等，无论经济之戏最后唱得如何，单就搭台的体育文化品位来说，是无可非议的，既丰富了运河文化产品，提高了城市形象，又崭露出新的生命力。如此背景下，"体育文化搭台，经济唱戏"的发展理念始终伴随其中。但是，随着"搭台唱戏"活动广泛开展和文化挖掘的日渐深入，在文化庞杂的特点日益显现的同时，文化的品位也开始变异。有些传统体育文化资源在开发上只追求经济利益，将传统体育项目改编为舞台艺术或者是表演观赏的杂剧，失去了体育活动的本质。由于过度追求经济效益或庸俗化的形式，传统习俗逐渐被同化、异化，急功近利的演出，致使传统特色一点点消亡。在"文化搭台，经济唱戏"的路数之中，在弘扬民族优秀文化传统的旗帜之下，"文化"成了招揽客商的砝码，在一系列的节庆之后，三教九流一旦沾上"文化"的灵气，就都神气十足地开始大行其道②。

就体育本身而言，因其长期在中国社会文化中的尴尬地位，使传统体育的传承系统始终处在一种游离和支离的状态③。在某些企业和企业家其至经济学家、文化学家眼里，体育始终是一个比较低的经济元素和经济学概念，他

① 封寿炎：《城市道路命名不宜"文化搭台，经济唱戏"》，《中国地名》2018 年第 4 期。
② 牛炳文、王春玲：《对"文化搭台，经济唱戏"的冷思考》，《领导之友》2008 年第 6 期。
③ 秦钢：《我国民族传统体育文化资源与产业发展研究》，博士学位论文，武汉理工大学，2012 年。

们认为，在文化附加的基础上，体育这一商品可以卖出一个更好的价钱，因此循着"为经济而文化"的思路一直在探寻如何利用"文化"为由头、为媒介、为手段去创造更多的经济价值。片面追求经济价值或转换成文化产品，将失去体育的原始意义，或只是作为一种赚钱的手段。

"经济搭台，文化唱戏"的缘由。党的十八大以来，文化软实力在国家发展中的地位逐步确立。本书提出运河体育文化"经济搭台，文化唱戏"，是对时代背景、社会条件的直接应答。2020 年至今，新冠疫情给中国经济带来巨大冲击，在有效疫情防控和一系列稳增长政策调节下，中国成为全球唯一实现正增长的经济体。经济基础夯实之后，作为上层建筑的文化自然要随之调整以适应新时代生产力的发展，此时将文化依然摆在经济的从属地位显然不合时宜。2021 年，经济持续修复，年度同比增长 8.3%，两年复合增速达5.0%。未来 30 年或 50 年，度过中国"转型期"，文化也要"唱戏"，经由政治和经济搭台唱戏。实际上，文化的大发展大繁荣会反过来推动经济的发展①，因为文化自身也有发展为支柱性产业的巨大潜力。总之，新世纪 20 多年来所取得的经济基础，文化遗产保护与传承的紧迫性，昭示我们只有让经济来搭台，文化去唱戏，才能顺应国家文化发展需要的大战略。

（三）经济搭台，文化唱戏的措施

首先，以政府部门引导为靠。政府的角色在于运用体育文化生态理论，扶持体育文化生态建设，指导区域体育的发展。各级政府应该加大对运河体育文化的政策倾斜和经费资助，相关政府部门重视检查和督促工作，重在落实各项传统体育文化生态保护的政策、法律、资金等工作，尤其是资金到位与使用情况要专款专用。在沿运河欠发达地区，必须充分发挥县、区、镇政府的引导作用，加强对传统体育文化的传承与利用。如果是运行机制不顺畅，则需要进行制度创新和制度建设，使区域体育文化找到适合自己所需要的方式。

其次，以企业经济发展为助。经济投入不足是现实问题，仅仅依靠政府相关文化部门来保护和传承体育文化是不够的，或者说是"势单力薄"的。

---

① 冷炳冰：《从"文化搭台，经济唱戏"到"经济搭台，文化唱戏"》，《特区实践与理论》2012 年第 2 期。

若没有企业和更多的民众来关注和扶持体育文化，那么这些传统体育项目便不可能活态地传承下去。因此，政府部门也要出台一些有利于企业参与传统体育文化保护的措施，使他们的热情能得到长久的保持。各种企业或经济实体的出资在"经济搭台，文化唱戏"过程中起到最直接的推动作用，也是具有一定社会责任感的企业和民众回报社会的一种方式。

再次，以保护文化特色为重。体育文化是以人为本的活态文化，注重以人为核心的技艺、经验和传承，特点是活态流变。社会经济发展越快，人们对传统体育"绝活"技艺的怀念与期待也就越浓厚，欣赏表演成为见证传统体育技艺的有效手段。打造运河文化特色城市，文化意识、科学理念、远见卓识缺一不可，绝不能以"文化搭台，经济唱戏"的幌子对各种运河文化遗产进行掠夺式开发，更不能将运河文化遗产软禁在博物馆里大赚门票钱。

最后，以体育文化旅游为先。传承和发展运河体育文化可以促进人们沟通交流，增进感情，团结互助，共同解决存在的问题。要做好"体育+文化+旅游+休闲"的文章，增加资金投入，拓宽旅游者休闲娱乐、体育竞赛与观赏、探险与考古、会议与购物、体育保健及康复等内容，充分利用体育竞赛和赛事欣赏，扩大宣传，提高组织规格，吸引更多的参与者，提高体育文化旅游的对外影响。如果从增加的经济收入中抽取一部分资金来扶持和投入运河体育文化的传承与保护工程之中，这样就会形成一种良性、合理的"经济—文化—经济—文化"的循环模式。

总而言之，与其他地域和行业"文化搭台，经济唱戏"的模式不同，运河体育文化的传承与发展，适宜"经济搭台，文化唱戏"模式。应当以民众社会生活为根，以企业经济发展为助，以保护文化特色为重，以体育文化旅游为先，实现运河体育文化的活态传承与可持续发展。

六 加强区域和城市联动，打造体育文化品牌

（一）加强区域和城市联动

第一，沿运河各个城市运河文化建设内容与建设进度步调不一，彰显"各唱各调，各吹各号，各说各重要"的味道，沿运河城市"自拉自唱"的多、合并"同类项"的少，"体育文化"同类项合并的更少。传统体育文化

得以生存，需要完成一次或数次文化进化或"新陈代谢"的历程，即传统体育文化的传承与发展必须适应传统体育本身与文化发展规律、社会发展规律的矛盾冲突与调适上。据此认为，运河体育文化的传承与发展，需要改变传统管理观念，加强运河不同段落的区域联动，尤其是政府部门与部门之间要建立联系，通过沟通协调、统筹规划。应该在体育部门、教育部门、旅游部门、文化部门、文物部门、环保部门以及民族宗教部门之间建立应有的联系，这些部门中又要以体育部门和教育部门为主，其他部门积极配合，因为许多传统体育文化糅存于其他文化如杂技、戏剧和舞蹈之中。

第二，顺应建设文化强国和体育强国的时代需求，运河体育文化的传承与发展，既不是简单地领养国内外体育文化营养成分，也不是单一地推崇体育文化的本土性，理应规避威胁、弥补劣势，抓住机遇、发挥自身优势，以挖掘传统体育文化元素符号和内涵为基准，权衡其物质形态元素、观念元素、人物元素以及礼仪风俗元素，在与国内外优良文化基因的碰撞、交流与融合中活化传统体育文化保护与传承载体，激发其发展活力。因此，必须树立大局意识，成立运河文化带实体管理和跨区域协调机构，建立运河全线统一协调的管理调度，打破属地管理的行政壁垒，推动大运河的地理空间转变为文化空间。统筹利用党史、财政、文旅、教育、民政、档案等部门和社科研究部门的优势，建立健全运河文化建设工作协调机制，共同推动政策落实。

第三，如果是社会组织的问题，则要分析究竟是社会组织缺失还是社会组织没有发挥应有的功能，同时体育行政部门要考虑是否存在管办不分的问题、社会组织如体育社团的实体化问题等，通过加强社会组织建设，健全社会组织系统，发挥社会组织的功能，促进区域体育文化的发展。运河体育文化的活化利用，必须坚持以人民为中心，把群众利益放在首位，鼓励社会力量参与体育非遗保护、传承和利用，讲好运河体育故事，弘扬运河体育文化精神，全面提升文化软实力。

第四，近年来，扬州每年都举办世界运河论坛，加强运河城市的互联互动。始于2019年12月，北京和杭州轮流主办的大运河文化带京杭对话，成效逐步显现，期待沿线更多城市参与，增进责任部门的互动交流。以此为鉴，运河体育文化的传承与发展，更要注重协同规划、统筹发展，使各个运河城市在体育遗产保护、文脉传承、资源利用、文旅融合等方面形成合力，充分利用丰富的体育文化资源，构建运河体育文化利益共同体。

（二）打造运河体育文化品牌，提高知名度

"品牌"是通过对理念、行为、视觉、听觉四方面进行标准化、规则化、使之具备特有性、价值性、长期性、认知性的一种识别系统总称①，是企业和国家竞争力的综合体现，代表着供给结构和需求结构的升级方向。

城市文化品牌方面，在运河江苏段，淮安打造"运河之都"、扬州打造"运河之眼"并做亮"运河原点"、无锡建设"江南水弄堂·运河绝版地"、苏州再绘"姑苏繁华图"；运河山东段，枣庄打出了"江北水乡·运河古城"的旅游品牌、济宁以"运河之都、北方渔乡"为形象品牌、聊城打出了"江北水城·运河古都"旅游品牌。但是，有专家指出，18个运河沿线城市在文旅融合发展过程中还未形成各自独一无二的运河文化符号，甚至出现了争抢"运河故里""运河古镇""运河旅游名城"称号的现象②。省市间缺乏统筹协调机制，省内运河文化旅游资源也未形成组团和联动发展，运河文化旅游影响力和吸引力远不能与世界级文化遗产相称。

体育文化方面，仅以2021年为例，以"犇跑淮安，幸福平安"为主题的淮安全程马拉松赛成功举办，让来自全国各地的上万名长跑者领略了古运河畔秀美风景；沧州"大运河"城市定向穿越赛如期举行，展示沧州体育文化旅游资源，推动了沧州"特色文化、全域旅游、全民体育"融合发展；第九届全国大学生龙舟锦标赛在聊城东昌湖水域举行，推送了聊城运河文化与风土人情；徐州沛县结束的大运河自行车系列赛，是一项文化、体育与旅游充分融合的体育赛事等。这些彰显体育活力、重塑运河魅力的景观体育赛事，增强了人民群众的归属感、幸福感和文化获得感，做亮了"大运河体育名片"。

运河体育文化产品具有与其他文化产品异样的形态，例如运河不同派别的武术、摔跤和太极拳，龙舟赛等，其价值是通过人们身临其境的经历获得

---

① 柏定国主编：《文化品牌学》，湖南师范大学出版社2010年版，第48页。
② 杜文科：《大运河文化带建设：千年古运河正在焕发新生机》，《中国产经新闻》2019年6月1日第4版。

主观感受，即消费者的产品支出需要依靠比赛、表演、竞赛欣赏或参与到体育活动之中，主观感受程度决定了产品价值的高低。综合分析，运河体育文化的品牌发展滞后于运河沿岸城市经济、社会和其他文化事业发展，品牌意识淡薄、创新能力不足、产品质量不高诸问题较为突出。适宜运河体育文化品牌打造的策略包括以下三种。

1. 统一品牌策略。即将规划的运河文化旅游产品和筹办的运河体育文化赛事使用同一品牌，既可以节省广告费用，降低体育文化产品推广成本，又有利于形成运河文化符号，建立"运河文化识别系统"。利用统一品牌是推出新文化产品最简便的方法，由于品牌是给拥有者带来溢价、产生增值的一种无形资产，所以为了维护品牌声誉，要求有关企业和部门必须对产品质量严格控制。

2. 扩展品牌策略。是指沿运河城市有关体育、文化部门和经营企业利用已有的体育文化品牌，推出其他体育项目或新产品。例如，借助"运河龙舟"品牌，扩展水上赛艇、皮划艇和水球等项目；利用"沧州武术"品牌推广戳脚、摔跤、太极系列武术影视作品等。扩展品牌策略以已有品牌信誉为前提，所扩展的文化产品必须与前期品牌信誉相适应。该策略既可以直接扩张产品销路，也能节约推广成本。

3. 品牌创新策略。是指改进或合并原有品牌，设立新品牌。例如通过捆绑苏州"船拳"、无锡"花样石锁"和常州"划龙舟"等传统项目，打造新的文化品牌；嘉兴"高杆船技"和杭州"蒋村船拳"的合并，也能够设立新的品牌。

第三节　运河体育文化软实力评价指标体系构建

增强运河体育文化软实力既是评定运河体育文化综合实力的核心部分，又是促进运河体育文化建设可持续发展的动力。目前国内对多指标综合评价的方法较多，如德尔菲法、层次分析法、主成分分析法和因子分析法等。本书运用因子分析法建立运河体育文化建设的软实力评价指标体系，受到篇幅和文字的限制，故省略了因子分析法的计算过程。为了避免评价过程中的主观影响以及指标体系间信息重复的问题，除选用客观赋权法中的因子分析法，运用 SPSS17.0 for Windows 软件对运河体育文化软实力的 6 个一级指标、17 个二级指标和 37 个三级指标进行分析，建立分类计量模式，计算出运河体育文化软实力评价指标体系的分值（表 6-3）。因此，应用因子分析方法筛选出的运河城市体育文化软实力评价指标体系，使得推导出来的结果更合理、科学，对指导运河体育文化建设具有重要的作用。一是为政府相关部门找出影响运河体育文化建设质量的主要指标和影响因素，获得当今运河体育文化建设中薄弱的地方，并能明显看出薄弱方面的重要程度，有利于选择重要的方面进行改善，从而为提高运河体育文化建设质量提供一定的实证依据，为运河体育文化建设信息化的实现贡献绵薄之力；二是本书构建的三级评价指标体系都有具体的分值，统计起来比较方便，使得参与评价人员的评价过程比较简单，更加清晰地掌握当前运河体育文化运用现状与发展趋势。

表 6-3　　　　　　　　运河城市体育文化软实力评价指标体系权重赋值

一级指标	二级指标	权重	百分值	三级指标	权重	百分值
A 基础力	A1 政策制度 A2 赛事举办 A3 设施发展	0.0782	8	A11 体育与文化政策支撑力度	0.0302	3
				A13 文化保护政策力度	0.0074	2
				A21 赛事举办频率	0.0069	1
				A32 全民健身工程数	0.0136	1
				A34 体育公园、场馆及广场数量	0.0201	1
B 保障力	B1 文化生态 B2 意识形态 B3 延续性	0.0716	7	B12 体育文化区位优势和便利度	0.0185	2
				B21 部门商务服务能力	0.0079	1
				B24 运河体育文化的认同度	0.0098	1
				B31 管理机构的完善度	0.0243	2
				B33 发展战略计划	0.0111	1
C 生产力	C1 商业化 C2 教育投入 C3 参与程度	0.1513	15	C11 体育文化资源开发利用程度	0.0086	2
				C13 赛事赞助规模	0.0237	1
				C14 体育文化资源市场规模	0.0242	2
				C21 政府体育文化教育投入	0.0084	2
				C23 体育教育后备人才数量	0.0064	3
				C31 地方群众体育文化自主化程度	0.0268	1
				C34 机场、船舶、火车客运量	0.0532	4

续表

一级指标	二级指标	权重	百分值	三级指标	权重	百分值
D 传播力	D1 传媒体系 D2 文化展示 D3 人才输出	0.2465	25	D11 对外联系机构数	0.0631	4
				D14 体育文化广告媒体公司数量	0.0467	3
				D21 宣传、展览、活动次数及规模	0.0188	5
				D22 民间体育风俗礼仪及公众道德	0.0502	4
				D31 传承人专业水平、等级及人数	0.0422	6
				D33 体育文化人才占总人数比重	0.0255	3
E 吸引力	E1 文化交流 E2 荣誉 E3 体育遗产	0.3021	30	E11 国内外影响力及受欢迎程度	0.0622	4
				E12 与域外文化交流次数	0.0216	5
				E13 举办大型竞赛次数	0.0364	4
				E14 代表地区参与演出次数	0.0711	3
				E21 表彰有突出贡献工作者或集体	0.0305	4
				E23 体育文化公众声誉	0.0323	3
				E32 体育文化遗产等级	0.0480	7
F 创新力	F1 教学科研 F2 比赛表演	0.1503	15	F11 体育文化科研机构	0.0381	2
				F12 体育文化成果占 GDP	0.0226	2
				F15 教学训练体系的科学性	0.0318	3
				F21 技术动作创新	0.0177	2
				F22 比赛规则与制度创新	0.0125	3
				F23 比赛表演道具和服装创新	0.0164	1
				F24 体育文化产品集群创新基地数	0.0112	2

第七章　案例分析

第一节　运河江浙段城市船拳文化发展对策研究

一　问题的提出

船拳是运河江浙段体育文化区重要的传统体育项目。自 2011 年以吴中区越溪实验小学作为保护单位的越溪船拳被国家体育总局评为中国体育非物质文化遗产保护与推广项目、杭州西溪船拳和嘉兴南湖船拳 2012 年 6 月入选浙江省省级非物质文化遗产之后，近几年来，常州、无锡、湖州等地的船拳项目均已作为市级非遗得到保护。2016 年 1 月，苏州"江南船拳"被列入江苏省第四批省级非遗代表性项目名录（图 7-1），填补了苏州市体育类非遗项目空白。此外，在非运河城市，如舟山船拳、练市船拳也都申遗成功。船拳在运河江浙段城市成功入选各级非遗，充分证明沿运河城市对体育非遗项目的重视，旨在加强保护与传承，鼓励和支持非物质文化遗产项目代表性传承人开展传习活动。

运河江浙段具有亮丽的宜人风光和独特的水乡文化，促成了船拳文化的兴起与发展。随着我国新型工业化、信息化、城镇化和农业现代化的发展，传统体育文化也面临着新形势、新变化。当今人们仍难以抹去船拳这一体育非遗项目日渐没落甚至濒临灭绝的恐惧，各类武术器械的遗失加上传承人缺乏，使拯救非物质文化遗产的呼声越来越高。

船拳概念。从 20 世纪 80 年代进行中国武术的整理挖掘工作至今，"船拳"概念界定久无定论，在经历了"在船上演练的拳术或器械→船拳是一种

近似南拳的拳种→我国江南一支独特的拳种"的历程以后，近几年苏州大学
罗时铭教授研究团队又提出了"顾名思义是在船上习练的拳→船拳就是在船
上打拳"的说法。《中国传统养生学辞典》将船拳阐述为"流行于江南水乡
一种近似南拳的拳种，特点是适合在船上练习，作为以船为家者活动、锻炼
身体之用"。张树勇（2010）界定杭州船拳为"是集地方武术套路、十八般
武艺、民俗体育项目滚灯等内容于一体，以船为单位进行的武术竞技和表
演"[1]。张宗豪（2014）认为江南船拳是指流行在我国江南水乡主要为太湖流
域的一种拳种文化，是具有"吴越"体育文化特色的典型代表[2]。任猛
（2015）认为苏州是船拳的起源地，苏州船拳是形成发展于苏州地区船拳的总
称。本书引用罗时铭教授"船拳就是在船上打拳"的概念，以运河江浙段常
州、苏州、嘉兴、湖州、杭州等城市为调查对象，以运河江浙段体育文化区
船拳项目的生存与发展现状为研究对象，进行调查研究。

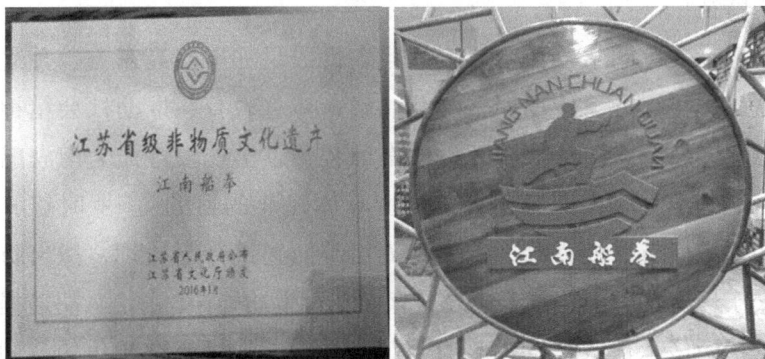

图7-1 苏州船拳非遗证书与标志

二 文献综述

（一）期刊文献中关于船拳文化的研究

运用中国知网，以"船拳"为主题词，检索到相关文献仅有119篇。韩
锡曾早在1989年就对船拳项目历史与价值作了探讨，认为操练船拳具有一定
的健身价值、观赏价值和实战价值，对活跃农村生活，增强人民体质，促进

---

[1] 张树勇：《非物质文化遗产视野下的杭州船拳研究》，硕士学位论文，杭州师范大学，2010年。
[2] 张宗豪：《江南船拳文化研究》，博士学位论文，苏州大学，2014年。

两个文明建设等起着积极的作用①，属于见刊较早的成果。其他有代表性的成果包括：马燕萍为了探索地域文化对传统拳种产生和发展的影响，对浙江船拳技术特点、成因以及文化特点等进行了研究②。黄永良、程英俊《论舟山船拳》一文，阐明了舟山船拳与船文化和海岛人民的生活生产方式有着紧密联系，人们在船上开展的拳术活动特色彰显并成为体育文化遗产③。黄国平从考古和体育文化的角度分析船拳的发展现状，研究长三角地区船拳的主要源流与特征，指出海洋民俗体育船拳活动的可持续发展途径。姚应祥以湖州船拳为例，剖析了湖州地区非物质文化遗产中的典型代表是吴越文化蕴含而出的具有水乡特色的船拳文化④。毛逸伦指出江浙船拳种类繁多，动作受练习空间限制，以手法动作、转身动作为多，兼具南北拳派特点⑤。2013 年栾庆伟再议《舟山船拳的艺术特征》，总结出"舞美包装的原生态、技术风格的融合化、技击动作的生活化、套路编排的情节化"，是舟山船拳有别于其他拳种套路的艺术特征⑥。

关于船拳文化的学校传承研究，代表性成果如下。高东方、孙立、张华新研讨地域文化视野下传承船拳文化、融入体育教育、推动社会精神文明建设等问题，多篇论文涉及学校开设船拳课程、以学校教育作为南湖船拳的传承方式，达到学生"文明其精神，野蛮其体魄"的目的⑦。罗时铭、秦琦峰对船拳的地域性与形成背景、发展与流衍等问题进行了梳理，指出防止船拳文化消失于历史发展中，在于激发其存在和再生功能⑧。张艳、胡琦提出了建立系统的校园传承模式、发挥政府部门主导、增强对船拳文化的认同感、加

①　韩锡曾：《江南船拳源流及其实用价值》，《浙江体育科学》1989 年第 2 期。

②　马燕萍、赖剑慧、沙莎：《浙江船拳及其文化成因初探》，《搏击·武术科学》2009 年第 1 期。

③　黄永良、程英俊：《论舟山船拳》，《体育文化导刊》2009 年第 3 期。

④　姚应祥：《具有地域特色体育类非物质文化遗产的传承与发展——以湖州船拳文化探究为例》，《浙江体育科学》2010 年第 1 期。

⑤　毛逸伦：《江浙地区船拳历史源流及特征的探析》，《中华武术（研究）》2011 年第 5 期。

⑥　栾庆伟：《舟山船拳的艺术特征》，《浙江海洋学院学报》（人文科学版）2013 年第 6 期。

⑦　高东方、孙立、张华新：《地域语境下南湖船拳在学校教育中的文化传承研究》，《体育科技文献通报》2016 年第 10 期。

⑧　罗时铭、秦琦峰：《江南船拳的形成与历史演变——兼论"船拳"的苏州发源问题》，《苏州大学学报》（哲学社会科学版）2017 年第 3 期。

强数字化非遗保护工作等建议①。叶庭分析了学校传承空间的有限性、过程形式化、内容碎片化及传承目的敷衍化等困境，提出了营造保护氛围、制度先行、加强合作、成立专项课题和组织论坛等对策②。王路路、刘国平主要对船拳在高校武术教育发展中的作用进行研究，提出以找回学校武术教育的新立场作为切入点。顾莉分析船拳文化和苏州旅游业、社区建设、文化教育融合等内容，在梳理船拳文化产业发展现状基础上，提出以长效服务"大运河文化带"建设，主动服务苏州发展，积极投身疫情后经济复苏为目标，培育打造经济项目，实现船拳文化产业化开发和区域经济的互动发展，从而建设船拳文化名城和船拳文化品牌③。该文章对本书紧扣时代主题研究视角有很大的帮助。

（二）学术著作中关于船拳文化的研究

浙江省体委 1988 年成立了船拳武术挖掘整理小组，在《浙江省武术拳械录》中把船拳列为器械对练套路 26 套、对练套路 1 套、器械套路 7 套、徒手套路 17 套，详细地呈现了船拳的原始面貌，尽管书册中缺少相关图解尤其是套路部分，仍属十分重要的参考资料。《中华民族传统体育志》不仅论述了陆炳返乡以后引领本地民众操练船拳的起因，重点对苏州和吴兴船拳的形态、展演形式、套路类别等做了分析与说明，如"船拳用普通农船拼连而成，船头用跳板铺设拳台"或"用双橹船装饰而成"，"拳师们用船头方寸之地，打拳头、挥石锁、舞麻叉、使兵器，各逞其能，竞相献计"④。《中国传统养生学辞典》指出"因船头面积较小，船身晃动不已，故腿法较少，要求身体稳，底盘牢，架子低，少跳跃、闪展、腾挪动作，似南拳而非南拳"⑤，《中国船文化》阐明了船拳繁盛的原因在于"明代戚继光抗倭事迹之激励，民众与农船上打拳练武"⑥。《阳湖拳》（肖飞、李邢飞编著，2007）收集了有关船拳的

---

① 张艳、胡琦：《苏州非物质文化遗产船拳技艺传承现状研究》，《武术研究》2018 年第 10 期。

② 叶庭：《传统体育类非物质文化遗产的学校传承研究——以江南船拳为例》，《青少年体育》2019 年第 11 期。

③ 顾莉：《江南船拳产业与区域经济互动发展研究》，《武术研究》2020 年第 11 期。

④ 中国体育博物馆、国家体委文史工作委员会编：《中华民族传统体育志》，广西民族出版社1990 年版，第 423 页。

⑤ 庄华峰、方百盈主编：《中国传统养生学辞典》，广西教育出版社 1996 年版，第 581 页。

⑥ 朱惠勇编著：《中国船文化》，杭州出版社 2003 年版，第 69 页。

资料，运用图像显示拳术，直观形象地解释了船拳的技术动作，为船拳进入中小学体育教材和当地群众练习船拳提供了方便。始于 2013 年，以传承人曹金保（2014 年 5 月已去世）牵头，经由常熟船拳协会的配合，由鲍东东出版的《常熟沙家浜船拳图集》一书，通过实地演练和实景摄像的方式，将沙家浜船拳原始的基本功和 21 套拳械套路进行了保存记录，体现了对非遗传承与保护的时代趋势，影像摄制与记录在船拳传承和保护过程中具有不可小觑的作用。

2015 年以来，出版船拳文化图书的速率明显增加，除了张宗豪《江南船拳文化研究》和《苏州江南船拳初级教材》，苏州市体育局 2017 年出版了《江南船拳笔记书》，吴文祖于 2020 年发行了《尚武江南的"船"说》，该书从船拳项目的起源说起，徜徉历史长河，解码船拳发展，剖析船拳文化的价值和发展现状，回归当今全社会健身之理念，凸显"越是民族的越是世界的"之意义①。此外，《蕙风词话辑注》《德清文史资料·第 1 辑》《中国地方志民俗资料汇编·华东卷》《神奇的武术》《心醉神迷的娱乐竞技》《神州轶闻录·民俗篇》中均对船拳有着一些记载和阐述，对船拳的历史形态、发展状况等方面有着局部或零星的介绍，为本研究关于船拳的研究提供了有价值的资料。

（三）学位论文中关于船拳文化的研究

通过检索，依据穷尽性原则，整理出有代表性船拳研究的学位论文 6 篇。例如丁丽萍 2008 年博士学位论文《吴越武术文化研究》中，对船拳的动作形式、内容体系、文化成因与文化特色等进行了解读，认为船拳除了具有南北相融、技艺兼容特点，是战争和人口迁移为船拳形成确立了技术基础，卫戍保身系船拳形成的内部动力②。因文章中船拳不是研究的主要内容，仅作为小节出现，故没有对船拳进行较为深入的探讨。

张树勇《非物质文化遗产视野下的杭州船拳研究》一文，将船拳研究置于非物质文化遗产的视野下，对杭州船拳的历史、内涵、特征等内容进行了系统梳理，结合实地调查对杭州船拳的生存现状、文化价值和保护与发展策略进行阐述③，意义在于重视船拳文化民俗方面的探讨。

---

① 吴文祖编著：《尚武江南的"船"说》，文汇出版社 2020 年版，第 7—19 页。
② 丁丽萍：《吴越武术文化研究》，博士学位论文，上海体育学院，2008 年。
③ 张树勇：《非物质文化遗产视野下的杭州船拳研究》，硕士学位论文，杭州师范大学，2010 年。

　　张宗豪在《江南船拳文化研究》中主要以船拳文化的纵向发展历程为脉络，以船拳文化发展中横向的社会文化联系为路径，对不同空间的船拳文化进行了多层面、多视角的考察与分析。2015 年，张宗豪的博士学位论文补葺整理成书，从社会经济的发展脉络入笔，将船拳的发展分为民俗技艺表演—防身格斗—武术表演三个时期。得出船拳文化的传承路线沿太湖中心区域呈辐射状向外传播，传统江南经济的一体化使得船拳文化呈现一体化的态势①。有些观点为本研究提供了丰富的参考数据和理论依据。

　　在《苏州船拳在当代社会的传承与发展》一文中，任猛对苏州船拳传承所面临的问题和发展对策进行了探索，认为苏州船拳作为江南水乡独特的地域文化标签，具有刚柔相济、步稳势烈、贴身紧凑的技术特点，而缺乏正确性认识、传承方式单一、缺乏系统性资料、传承人后继乏人等，是苏州船拳面临的焦点问题②，多种因素造成了传统武术的流失，船拳保护应秉持的原则包括以人为本原则、整体性原则、原真性原则、可持续性原则等。

　　齐倩倩在《浙江船拳的挖掘与保护研究》中，认为浙江船拳的徒手套路约 30 套、器械套路约 20 套，其形成与发展跟江南特殊的自然境况、武装斗争、保国安民、水陆劳作以及漕帮船民的生活方式、摘桑养蚕的民风民俗等有密切联系。指出浙江船拳存在活动空间缩小、生存环境变化、技术套路挖掘不系统、后续人才不足、保护制度不完善等问题，提出了挖掘传承谱系，建立传承基地，构建保护主体机构，重视理论研究等策略③。论文鲜明特点在于运用了民俗学、历史学等理论并结合非遗保护理念。

　　在《吴越文化中民俗体育功能的演变》中，王芝洁以湖州练市船拳为个案，梳理湖州船拳的现有派别、内容体系、对练套路与变化历程，得出"练市船拳中的蚕神信仰就是人追求与生存环境和谐共处的表现"，"社会生活环境和生活方式的改变、参与人群出现断层、推广力度不足带来传播效果欠佳、传承人认定制度不健全且培养力度不够"④ 等是民俗体育生存紧张的主

---

　　① 张宗豪：《江南船拳文化研究》，复旦大学出版社 2015 年版，第 64—70 页。
　　② 任猛：《苏州船拳在当代社会的传承与发展》，硕士学位论文，苏州大学，2015 年。
　　③ 齐倩倩：《浙江船拳的挖掘与保护研究》，硕士学位论文，杭州师范大学，2016 年。
　　④ 王芝洁：《吴越文化中民俗体育功能的演变——以湖州练市船拳为例》，硕士学位论文，上海体育学院，2020 年。

因，提出了"创新发展形势以顺应时代，减缓练习者年龄断层以创新传承方式，政府强化资料收集并加大宣传力度，健全保护机制，完善传承人认定保护"等相应措施。

（四）相关研究述评

以上船拳文化的研究视角各有侧重，首先集中在船拳的概念、功能、技术特点以及形成背景等方面，特点是微观研究多于宏观研究，个案研究最多，局限于对局部地方船拳的一般性讨论和分析，没有上升到总体把握，这充分说明，船拳文化的综合性研究还相当匮乏。其次，相关著作和书籍或多或少从不同侧面提供了一些船拳的零星档案或记录，为人们认识船拳的起源与历史发展提供了翔实资料。作为运河江浙段传统体育文化的典型代表，船拳在运河体育文化中占有重要地位，如何开发船拳文化的现代教育功能，挖掘所蕴含的旅游文化资源价值等，理应引起我们的高度重视。国家传承和弘扬传统文化的政策号召，以及大运河文化带建设工程的落实与推进，使得传统体育文化推广普及的氛围深入人心，所有这些都为船拳得以"重现"带来契机。因此，本研究以运河江浙段的船拳文化为个案，宏观结合微观，运用实地调查结合访谈，系统探究当代文化背景下运河传统体育如何进行价值转换和功能演变，以期对运河不同体育文化区传统体育项目的传承与发展带来一定的参考与借鉴。

三 船拳文化源头论

河湖纵横的江南水乡，为船拳的诞生与成长提供了丰厚的土壤。船拳研究历经几十年，学者们均从各自的地域、历史、文化、习俗等不同视角，对船拳的历史源流做了调查与分析，不乏珍贵的历史记载、档案、图书、影像等资料。但是，船拳文化发展日久岁深，在现有留存下来的船拳资料中，船拳起源的时间和地点存有各种相异的观点，学术界的说法也不统一。本研究对运河江浙段船拳项目的分布地域作了梳理与统计（图7-2），并通过以下分析期望能够得出船拳文化的发展脉络。

（一）吴兴（湖州）"水戏"说

船拳的形成，普遍的观点认为源自古代水上军事操练和"水戏"，效法水

以武进区船拳为代表，分阳湖派、西山派、紫阳派、
常州 → 横山派、茅山派等五大流派

江苏

越溪→石湖周边，遍布境内
苏州 北桥→荡下浜、思嘉桥、楼巷、北陵、西洪、黄泾等自然村
沙家浜→阳澄湖周边

嘉兴→以南湖船拳为代表，主要分布于嘉兴三塔塘、南湖区解放街道、
南湖区东栅街道、市区运河边

练市镇→施家浜、钟家墩、袁家兜、白水河、大虹桥、朱
湖州 家棣、达井村等村
双林镇→未延续

浙江 余杭区→良渚、宗贤、仁和、塘栖等地
杭州 西湖区→蒋村、周家村、伍郎桥、石塘角、徐家横、义家棣、
桑园蒋、俞家门等地

舟山→定海、普陀、岱山、岑港、长峙、浓家门等地
温州→鹿城区、瓯渠、虎鹤

松江区→仓桥、五里塘等地
上海 青浦区→朱家角、华新等地

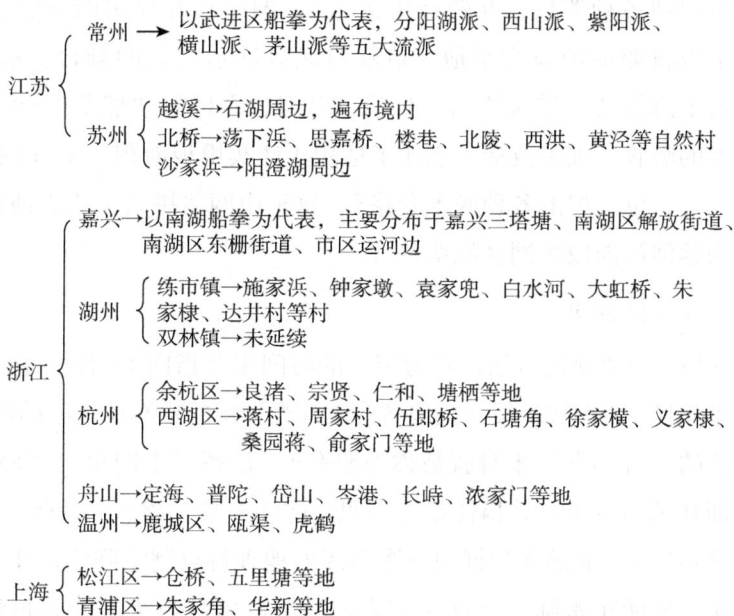

图7-2 运河江浙段船拳项目地域分布图

战的短兵搏击。引用最多且有说服力的是1989年时任湖州市体委文史办副主
任的韩锡曾认为"船拳文化始于吴越春秋，盛于明、清，发端于浙江吴兴，
兴于双林镇，是吴越文化的产物"①，剖析吴兴双林能成为船拳发祥地的原因
在于其以传统影响与自然环境为生存条件，以经济繁荣为物质基础，以文化
教育发达为发展动因。吴兴为湖州古称，三国置吴兴郡，包括今湖州一带，
取"吴国兴盛"之意。吴兴的水戏源于"越王勾践水战"，逐步产生船拳。
《吴兴丛书》载有"唐刺史崔元亮大张水戏，使人纵观"，"相传始于越王习
水战"，"清明节挠彩舟于溪上，为竞渡之戏"等，由上述文字记录中看出作
为军事活动的"水戏"，衍变为娱乐活动的同时，至少在唐宋时期得到弘扬发
展，而后逐渐成为人们喜闻乐见的民俗体育活动。

作为运河江浙段浓郁"船"文化的组成部分，湖州船拳在其绵延不断的
发展进程中，与杭州、嘉兴、舟山等地船拳因自然境况、民风习俗近似而产
生了共鸣，如舟山、湖州、杭州西溪的船拳表演，寒食节乡村以农船驾四舫，

---

① 韩锡曾：《江南船拳源流及其实用价值》，《浙江体育科学》1989年第2期。

上设彩亭旗帜列各种器械，互较技勇诸艺①。湖州百姓仅用两只农船拼联成行，使用木板将船面铺设为平地，造就习武者展示技艺的舞台。水上武艺，是吴兴以及上海郊县一带流传船上打拳、舞刀、弄棍的"船拳"运动，长期以来对武术的吸收、加工改造，创作了适用于船头甲板面积一丈（约3.3米）见方的拳、刀、枪、棍的各种武术套路②。这种由两船拼联，船头铺板成台的拳术活，为运河江浙段水网区域所独有。

（二）浙东抗倭说

船拳的历史源流众说纷纭，较为统一的时间多是指向了明代，例如，浙东南地区的船拳起源于明代抗倭，抗倭名将戚继光训练的水军所操演的就是船拳，在温州流传的"五鸡拳"本身就被称为船拳③。嘉靖三十四年（1555），戚继光被调往浙江都司佥事，并担任参将一职，防守宁波、绍兴、台州三郡（《明史·戚继光传》）。戚继光根据南方多沼泽的地理特点制定阵法，建造的大小战船、战车，使明军水陆装备优于敌人，又给部队配备火器和兵械装备，戚家军因此名闻天下。故很多文献都将船拳起源的时间判断为明代，原因同样与抗倭有关。

湖州船拳起源还与明代陆炳有关，据称嘉靖年间，吴兴双林镇在京都任锦衣卫的陆炳告老还家，因其一向忠国敬民颇负盛名，且与戚继光往来密切，返乡后于民间大肆散布戚继光的抗倭故事，发动民众在舟船上习武练拳，以捍卫家乡安全与生产，有力地推动了船拳在吴兴的普及与发展。当然，人们习练船拳无论是出于抗倭的现实需要，还是得益于陆炳颂扬抗倭事迹进而激发出的高涨热情，都足以表明船拳文化的产生与明代抗倭之间的紧密联系，从另一侧面为船拳起源于吴兴提供了有力的佐证。

（三）水上镖局说

京杭运河流经航船如织的江南大地，沿途客商运送货物，经常遭遇水匪船贼的劫掠。例如明代后期，政府衰落，社会矛盾与日俱增，江浙地区沉重的赋税负担和残酷的地租剥削，使流民遍及各地，各地抢劫杀人事件时有发

---

① 宗源瀚等修：《湖洲府志》（影印），台北：台北成文有限公司1970年版，第573页。
② 郑周：《清代江南水上游事活动研究》，硕士学位论文，南昌大学，2010年。
③ 张树勇：《非物质文化遗产视野下的杭州船拳研究》，硕士学位论文，杭州师范大学，2010年。

生。为保证沿途安全，商人们雇佣保镖屡见不鲜，致使繁华的运河城镇镖行盛兴。《浙江武术拳械录》记载了船拳起源与镖局水上走镖有极大的关系，民间的镖局镖师，在南北水道交流中，经常在船上活动。另据光绪《盛湖志补》中记载，清道光年间太湖流域曾出现了一种以保镖为生的"枪船"。"枪船，江、浙间向有之，船小而行捷，枪准而心齐，其始弋凫鹜为业，继为开赌、演花鼓戏之渊薮。"[①] 最初，因其便利，这些"枪船"主要作用是为商贾押送货物，商贾们看重其体形不大而且行动迅速的特点。"道光二十九年，苏松嘉湖大水，饥民抢掠富室，乡村寄资城市，中途恐劫，则雇枪船保护，此民间雇佣枪船之始。"[②] 据此推断，太湖流域的枪船实则履行了水上镖局任务，恪守了水路保镖职责，以后还一度受到官府的袒护，甚至"官之下乡，之催粮差，之解征拘犯，无不用枪船为卫。值苏州有光棍之扰，吴江有粮匪之集，大王庙有抗粮之案，湖州有拒捕之变，兵勇稍，始以枪船佐之。实无能为役，保赌抢掠是其所长"。庞大的游民队伍成为枪船的主要来源，其本质是作为清政府的异己力量而存在的。

尽管上述尚不能证实镖船、枪船与船拳之间直接的关系，然而从史上镖局的发展状态分析，古代社会的热兵器发展缓慢无法普及，让武术在保镖过程中的突出地位得到彰显，况且水路镖使用的正是船上功夫。承受保镖任务的镖师尽是武艺高强者，不同拳术和器械须技高一筹，同时需要掌握各种交战方式，而水战就是其中之一。由此可见当时"枪船者"和镖局中熟悉水路的镖师应该是在江浙一带熟悉船上的作战和身怀绝技的一批武者。虽然后来由于历史的原因枪船逐渐消失以及镖局也渐渐地没落，但是由于其"散落各村"的原因，使其拥有着广泛的群众基础，所以，船上功夫作为传统体育文化活动，必将传诵不绝，世代相传。

（四）苏州"操舟"说

操舟泅水这项本领很久以前就被人们所掌握，正如周代《诗经》所记载："就其深矣，方之舟之。就其浅矣，泳之游之。"操舟行船不但是古代苏州百姓的拿手绝活，并且操篙驶筏、弄舟凌波之时欸乃而歌的习性亦相当盛行。

---

① 王卫平：《太平天国时期太湖地区枪匪研究》，《江苏社会科学》2003 年第 1 期。
② 樊树志：《江南市镇传统变革》，转引自《盛湖志补》，复旦大学出版社 2005 年版，第 286 页。

清顾禄《桐桥倚棹录》载虎丘山塘游船灯会"有等游民，呼朋引侣，自雇小舟敲动粗细锣鼓，并为盘杠、盘叉、盘火把诸戏，自得其乐"。至《苏州府志》载有"吴人以舟楫为艺，出入江湖，动必以舟，故老稚皆喜操舟，又能泅水"。由此可见，清代以前的苏州，人们对操舟泅水这项体育技能已经驾轻就熟，同时为当地民众提供了优越的生产生活保障。《苏州府志》风俗篇生动描述了苏州人操舟高歌的情形："啥个船白来啥个船黑？啥个船背浪掮枪戈？啥个船咀上带须须？啥个船出窠乘风凉……石灰船白来煤炭船黑，枪船背浪掮枪戈，划龙船咀上带须须，漂洋船出窠乘风凉。"① 有关苏州百姓的操舟活动，于一些宗教迷信活动中也有所体现，譬如历史上常熟地区曾经流传的四月二日划神船活动。总之，河网密布、水道开阔的地域特点与优势，为苏州先民能够获得操舟击水的技能并开展船拳运动提供了十分有利的条件。

查阅近十年来有关苏州船拳的文献，不同学者对苏州船拳的起源都提供了一定的文献依据。例如秦琦峰所调查的苏州船拳，在越溪一带作为江南民俗活动一度盛行②。张宗豪（2014 年）从水乡人民长期的舟船生活，吴人自卫防身与防御外敌的目的，古代苏州良好的习武传统和较早的古代水军活动等特定的社会义化背景入手，得出"苏州是船拳义化产生的起源地，产生时间是在两宋时期"的结论，特色在于"形成了以太湖为中心的三个不同叠加文化圈，即在地理上首先是以太湖为中心，以苏州、无锡、湖州为代表的区域，可视为江南船拳的中心文化圈；以浙江嘉兴、江苏常州、上海松江为代表，可视为船拳的次中心文化圈；以江苏镇江、浙江杭州、温州、舟山等为代表，可视为船拳的最外围文化圈"③。2017 年，苏州大学罗时铭教授再次审视了"船拳"的苏州发源问题："苏州是船拳文化起源的原点，布散于吴越地区，最初为水军武艺，用于自卫防身，后来演变为民俗休闲文化活动，并逐步形成了三个叠合交叉性的船拳文化圈"④。另外，任猛（2015 年）推断"苏州是历史记载船拳文化的发源地之一，船拳这一水乡特色武术文化的明珠承

---

① （清）李铭皖、谭钧培修，（清）冯桂芬撰：《同治苏州府志》，江苏古籍出版社、上海书店、巴蜀书社 1991 年版，第 472 页。
② 秦琦峰：《苏州越溪船拳民俗体育文化的初探》，《出国与就业》（就业版）2011 年第 24 期。
③ 张宗豪：《江南船拳文化研究》，博士学位论文，苏州大学，2014 年。
④ 罗时铭、秦琦峰：《江南船拳的形成与历史演变——兼论"船拳"的苏州发源问题》，《苏州大学学报》（哲学社会科学版）2017 年第 3 期。

载着水乡文化内涵"。郝凌飞（2016 年）调查了越溪实验小学的船拳传承点等。以上成果为本书对运河传统体育文化中船拳问题的相关研究提供了一定的思路和视角。

图 7-3　苏州沙家浜船拳馆与拳船

综上，船拳文化源于何处，不同地域的各种典故、传说和记载以及不同领域的学者各持其说。无论船拳文化源自何地，定位于何时，船拳运动的形成与发展都离不开江南独特的历史、文化与环境的影响，并存在着一定的互补性和历史的不可替代性。

四　船拳项目内容、分类与技术风格

（一）丰富的技术体系

船拳在有限的空间内练习，都是原地突发性的旋翻与腾挪，拳架低，下盘稳，由于突发性高、消耗力量大，动作迅疾无滞留，所以船拳拳路都是短套，每个套路的动作不超过三十个。船拳文化精彩纷呈，不同地域船拳项目的内容与分类不尽相同。但是，微观船拳项目技术内容的多元化，首先表现为武术套路非常相似，如五虎拳、四门拳、板凳拳等套路在江浙各地都有流传，这些船拳套路的来源也较为一致，尽管各地有些拳法的名称不尽一致，如流行于苏州的四方拳，在杭州被称作四门拳。其次，根源相近的拳术套路在被流经之地改编过程中，一般丰富其上肢动作，裁减蹲、跳、腾、挪等动作，以利于在船拳上习练，例如湖州五虎拳之"大开门"曾被改编成"小开门"在船上演练等。

通过对查阅到的船拳书籍和资料进行综合整理，各地船拳项目的技术体系较为完整（图7-4）。不管是徒手套路、器械套路，还是手持各种器械练功，锻炼每一船拳技术，需要做到躲闪灵活、步势稳烈、神形合一、刚劲遒健，决定了不同技术要素之间以基本功法为前提，一招一式不同于陆地习武。船体的颠簸晃动和船身面积的局限，完成动作的难度大大增加，也对习练者的身体和心理素质提出了挑战。尤其船上打拳，要求行船与动态流水有效协调，更要求拳师的身体要和船体协调一致。所谓"八法俱全""拳打卧牛之地"，在各种较为窄小的环境中，满足保护财物、防身自卫以及个体自身发展的需求。

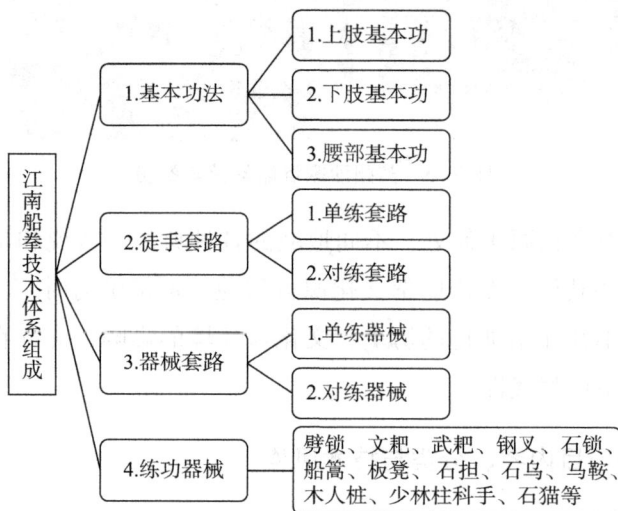

图7-4 船拳项目技术体系组成

（二）代表性拳术与器械

目前运河江浙段体育文化区所流传的船拳套路和器械非常丰富，呈繁花似锦之势（表7-1）。就运动形式而言，有器械船拳和徒手船拳的区分；就表现形式而言，有闭口船拳和开口船拳之分。例如镇江汇集了南拳北腿之术，代表性船拳拳术为"八极拳"。常州的"阳湖拳"以地域区分为阳湖派、横山派、紫阳派、西山派、茅山派五大流派，与其他拳种比较，具有幅度小、拳架低、快速勇猛、边练边唱、拳路短套、手步迥异的特点，还有复合单练、复合群打、连打行打、功夫绝技等套路特点。无锡船拳传自吴县北桥镇西洪村，现以锡山船拳为特色，相关拳术包括长三拳、小红拳、筱红拳、大八仙、王家短打等，且不限于拳术，还学习诸如刀、枪、剑、棍、钢叉等武术器械。

嘉兴船拳流传的拳种主要有查拳和心意六合拳。湖州船拳目前主要分为"南路拳"与"北路拳"两大派系，彰显各自不同特点。杭州船拳南拳北打、动作长直，兼有浑厚气势，下盘稳固，因此形成了南北兼容的特点。温州和上海等地的船拳，相对于江苏和浙北一带的船拳而言，架势亦短小，注重表现独创性杭州船拳的特有套路，其中温州的五龟拳具有海岛特色。

表 7-1　　　　　　　　　运河江浙段船拳项目套路与器械

地域	船拳套路	船拳器械
镇江	八极拳	刀、枪、剑、棍、戟、钩、雁翅镗等
常州	包括东青板凳拳、武松十八手、金枪手、八仙醉拳、十字拳等，以武进船拳为特色	有"十八长与十八短"，共 36 种之多
无锡	锡山船拳，包括小红拳、筱红拳、大八仙、王家短打等	刀、枪、剑、棍、钢叉、板凳、双桨等
苏州	越溪有四方拳、五虎拳、板凳拳、林冲上山拳、武松下山拳等；北桥有斧头开口拳、双拐和双刀开口拳、杨家将开口拳、青龙偃月刀开口拳等；沙家浜有罗家枪、七红、杨家手、单拐等	刀、枪、剑、棍、戟、斧、鞭、叉、青龙偃月刀、月牙铲、五虎棍、麒麟锤、钩镰枪、九节鞭、双斧、双铜、双拐、双节棍等；渔刀、渔叉、竹篙、桨拳、蓑衣、斗笠、扁担、板凳等生活工具
嘉兴	查拳、心意六合拳等	十八般兵器以及船桨、船篙、渔刀等
湖州	岳家手、石担和石锁开四门、滚盾牌、舞板凳、抛钢叉、长拳、燕青拳、武松拳、五虎拳、罗汉拳、猴拳、短拳等	钢叉、梢棒、比刀、单刀、大连刀、鞭、枪、棍等
杭州	西溪的花拳、四门拳、飞熊拳、小生拳、黑虎拳、大刀开四门、八仙拳、醉拳、武松拳等；余杭的地煞拳、梅花拳、罗汉拳、伏虎拳、燕青拳、下山拳、杨家金枪拳、猴拳、五虎拳等	除"杭州船拳所使用的十八般兵器均是由硬木雕刻而成（张树勇，2011）"，还有大劈锁、文耙、武耙、钢叉、石锁、船篙、板凳等
温州	五龟拳、抛钢叉、大刀进枪、舞板凳、滚盾牌、石锁开四门、石担开四门等	丈二棒、齐眉棍、梅花棍、板凳花等
上海	罗汉拳	木梭和大刀等

（三）船拳项目独具特色的技术风格

1. 上肢招式迅猛

习练场地的狭小加上船拳对其他拳种的借鉴吸收形成了其独具特色的技术风格，成为军事文化、武术文化、体育文化中的分支，是船拳文化融合南北武术的结果。船在行进的状态下打拳，以前依靠手动摇橹，当今的水船改成了电力驱动，但是船体空间依然有限，仅在船头或一只八仙桌稍宽面积的船头习练，拳打方寸，因此船拳套路中上肢动作较多，针对上肢劲力的训练显得格外重要。例如杭州船拳惯用拳、掌、指、勾等手型，完成包括单双蟹壳拳、双挑拳、冲天拳、下抄拳、单直拳、双直拳等，其拳法与套路中的起势手法称"拱手"或"请手"，习练中均以拱手起势和收势。《南拳入门》描述蟹壳拳"敌人扫我足部，那时用右手，或左手手心向上，向他头上一蟹壳拳，他受了痛苦即刻昏倒"①。而在西溪地区沈庆漾所练"空心拳"，与蟹壳拳的技击方法可谓师出一门，不仅要求四指并拢弯曲，手心空出一定空间，而且强调食指和中指向指根握死，用凸出的指关节击打对手之要害。各地船拳技法，重在上肢招式疾速，进攻迅猛，破解手段多样，手臂动作和上肢力量智勇兼全，对练过程中尽是见招拆招，不同手法随机应变。

2. 下盘功夫稳健

水上舟船穿梭，船身波动起伏，欲在船头站稳打拳则需要特别稳健的下盘功夫。除了要求上身动作精悍灵活，贴身紧凑，每招每式都讲究身法稳扎稳打，出招迅速，收招敏捷，要以身为轴，注重原地转动。不但器重腰部和下盘功夫扎实，配以转腰、甩腰、下腰动作以及马步与弓步互换，进而实现以攻代守，以守为攻的战术手段。由于场地限制，必须善于借助低矮架势，抓住突发性旋翻与腾挪时机，以便于近身短打。所以，船拳没有中国北方拳种的大开大合，鲜有其他武术套路那般大幅度的蹿、跳、腾、挪动作，活动幅度小，以身为轴，注重原地转动迎合了操练船拳的时空要求。以步法为例，杭州船拳的步法，丁字步、长三步、四平步和虚步，是杭州船拳的下肢基本功和基本步型，步型稳健，惯用易学，借助一段时间的锻炼和日常舟船生活的体验就可以在船上游刃有余地打拳。而苏州船拳的步法包括马步、弓步、

---

① 许太和创编：《南拳入门》，许隆厚校订，苏州第一师范附属小学1926年版，第33页。

三角步、拖步、马步转弓步、弓步转马步等，除了正常的步法练习，习练者多会在井上搭一木架，配装滑轮和绳索，靠双臂缠绳将木桶牵引出，配合进行上肢力量练习。

河湖水面之上，运用腿上功夫将浮在水面上的舟船并拢在一起，是检验船拳习练者或操舟者下肢功力是否扎实的常用方法。日常生产器具时常被练武者挪用作武术器械或兵器，人们的生活体验常常被练武者改编成练功方法，这种现象随处可见，在此不再举例。"练拳不练腰，终须艺不高"，船拳也注重腰功的掌握，有了腰功基础，合理利用前腰、后腰、转腰、甩腰等动作，才能协调控制身体上下肢体。每遇水上行船，做到船移身随，足下有根，步法稳健，达到力从腰腿发、腰似车轮转之功力，拧腰转身过程中完成防守与技击动作。

3. *声动并举劲力足*

以苏州船拳为代表。苏州相城的北桥船拳（图7-5），据传源自越大夫范蠡在漕湖操练水师，以一种边唱边练的"开口船拳"为流行特色，有时赤手空拳，有时器械格斗。至今苏州漕湖周边的黄泾、北陆、西洪、荡下浜、思嘉桥、楼巷等自然村，广泛散布着一些习练船拳的民众和群体。北桥拳歌原有一百多套，业已整理挖掘出"宣花斧头开口拳""八仙过海拳""双刀开口拳""三国群英拳""双拐开口拳""杨家将拳"等五十余套。实地调查中，船拳传承人荣浩峰（北桥船拳馆负责人）讲："目前北桥船拳队伍的年龄普遍偏大，年长者73岁，年轻的30岁，共有41人。"从提供的船拳视频看，尽管其曲调音乐主要为江南小调的旋律，但是拳歌唱腔高亢洪亮，豪放不羁，

图7-5　相城北桥船拳馆场景

颇有豪迈之感。北桥拳歌在民国至中华人民共和国成立初期一度十分兴盛。另据拳师吴建华介绍:"拳歌内容丰富,历代英雄人物的事迹被编成歌词配到武术表演中,50%的常用兵器配有拳歌"。

越溪船拳为古时船上营生者所练,分布于苏州石湖周边的越溪片区。每逢8月,各村都会精心装饰一条拳船,比试演练闭口船拳,开合有度、气宇轩昂。水上比武的习俗延续至今,越溪船拳以江南丝竹调为基底,演练过程中启用音乐伴奏。调查发现,当今越溪船拳每一套拳10分钟左右,运用的伴奏音乐基本上和歌唱曲调一致。为扩大影响力,近几年,除了在重大场合和重要节点进行表演,船拳被推进越溪第一实验小学和几个社区表演队伍。

苏州常熟市沙家浜船拳(图7-3)的传承群体主要分布于阳澄湖地区。沙家浜船拳既有闭口船拳,也有开口船拳,有杨家手、七红、罗家枪、单拐等拳种和器械,练拳时一拉架子,同时唱起歌诀,边练边唱形成了开合呼吸法,越唱越练越有劲,马步、弓步转换灵活,甩腰、转腰进退自如,收拳、出拳行云流水。沙家浜船拳代表人物有曹金宝老人。随着时代的进步,沙家浜船拳文化已演变为现代表演艺术。

五 船拳沿京杭运河的传播与特点

(一)京杭运河串联了船拳项目的文化传播圈

京杭运河的开凿与贯通,为江南地区编织了重要的水上运输线,串联了船拳项目的文化传播圈:苏州船拳文化圈和杭州船拳文化圈,并沟通了社会生活的各个方面。水乡文化的载体是河网水系,江浙地区地理位置优越,"借运河而通南北,借长江而达东西"的水运之便,衍生了江南文化富而不骄的文化特质。船拳被称为江南文化宝库中一颗璀璨的明珠,造船业的发达是船拳必不可少的物质条件,但是船拳作为武术的分支,其水上特性与水文化同样有着密切的关系。由前文"船拳文化源头论"能够看出,船拳习武精神的形成,与应对倭寇的侵袭、经运河运送物品过程中覆舟丧命的威胁以及渔业为主的生活等均有关系。

另一方面,江浙地区蚕桑业发达,渔盐也是由运河向外输送的主要物品,为了抵制土匪流寇的滋扰,阻断盗贼劫匪的侵犯,水陆镖局应运而生且一度昌盛，而船拳是抵御侵犯、庇护安全的主要能力。历史上水军训练方式的传播，水陆镖局对水军训练的继承和发展等，对船拳产生都具有源头性意义。船拳产生和发展的动因是多方面的，诸如水乡泽国的自然地理环境、武术项目与水上体育项目的融合、江南文化和吴越文化的习染等。综合以上分析可以看出，京杭运河为船拳的产生与发展提供了摇篮式的条件。

（二）湿地和运河区域是船拳文化的集中地

以杭州船拳为例。调查发现，杭州船拳主要分布在西湖区和余杭两区域之内（图 7-2），且主要集中于具有湿地和运河的区域，其中西湖区代表区域为西溪湿地及其周边。杭州位于江流海潮交汇之所，京杭运河将余杭密集的水网自东向西串联了起来，使得水系特别发达，繁忙的渔业生产和水上运输，使运河沿线的船民生活在船上。西溪船拳古名"水戏"，如蒋村村民长期利用农船做习武场所。西湖区内伍郎桥、义家棣、桑园蒋、石塘角、徐家横、蒋村、周家村等地原先各有一支船拳队伍，除了"蒋村船拳"2006 年 12 月进入杭州市首批市级非遗名录得以留存，其他村落的船拳队伍已经消失殆尽了。

再以苏州越溪船拳为例。越溪位于苏州市西南郊，东依京杭大运河，西倚四季花果飘香的七子山，南临烟波浩瀚的东太湖，北坐名胜古迹上方山，是苏州市的南大门。因越溪境内南北向六级航道"越来溪"贯通南北，接京杭大运河，故是典型的江南水乡。史料记载越溪是苏州城南的重要军事基地，春秋战国时期的军队善于水战，出奇制胜的船拳迅速在军中蔓延散播，逐步流传民间，历经两千多年沧桑，绵延不息。越溪船拳盛行于明清，是明清时期帮会组织——洪帮的特有拳种，随着船拳的不断演化，呈现竞技、演出、娱乐的特点。

沿运河城镇相互依存，和谐共生，船拳一旦落户在某个地方，不仅就地为基准点呈辐射状散播，也能沿运河岸线快速地流传，因此，船拳文化的形成也是人员流动和文化交流的产物。陆路交通发达和现代生活的转变，依水而生的江浙地区不再以舟楫水道作为主要出行方式，船拳看似失去了与水的紧密联系，但是并没有失去船拳项目独特的韵味。

（三）运河江浙段船拳文化的共同本质

运河江浙段习武风气历史悠久，冷兵器战场上的军旅武艺，是船拳武术的文化源头之一。军旅武艺和武术的区别在于，军旅武艺一般是阵地战，而武术仅仅是两两相当的个体厮斗。先秦，确切地说，春秋已经开始形成了自己的文化分化，武术从军旅武艺分化之时，它并没有脱离武艺土壤滋养。军旅武艺竭尽追求结果，取得胜利，而武术并非如此。武术不光是一对一，讲究以弱胜强，以柔克刚，后发先至，它不仅仅是强调胜人，更追求如何胜人，这是武术技击的要义所在。武术由军旅传入民间后，由于应用目的和习练群体的差异，更加注重功力训练和技巧运用，样态虽然有所变化，但克敌制胜的追求却从未改变。可见，武术尽管在冷兵器时期由军事武艺中分化而来，但始终和军旅武艺保持着盘根错节的关系。各地船拳自我探索、群芳竞艳的过程从未止步，船拳文化平素形成了多元化的特点，套路相似、来源相近的内容和表现形式体现了运河两岸的船拳文化同根而生。因此，总结运河江浙段船拳文化的共性特征为：长期的舟船生活是船拳产生的基本条件，特定的文化背景如古代水军活动和习武传统等是船拳产生的重要因素，造船业发达及良好的经济发展水平是船拳产生的重要社会基础，而自卫防身、防御外敌的目的是船拳形成与发展的内驱力。

就本质而言，船拳是为了提高技击能力而进行的一种身体活动。江苏船拳、浙江船拳，都是为了提高技击能力进行的一种训练方法，这是它的内在规定性，其外因就是适用的范围。第一是有套路；第二是格斗，除了套路，为了提高技击能力，必须进行格斗训练；第三就是功法，这个功法是为了增强自己的技击能力而进行的一种特殊训练手段。除了武功和技艺，习练者克服船舶颠簸，有效控制肢体，展示出物人合一、动静协调的身体素质以及勇敢、顽强、不屈不挠的意志品质，是文化传承和民众集体智慧双重作用的结果。

当武术在现当代军旅和战争中意义越来越退化的时候，有两种理念不能退化：首先是尚武精神不能退化，无论是操演套路，还是习练器械，都应该秉承爱国为民的忠诚信念和有原则、有坚持、不苟且、不委琐的态度，借此重塑民族自强不息、勇者无惧之精神；其次，必须具备或者锻炼强健的体魄，唯有崇文尚武、文武兼备才能支撑民族的气节和文化高度。因此，立足当下，我们应该回归常识，理性对待传统武术，去伪存真，抛开所有的偏见与误解，去芜存菁，让传承千年的传统武术充分发挥应有的价值和作用。

（四）船拳文化的个体特色

以嘉兴南湖船拳为例。南湖船拳兼收中国北方查拳和心意六合拳以及浙东南地区南拳之长，自成一脉，形成了南北交融、兼收并蓄的风格。历史上嘉兴地处八大水系水陆要冲，也是重要的战略要塞，地方特色与文化底蕴深厚，为适应水战过程中的短兵相接和遒健刚劲，船拳将稳健步伐与敏捷躲闪高效结合，特别要求习练者在控制腰腹、桩稳身轻和下盘稳固的基础上，重点把握运用肘功和指功。南湖船拳见证了"京杭大运河"的变迁和"南湖"的发展，在嘉兴发展史上留下了不可磨灭的印记。金庸先生根据对嘉兴武学文化的理解重墨描述的"江南七怪"，以及他们所使用的七件独门兵器，是嘉兴船拳的精华。早在战国时期，嘉兴就是吴越古战场，直至抗日战争时期，富庶的嘉兴常常因为战略要冲、官家漕运的特殊位置而屡遭战火。"船拳"就是在这样的环境下以本土武术为基础，融入外来武术元素，得以传承发展。如今，"船拳"仅作为一种健身娱乐形式存在于民间，为丰富人们的精神文化生活和传承传统武术种类及其文化精神做出一份贡献。

经过近几代船拳传承人的发掘整理与改编，在"船拳"徒手母拳基础上，目前已经完整呈现为三套徒手套路及船篙、船桨等兵器套路。徒手套路包括船拳母拳以及三套徒手套路；器械套路是以十八般兵器和运用船篙、船桨、长凳改良过的日常工具作为器械演练的数十种套路及对打；徒手对练以出步平稳、发劲顺快的攻防套路为主，具有江南短打特色，多采用四平步，架势短小而紧凑；其拳法包括分开一字拳、双挑拳、单挑拳、冲天拳、下抄拳、双直拳、单直拳等；常见步型为：四平步、虚步、格挡步、丁字步等，步法的变换形式有弓马转换、三角步转换、丁步横走等①。嘉兴南湖船拳能够显著增强习练者的身体机能和身体素质，已被收入嘉兴市和浙江省非物质文化遗产保护名录。

六　船拳文化传承困境与原因分析

（一）系统理论体系的缺乏

在长期的武术发展历程中，武术理论的形成和研究往往落后于武术的实

---

① 孙立、张华新、王怀建等：《地域文化视野下南湖船拳的传承与发展》，《军事体育学报》2013年第4期。

践，这点船拳文化表现得尤为突出。在长期的发展过程中，充斥于各拳种中的传统思维的武术理论，并未在船拳文化中体现出来，如"天人合一"等中国哲学思想在船拳文化中也未明确提出。以"船拳"为主题词，运用超星图书主站，借助超星"知识发现系统"、"读秀中文学术搜索"和"百链外文搜索"三个搜索引擎，检索到与船拳相关的中外文图书仅有 3 种，为《常熟沙家浜船拳图集》《舟山船拳》《苏州相城北桥开口船拳图集》。由此可见，船拳文化传承与发展过程中，文献图书数量偏少、质量不高，系统的理论体系尚未建立。

古今中外，人们对于图书总是给予最高的肯定与特别的关怀。武术书籍是传承武术文化的重要途径，尽管在其他丛书、专著、杂记或记录（如《浙江省武术拳械录》）中能够看到船拳项目的踪迹，整体而言与船拳文化有直接关系的体育书籍寥寥无几，有些相关研究与报道仅限于在长篇的相关研究中进行简短的文字引用或介绍（张树勇，2010），以致理论性较强的经典性论著缺乏，亟待对船拳文化进行深层次的理论挖掘。

（二）生存环境的改变

船拳文化具备民俗体育的鲜明特征，首先是产生于江南水乡，丰富的河道与船舶资源以及兼容并蓄的吴越文化为船拳的衍生奠定了坚实的物质和文化基础，表现出地域性；其次，依附于各地节令、假日和庙会等民俗活动进行展演，表达了人们祈求渔业丰收、保障河道安全、聚财纳福的情感和精神寄托，尽显民俗性；最后，不同地域的船拳历经长期的历史发展绵延不绝，表现出船拳文化的强大生命力，表现出传承性。通过目的地考察结合专家访谈，发现船拳文化的生存环境发生了量与质的变化，第一，社会经济快速发展，城镇化进程迅猛推进，为传统农业农村和民俗体育文化的发展带来深远影响。第二，新时期交通运输事业高质量发展，尽管国家水路也获得空前快速发展，但是人们的经贸往来尤其是衣食住行等，对水路的依赖性逐渐减弱。第三，随着社会的进步，人们的需求也在不断变化，带来文化主体（指在一定范围内尊崇特定文化形式及其内容生活的人民、社团或组织）的物质需求、文化需求和精神需求发生质变，加上与其伴随的其他民俗逐步衰落，以致船拳武术的生存境遇备受冲击，发展动力严重不足，据此认为，目前亟待解决的问题在于如何回归传统体育文化的生存环境，推动船拳文化向深远发展。

（三）传承价值的演变

时代发展带来的不仅仅是船拳文化民俗生命力被淡化，早期的军事训练、防御外敌价值逐步衰变，更多地成为竞技武术表演范畴，其保护航道安全、保国安民等民生意义也逐渐消解在民俗民间体育文化表演中。流年笑掷，未来可期。未来船拳文化的建设与发展过程，当紧跟时代步伐，体现当今社会、经济和文化发展理念，亟须实现以下传承价值：

历史价值：追溯到吴越春秋时期，船拳从一开始是为了军事训练，延续至明清时期的防御外敌和航道安全护航，抗日战争时期的保国安民，见证了时代变化，具有一定的历史价值。

健身价值：由于船拳的动作涉及双手、双脚乃至全身，能够强身健体，祛病延年，对于开展全民健身运动起到积极的推动作用。

文化价值：见证了"吴越以舟为艺，出入江湖，动必以舟"的文化渊源，要更好地表现为一种休闲体育文化，展现运河岸线民俗风情的历史画景。

社会价值：成为民俗民间一项重要表演项目，依靠船拳的表演和欣赏，将节日气氛推向高潮的同时，让人们的心情得到愉悦和升华。

教育价值：船拳项目讲究礼仪、重视融合、关注基础、强调灵活、鼓励争先，对学生具有重要教育意义，校园中开展船拳的传承和研究活动，可以激发学生对家乡的热爱及传承船拳文化的热情。

（四）表现形式的衰退

船拳习练者已经成为离群多年的孤雁，能否重新回到人们的视野中并被人们普遍接受，是当前重要的历史性任务。这就需要由政府策划组织，由地方实施建立传承团队，加强对船拳非物质文化遗产保护的力度，让有共同传承任务或传承意愿的人们组建具有共同愿望与目标、共同活动规范与方法以及和谐、相互依赖关系的实效团队，以保证非物质文化遗产保护措施的顺利执行。社会的发展与时代的变革，使船拳成为全民健身的重要内容，运河不同段落的船拳更多地演变为民众强身健体的体育活动形式。船拳表现形式的衰退或进化，均是"以人为本"旨归下可持续发展的结果。体育非遗传承最容易进入的误区是，因文化环境和土壤的变迁而成为空中楼阁，成为人们的记忆而非实践，从而丧失了文化传承的现实意义①。因此，在适应人们健身需要和审美需求的基础上，如何传承与保留船拳文化的固有表现形式，充分挖掘船拳的文化价值，阻滞其格斗价值的衰退和流失，是当今船拳文化有效发展的根本与旨归。

图7-6 北桥船拳习练者

（五）民族文化认同有待加强

首先，船拳与水上舟楫活动关系密切，是沿河、临湖、濒海等各种河道水文化的凝合产物，也在某种程度上体现了沿运河民生社会的文化特征，它对民族文化认同感和民族精神凝聚力的提升具有无可替代的作用。然而，在世界多元格局和人工智能、互联网、数字经济等进化加速的背景下，人们的精神信仰和追求发生了微妙变化，给传统体育文化带来了巨大冲击，原本在一个单纯环境中孕育、承袭，并用来维系和满足我国传统文化理念教化下的传统体育，在跟异邦文化的融合与碰撞之际，难免引起对其发展前景的担忧，告诫我们务必有效传承船拳文化，增加民族文化认同，提高民族文化自尊。

其次，作为传统武术文化，船拳既承载着民族精神，又包含着侠士精神和传统礼仪，具有教育意义。透过技击层面的框架审视传统体育文化，发现

---

① 张宗豪：《江南船拳文化研究》，博士学位论文，苏州大学，2014年。

船拳文化的教化作用凸显，是对民族传统的敬畏与尊重，展现了运河江浙段先民对抗自然、适应自然进而实现可持续发展的智慧和力量。希冀通过对古老船拳的挖掘、整理和保护，能够为运河江浙段城市的文化事业提供强大的价值引领力、文化凝聚力和精神推动力，进一步提升江浙地区文化软实力，推进文化事业和文化产业的繁荣和发展。

最后，传统体育文化的继承与发展，具有参与建构世界文化多元化的意义。经济、政治、文化的全球化和技术、信息、服务等要素跨国跨地区的流动，是当今世界文化发展中的一种客观趋势，在此进程中，重视船拳这一非物质文化遗产的保护和发展等问题，向社会创造、奉献船拳文化的新特色，才能使船拳文化在与外来文化的交流融合中获得发展机遇，增强船拳文化向外辐射的能力和抵御外来不良文化的能力。

七 船拳文化当代传承和发展对策

（一）发挥政府主导作用

各级政府的引导和管理，不同层面应各有侧重。从联合国非物质文化遗产公约颁布，至我国非物质文化遗产法实施，再到全国各个省、自治区、直辖市非物质文化遗产条例的公布实行，时至当今，非物质文化遗产的保护与传承工作可谓有法可依。但是，新时期文化遗产保护工作的紧迫性和严峻性提高，诸多问题例如有关保护、管理资金和人员不足的困难普遍存在，对传承制度、传承生态、传承主体的保护还没有得到系统性解决等，需要着眼长远，科学规划。尤其人员培训、绩效管理和保护标准等薄弱环节仍有遗存，须要正确引导，有序推进，进一步解决各个保护单位对船拳文化保护工作的落实进度不一的问题。

首先，相关行政部门要针对薄弱环节、突破关键问题，为保障传承实践者的权益提供有力支撑。其次，做好跨界区域顶层设计，强化落地实施，促成体育部门、文化部门和遗产保护部门的联动，以现代竞技体育、社会体育、学校体育以及各种民俗节庆活动为依托，在各级政府的支持下，使传承实践日趋活跃，让保护与传承船拳成为社会自觉。最后，发挥制度优势，保持工作机制的融合性、贯通性和整体性；聚集社会力量参与保护与传承、增强合力能效；相关激励监管机制同步建立，培育新一代传承人，为激发工作热情，给予有突出贡献者一定奖励和荣誉称号，将其在船拳传承与发展中的作用扩大到最大化。

（二）保护与拓展传承主体

第一，进入21世纪，参与船拳活动的人越来越少（图7-7）。如目前苏州船拳市级以上传承人仅有4人，都在70岁以上，最大的90岁，有两人因为年纪较大，目前都已不进行船拳活动。北桥船拳新一代的传承力量中，还在活跃的只有8人，2017年苏州船拳被认定为苏州市首批濒危非遗项目，如何吸引更多人加入船拳传承与保护中来是一个比较棘手的问题。因此，保护传承人是传承船拳的关键环节，在相关法规政策指引下，将对传承人的保护工作落到实处，提供足够的社会保障，确保传承人有充裕的时间与精力从事船拳的传承工作。

第二，船拳文化的传承，过去主要是通过师傅带徒弟的方式，口传身授，得以长期发展。现今，公办或民办的各地武馆和武校，办学质量良莠不齐，办学规模也有待扩大。此外，鼓励民间通过模拟血缘的师徒传承，是对家族传承的一种有效拓展，值得推广，经由"拜师"达到"师徒如父子"的关系，让习练者获得传统技艺的同时，传播优秀的船拳文化。尽管传统师徒传承在其发展过程中存在着一些历史缺陷或弊端，但是过去"教会徒弟，饿死师傅"的年代已经一去不复返，重在消除各种弊端，合理利用它对船拳文化传承的积极影响，使传统船拳在当代发挥应有的文化传承意义。

第三，船拳文化是沿运河城市的共同财富，扩大受众任重道远，需要经历长期的努力，引起不同行业和阶层以及不同人群的关切。虽然这些受众对船拳文化传统的感受程度和层次水平各不相同，只有致力于提升他们的体育文化素养，为开展船拳活动营建良好的社会氛围，船拳文化的传承才有希望。政府在宏观上为传承人营造良好环境的同时，应组织实施好船拳文化遗产保护工作先进集体、先进个人的评选表彰。

（三）扩大船拳在学校教育中的发展空间

沿运河各级各类学校是船拳文化传承的重要场所，例如苏州越溪实验小学将船拳引入校园拓宽学校素质教育；常熟沙家浜地区让船拳走进大课间；

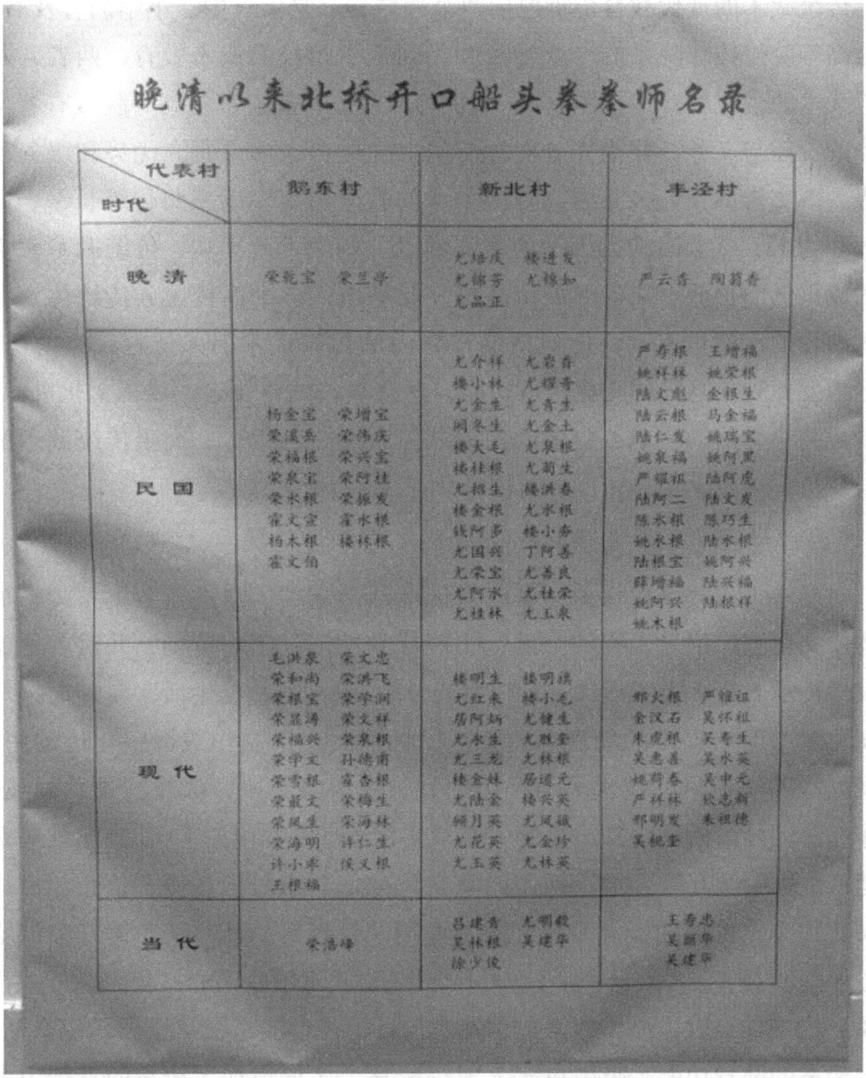

图7-7 晚清以来苏州开口船拳拳师名录

北桥中心小学开设了开口船拳特色班，老拳师被邀请进入学校传授拳术的频率大有增加；湖州练市小学也开展了船拳特色教学，船拳文化的推广与实践得到提升。然而从以上中小学对船拳的推广程度和教学状况看，船拳"原真性"失真问题应引起我们的高度重视，过去船拳项目在船头上进行，方寸之间显功夫，现在学生在学校学到的只是一些简单的套路和功架拳，学生想学到原汁原味的船拳是一件困难的事。

传统武术的现代教育传承包括两个领域，一是大、中、小学的普及教育；二是高等院校体育院系的专业学习和民间武术馆校的武术教育，两者共同构成了武术的现代教育传承体系①。保护与传承体育非遗，各高等院校有着义不容辞的责任与义务，并能充分发挥专门人才优势、理论研究优势和服务社会优势。事实告诉我们，我国高校武术课的教学内容多以三路初级长拳、初级棍术和剑术、二十四式太极拳为主，辅以一些武术基本功，传统武术教学内容的比重仍旧很低。在运河城市高校，船拳进入各个高校民族传统体育专业武术课程的比例也不高，把包括船拳在内的传统武术引入体育院系的课堂，更好地发挥现代高校的文化传承功能，还有很长的路要走。船拳文化进学校，不单是技法套路的传承，更多的是地域体育文化的宣传，突出传统武术的精髓与特色，培养学生非遗保护与传承意识。

（四）增强船拳非物质文化遗产数字化保护

对船拳进行数字化保护，可以对传承活动相关信息进行数据整理，加大非物质文化遗产记录工程的力度，拓展抢救性记录工作范围，并对各地船拳代表性传承人传承实践活动进行全面记录。"见人见物见生活"是新时期非物质文化遗产保护提出的新理念。第一，将平面文字制作成数字化运动影像，直观展示船拳项目的技术风格；用图片、视频等手段，依靠三维动画技术，制作船拳动画拳谱。第二，建设"船拳文化信息公共服务平台"，实现船拳文化遗产数据资源互联互通，运用船拳文化微信公众号推送图文信息，形成船拳文化数字化保护的资源采集、共享应用、管理等功能系统。第三，借鉴武术电影《少林寺》《太极宗师》《叶问》以及武术电视节目"武林大会""武林风"的成功经验，制作船拳文化专题节目，传递船拳文化，展示船拳精髓，突出船拳的健身功能，吸引更多人习练船拳，多渠道加大船拳的宣传力度和报道深度，增加船拳文化的价值认同感。第四，利用现代传播技术与手段，借助网络直播、电视、电影、报纸、博客等，增强船拳文化信息传播的影响力，让源远流长的船拳文化进入人们的视野。

（五）文旅融合激发船拳传承发展动力

山清水秀自然条件优越、物产资源丰富、商品生产发达、美丽富饶的水

---

① 王林、秦子来：《日本能剧传承对中国传统武术发展的启示》，《体育学刊》2008 年第 2 期。

乡景象等，使运河江浙段拥有宝贵的旅游资源，自古就有人间天堂之美誉。例如杭州身为六大古都之一，文化旅游事业兴盛，具备挖掘船拳文化潜力的自然条件和人文条件。文化是旅游的灵魂，旅游是文化的载体。文旅融合，为激发船拳文化传承发展动力和满足大众旅游时代的需要发挥了重要作用，创造了新机遇。应以传统民俗节庆和民俗旅游为载体，对船拳展演进行立体化包装和宣传，将船拳文化纳入旅游资源，开发体育文化旅游市场。如在运河沿岸古镇的会馆、码头、广场等地组织船拳表演，打造别具特色的运河古镇游，展示船拳项目的精湛技艺，凸显江南水乡独特的人文风情。通过举办船拳品牌赛事，建设船拳特色区，发展参与型船拳赛事旅游业。在体育旅游品牌建设上，建议运河沿岸城市依托大运河文化、吴越文化、民俗文化等旅游资源，打造成为具有地域特色的文、商、旅体育旅游产品，形成沿运城镇浪漫休闲区、参访体验区、核心演艺区、游客服务区、运河大观园、运河人家、民宿客栈区等多功能分区，把高起点、高品质、高品位规划设计与船拳文化旅游运营结合在一起，加快运河江浙段体育旅游市场繁荣。总之，继承和弘扬船拳文化，我们应围绕新时代的新要求，梳理船拳文化遗产传承保护工作的不平衡、不充分，采取问题导向，抓住薄弱环节，补齐短板，从供给侧发力，探索更加有效的传承保护方式，不断提高船拳文化的传承与发展水平。

八　结语

京杭运河串联了苏州船拳文化圈和杭州船拳文化圈，船拳的兴盛与发展融合了运河沿岸民众的生产生活方式和民俗风情，是独具江南特色的肢体语言表达形式。约定俗成的礼仪规范，体现着吴越文化中兼容并蓄、敢于创新、好勇尚武的豪迈气节，并能在日新月异的未来社会发展中施展巨大的感化和教导功能。从古至今，水陆交通的便利与通达使船拳项目在技术风格上南北兼收，既吸收了南北不同拳术之所长，又可自成一派，独树一帜，不失本体特色。以刚为主、刚柔相济，上肢迅猛、下盘稳固，内劲充足、攻守兼备是船拳整体的技术与风格表现。

从当代竞技武术与传统武术的分道扬镳，到师徒传承中人亡艺绝的变故，从武术核心技术的演变与遗失，再到农村家族传承的保守和衰落，直到全国范围内以武术强身健体的潮流趋势，船拳武术的技击能力在时代变迁中的退化似乎是一种必然。但万变不离其宗，对技击的追求始终是习武者的本分，也是笔者在走访中从每一位人物身上感受到的不变态度。船拳武术从未停止过变化，而民俗渐行渐远，传承缺乏自觉，已是不争的事实。所以，坚持"政府主导、学界介入、民众参与"三位一体的原则，明确职责、保护为主、抢救第一、形成合力，才能构建传承发展船拳文化切实可行的运行机制。而如何举全民之力，聚全民之智，推动体育非遗保护与传承，进一步彰显传统体育文化生命力，需要各级行政部门发挥政府的主导作用，拓展传承主体，扩大船拳在学校教育中的发展空间，强化船拳非物质文化遗产数字化保护，借助文旅融合激发船拳传承发展动力等对策。

第二节　明清京杭运河镖局文化的发展与传承

镖局是以武术为基本手段，以保护雇主生命财产、经营场所安全和商品、现银运输安全为主要目的的商业机构①，具有一定的保险性质。镖局文化是中国武术文化的重要组成部分，对当今社会文化和文明事业的发展仍具有一定的理论和实践意义。对京杭运河镖局文化进行研究，其实质是对武术历史和文化的重新发现，展现冷兵器时代武术在沿运河社会中所体现的重要职能，对武术的历史研究和学科完善均具有重要价值。尽管镖局不算严格意义上的武术组织，但它对武术的社会传播与区域交流起到了重要作用，可纳入武术组织传播的研究范畴。

从现有文献来看，我国学者对镖局的相关研究成果不多，以"镖局"为主题在 CNKI 检索，有价值的学术文献不足 50 条，已有研究主要集中于地方镖局发展历史、镖局与晋商关系以及从自然科学和经济学学科的视角分析镖局对经济与社会信用的影响等方面。镖局与中国传统体育关系的研究还有待于进一步深入，京杭运河发展史中，镖局文化的整理与研究尚属空白，这对镖局文化和运河非遗的保护与开发甚为不利。因此，本书从运河传统体育文化的视角切入，对运河镖局文化的历史渊源、漕运贡献、遗存现状、文化属

---

① 孔祥毅：《镖局、标期、标利与中国北方社会信用》，《金融研究》2004 年第 1 期。

性、管理启示等方面进行个案梳理与研究，以期丰富运河体育文化的研究内容，为运河体育文化的传承与实践提供参考。

一 镖局文化与遗存现状的调研

清代中期以后，因保镖业异常发达，大小镖局相继出现，有 36 家镖局较为著名，其中 10 家镖局在当时业务最广（表 7-2）。这些镖局所在区域多为商业活动相对繁荣或交通比较便利之地，创始时间都在运河漕运的黄金时期，创建地点多数在运河沿线城市。例如源顺镖局、会友镖局和兴隆镖局地处商业往来最为频繁的京师；成兴镖局位于南北要冲沧州；同兴公镖局尽管不在运河城市，但其所处山西平遥乃晋商云集重地；玉永镖局和昌隆镖局地处苏州，该地区河网密布，水运发达，河港码头众多，而且农业发达，有"水乡泽国""天下粮仓""鱼米之乡"之称，再次证明了京杭运河不仅对中国南北地区之间的经济、文化发展与交流，同时对沿运河地区镖局的产生与发展起了巨大作用。

表 7-2 　　　　　　　　　　清代运河镖局及其创始人①

镖局名称	镖局创始人	地点	创办时间
会友镖局	三皇炮捶门宋彦超	北京前门	1846—1912 年
源顺镖局	大刀王五王正谊	北京珠市口	1878—1900 年
兴隆镖局	神拳无敌张黑五	北京顺天府	1780—1820 年
三合镖局	公议拳传人安晋元	河北张家口	1890—1971 年
万通镖局	单刀李李存义	河北保定	1891—1999 年
成兴镖局	镖不喊沧李冠铭	河北沧州	1878—1900 年
谢家镖局	回民武术家谢玉田	枣庄台儿庄	1909—1921 年
玉永镖局	长眉老道张德茂	江苏苏州	1796—1838 年
昌隆镖局	铁腿左二把左昌德	江苏苏州	1840—1901 年
广盛镖局	心意拳宗师戴二闾	河南赊店	1802—1830 年
同兴公镖局	神枪王汪正清	山西平遥	1855—1913 年

---

① 古彧：《镖局春秋——镖行不容侵犯的生存之道》，朝华出版社 2007 年版，第 48 页。

（一）会友镖局

道光二十五年（1845），创办人宋彦超为了报效国家到北京投奔"神机营"，武术绝技是三皇炮捶门。"神机营"王爷让宋彦超与武林高手切磋武艺，结果众多高手败于他手下，七王非常惊喜，授予他五品亮蓝顶戴的职位。八卦掌创始人董海川是宋彦超在北京生活期间结识的莫逆之交。朝政腐败使宋自感报国无望，无法实现心中理想，遂弃官从贾，开办"京都会友镖局"，传授武艺的同时掌管镖局营业。1866 年，宋彦超接收于连登之子于鉴为徒，使其功达上乘，武艺精绝。于鉴潜心钻研，集平生所学，悉心传授三皇炮捶拳。较长历史时期内"三皇炮捶门"和"京都会友镖局"生意兴隆，声名鹊起，给三皇炮捶拳带来更大发展空间，被人们广泛推广。

明清"镖路"有路镖和水镖两种，水镖多沿京杭运河方向。会友镖局的4 条镖路包括：南路从京城到南京和上海，西路到西安，东路到东三省，北路到张家口、热河等①，可见，明清镖路的跨区域业务范围十分广泛。

抗日战争时期，镖师李尧臣传授军队自创的无极刀法，训练无极刀法的大刀队在喜峰口战役中，缴获大炮 18 门，追击日军 60 余里②。1949 年以后，会友镖局最后一代镖师均散落民间，以传徒授艺为生。

调查发现，会友镖局位于北京前门大街西侧的粮食店街，其旧址现为粮食店街第十旅店（图 7-8），是老北京规模最大、持续时间最长的一家镖局。

图 7-8　改建后的会友镖局旧址

---

① 刘平：《中国民俗通志【江湖志】》，山东教育出版社 2005 年版，第 182 页。
② 古彧：《镖局春秋——镖行不容侵犯的生存之道》，朝华出版社 2007 年版，第 175 页。

现会友镖局改建于民国时期，建筑坐西朝东，占地约 700 平方米，地上两层，平面呈"日"字形，楼内有两个天井，所有房间均沿着天井四周布置，中间过道连通前后院落，前院正房与后院倒座房为勾连搭开式门，屋顶部分砌筑女儿墙。该楼建筑布局独特，建造工艺精细，是京城近代商业建筑中的精品，2001 年公布为北京市市级文物保护单位。

（二）源顺镖局

创始人是世称"大刀王五"的京师武林名侠王正谊（1844—1900），河北沧州人。自幼爱好习武打拳练功夫，成人后练就了刀、枪、剑、棍等十八般武艺。因擅用大刀，在帅兄弟中排行老五，故得"大刀王五"的美名。王五结交四海豪杰与成名人士，得益于早年奔走四方，谋生江湖，为后来创办源顺镖局积累了大量人力资本，各地镖师奔走相投。据大刀王五的后人介绍，源顺镖局正门原是个朱漆的大门，其右侧悬挂一面杏黄旗，上书"源顺镖局"四个大字。门道东墙上高挂"德容感化"金字横匾，西墙上高挂"义重解骖"金字横匾，都是北京城的老百姓赞誉大刀王五"轻财重义、济困扶危"的精神所挂。

源顺镖局的镖师分水、旱两路，往北方走的多是旱路，往南方走的多是水路，顺着通州运河而下。源顺镖局管理严格，早上点卯，众镖师在门道两旁的长凳上坐好，听候王五吩咐，有镖保镖，无镖练功。每次出镖，都要敲锣打鼓，鸣炮启程，以求平安吉利。资料记载，大刀王五在清末反抗八国联军侵入北京的战斗中被害后，源顺镖局便无人负责。随后京汉、京奉铁路建成，世人运输的货物大多由火车运送，致使镖局生意惨淡，大约在光绪三十年（1904），源顺镖局歇业。

现如今源顺镖局旧址位于北京东城区西半壁街 13 号（图 7-9），尽管院子还在，但已物是人非，院落有前院、后院和西跨院，共 30 多间房屋，聚居了 11 户居民，房屋年久失修、多处残破，院内私搭乱建严重。院中老人回忆：改革开放前大门里还有"济贫""尚武"两小块匾额，连同东墙上"德容感化"金字横匾，现今早已不见了，镖局房产 1954 年归公所有，仅南房 3 间、西房 3 间是遗存建筑，其他都是 1949 年后的房屋。源顺镖局旧址现为东城区文物普查单位。

图 7-9　源顺镖局旧址

（三）三义镖局

北京前门外大街施家胡同四号，是一家较有意境的四合院客店，它不仅环境幽静典雅，更因前身是家镖局，使其在端庄、古雅的风韵中隐约透露出几分神秘（图 7-10）。这家开设于清同治年间的镖局称"三义镖局"，据传镖局主人是山西人，因在业界业绩平常，因此知名度较低。到了光绪年间，随着交通发展，票号振兴，镖局逐渐衰落，三义镖局就改行为客店了。镖局起名"三义"，意思是"保三路镖趟子，借助三路江湖义友"。三义镖局生意不甚发达，而改为客店却是声名鹊起。考其原因，就是经营中依旧遵守江湖中最重视的"义"字，恪守着信义、仁义和正义。

调查发现，客店院落宽敞，青砖墁地，现有客房 53 间，楼房 8 间。据经营者介绍，三义客店极盛时期是 1924 年前后，经理姓任，提出"店家，店家，到店如到家"的服务标准，并且注意结交钱庄票号、大小银行、各类货栈商号的商贾经理，除了掌握大量商业信息，还拉到了不少长期客户，这类人员住在三义客店，可以互通消息，往往不必出门，就掌握了市场行情，货物流向，给做生意带来许多方便，自然喜欢住三义客店。由于客店服务周到，口碑极佳。

中华人民共和国成立初期，各机关招待所尚未修建，政府收购或包租了一些旅店。1950 年，国务院以相当于一千匹白布的代价收购了三义客店，改为招待所。大约在 1953 年，招待所改为正阳旅店，后又改为施家第一旅店，隶属施家旅店基层店，现今成为锦绣庄宾馆，开启了这家老客店的新时代。

另外，本书笔者团队离开北京，赶赴运河古城沧州，了解到沧州以近代镖师李冠铭创立的"成兴镖局"最为著名，前文"镖不喊沧"的典故可以证明这一点。成兴镖局的旧址在文庙南门外的老面粉厂附近，因所在古城区建设改造正在进行中，成兴镖局旧址已经荡然无存，相关调查与拍摄被迫终止。

图 7-10　北京大栅栏地区三义镖局

（四）谢家镖局

位于山东省枣庄市台儿庄古城南门里，前身是台儿庄锦源公镖局，由漕帮领船马凤山创建。马凤山早年在济宁任城李氏查拳第四代传人李恩聚开设的锦源公镖局任镖师。1890 年，马凤山在台儿庄开设锦源公分号，即台儿庄锦源公镖局。此后，马凤山移居台儿庄，与回民拳师一起在清真寺传授回民武术，集中了峄、滕两县一大批武师。1900 年 6 月，马凤山带领台儿庄锦源公镖局镖师及徒众赴北京抗击八国联军，义和团运动被镇压后，马凤山返回台儿庄，1909 年病逝，锦源公镖局衰落。此后，镖师谢玉田（1858—1946）在锦源公镖局原址创办谢家镖局（图 7-11）。后因津浦铁路、枣赵铁路和海上运输具有更强的安全性和低成本优势，谢家镖局经营困难。1921 年，谢玉田因军阀战乱受重伤，镖局歇业，继续开办武术馆。谢家镖局历时较短，但在中国镖局文化史上留下了浓墨重彩的一笔，不仅对运河商业发展起到了推动作用，而且对台儿庄回民武术的发展产生了深远影响。如今谢家镖局已改为运河漕帮镖局博物馆。

图 7-11　台儿庄谢家镖局

　　独特的地理条件和漕帮孝祖方式，形成了谢家镖局特有的纤夫文化（图 7-12）。大运河上百舸争流，纤夫在暮春、夏季、初秋时节光着身子拉纤，如果穿着衣服，汗浸盐汲加上纤索磨损，极易破损，一会儿岸上，一会儿水里，衣服在身上干了湿、湿了干，容易得风湿、关节炎等病。运河台儿庄段聚集的这个特殊群体，以消耗生命为代价，满足自己的基本生存，验证着血酬定律！漕帮纤夫在台儿庄"旱码头孝祖"形成定例，附近州县乡人都赶来镖局做纤工，他们在运河南岸定居下来，形成了移民"纤夫村"——兴隆村、土城子。这里的茅草屋建筑具有穴居的历史印记，院落形制具有合院与井厅混合交叉特色，洋溢出浓郁的古运河与大战文化。据了解，台儿庄的运河船工号子也称"粮米号子"，经过千百年的传承，已成为运河文化和枣庄文化重要的标志符号之一，于 2009 年入选山东省非物质文化遗产。

图 7-12　谢家镖局中的纤夫文化展示

1. 谢家镖局的常用功夫和武器

谢家镖局的重要业务是水镖。走水镖首要习水性、会使船，交战地点是船舱之内、两船之间或船顶，空间狭窄，可供立足点不多，双足容易陷入舱中，因此要精"闪功""轻功"，善走"梅花桩"。武器一般使用短兵器或超短兵器，主要有单刀、虎头钩、六合刀、分水揽、大枪、雁月刺、峨眉刺、梅花状元笔，以及紧背花装弩、飞蝗石子、飞镖等暗器（图7-13）。

轻功。轻功与现代体育运动中的跳高、跳远形式相近而实质不同，现代的跳高、跳远，在起跳之前，一定要先奔跑鼓势，奋力跳跃，猛起猛落，落地沉重，如石下坠。而轻功则不需要奔跑鼓势，只需两足一蹬，即可起高和跃远，起如飞燕掠空，落如蜻蜓点水，着瓦不响，落地无声。

梅花桩。镖师在船上护卫镖物，梅花桩是必备武功。梅花桩又名梅花拳，简称梅拳，是立于桩上练习的一种拳术，常用作基本功练习。梅花桩融周易八卦于拳理，化阴阳五行于拳法，历经数载精心锤炼，创立了一整套别具一格的独特拳法，取梅花在冬未尽、春未到之时开放，含先知先觉之意，合先备先用之理，达先发制胜之效，且拳分五势，正合梅花五瓣之形，故取名梅花桩。

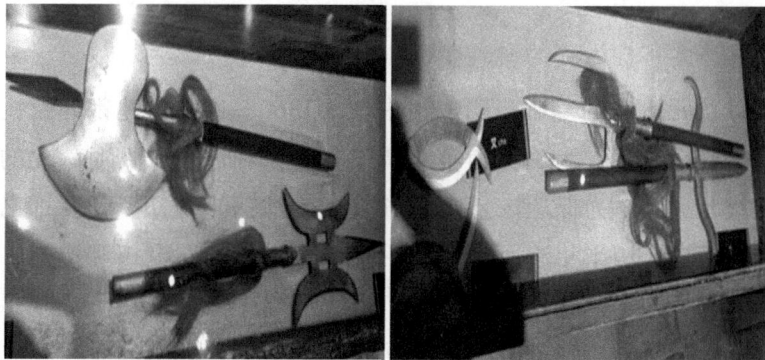

图7-13 谢家镖师所用部分武器

峨眉刺。短双奇兵器，又名峨眉针，峨眉对刺或双锋挝。一般外形长约一尺，两头细而扁平呈菱形尖刀锐刺，形如枪头。根据锻造形式的不同，可分为三棱峨眉刺、六棱梅花峨眉刺等。水战中，可在水中作刺杀或潜入水底凿穿船底之用，故又称"分水峨眉刺"。

2. 谢家镖局门规戒律

第一，凡入吾镖局者，务以弘扬武艺强身健体为己任；

第二，凡入吾镖局者，务须尊敬师长，铭记教诲，尊重同辈，维护同门，尊重同人，切磋共进；

第三，凡入吾镖局者，务须武德为先，德艺并重，练功不辍，志坚业成；

第四，凡入吾镖局者，务须勤慎敬业，忠于职守，值勤勿惰，护镖争先；

第五，凡入吾镖局者，戒恃武欺人，无事生非；戒不敬师道，同辈相谤；戒学艺不精，滥传他人；戒违法违纪，败坏武风。

3. 谢家镖局之镖师条规

第一，武德为先，德艺并重，弘扬武术，镖局昌兴；

第二，相互尊重，切磋武功，忌同行相轻，影响共进；

第三，早晚练功，精进不息，忌恃武生惰，枝外生节；

第四，饮酒有度，不致乱语，忌恃酒生非，平地波起；

第五，值勤不懈，院落常巡，忌歇时解衣，兵器离身；

第六，恪守局规，严守四戒，如需外出，告假在先。

二 明代漕运贡献和保镖生计方式形成

(一) 明代京杭运河的疏通

明代维持元运河的基础，明成祖朱棣（1360—1424）建都北京，远离了粮仓富庶的江南地区，为确保南粮北调任务的顺利进行，贯通南北的京杭大运河再次被疏通，全力保运。公元1411年，朱棣派人疏通了元代即已淤塞的大运河会通河段，历半年浚通，故"明永乐年间，为保屯田和漕运，疏浚南运河，大清河，并为南运河筑堤"[①]；工部尚书宋礼由此"受上赏"。大运河的疏通使南北漕运得以畅通，这是一项影响深远的大事业。

明中期到明末，将元代末年被淤泥淤塞的山东河段即从微山湖夏镇（今微山县）至清江浦（今淮安市）的开泇口运河、通济新河、中河运河进行了重新疏浚，并在江淮之间进行了开挖月河，进行了湖漕分离的工程。

明代大运河的疏通极大地促进了沿线商业城镇的兴起，如位于运河和长

---

① 静海县志编修委员会编著：《静海县志》，天津社会科学院出版社1995年版，第179页。

江交界的扬州，自唐以来一直是繁荣的大都市和"百货商场"所在地，所谓"舟车南北日夜灌输京师者居天下之七"。苏北城市淮安，被称为南北水运枢纽的"七省咽喉"，每年有上千万的运粮船从湖广、江西、浙江、江南等地抵达淮安，从渭口进入淮北。进入南宋以后，水运系统以临安（今杭州）为中心进行了重大调整，年水运量维持在 400 万石左右①。水运的发展促进了淮安的繁荣，明朝的水运官员、卫兵和士兵长期驻扎在这里，南北商人在此交易商品，游客也常在此停留，大大增加了淮安的商品需求，促进了淮安商业的发展。

早在元末明初，中原战乱不止，土地贫瘠，政府只好大规模移民山西。失去土地的移民便以贩卖池盐、茶马互市为生，形成晋商商帮。万历年间推行"一条鞭法"赋税制度，实行"一律征银"，刺激了资本萌芽，晋商积累了雄厚的资金，票号遍布全国。扬州成为晋商会聚之所，北京成为中转基地，南下北上均沿京杭大运河，为保障商品运输安全，沿岸各地水上镖户开始萌芽。

（二）明代漕运贡献

"漕，水转谷也"（《说文解字》），漕运最初的意思就是水运，尤其是粮食运输。作为历史上一项重要的经济措施，漕运的目的是宫廷消费、官员俸禄、军饷支付和民食调剂等方面，包括河运、水陆递运和海运三种形式。漕运起源很早，如秦始皇征服北方匈奴之后，将军粮从山东沿海运至内蒙古乌加河。汉朝首都长安每年将从黄河流域收集的粮食运往关中，途经黄河、淮河、长江三个河流，形成了一条贯通南北的新水运通道，为后人修建大运河奠定了基础。到了隋代，隋炀帝动员大量人力开凿通济渠，联结河、淮、江三大水系，形成了大运河。唐代至明代均重视漕运，为此疏通了南粮北调所需的网道，建立了漕运仓储制度。宣德年间（1426—1435）的粮食运输量高达 600 万石/年，南北漕运的畅通把江南地区的物资运输到华北地区的王朝都城，使运河城市的水陆交通愈加完善，呈现"运河绕郭流滔滔，高桅大舵长短篙，自南而北连千艘"②。

---

① 韩文政：《运河流域法律文化研究——以京杭运河台儿庄段为考察对象》，硕士学位论文，山东师范大学，2014 年。

② 王思达：《沧州：大运河孕育的城市》，《河北日报》2017 年 4 月 13 日。

美籍华人黄仁宇在《明代的漕运》中说："宋朝以后，南北运河沿线发生了多数重要的军事行动和政治事件；明朝依赖大运河程度达到了前所未有，远远超过了之前的朝代。因此，运河地区在明代政治史上一直占据着重要地位，运河是京城和江南之间唯一的交通运输线，在供应名单中，除了谷物占据首要地位外，几乎所有中国所产的各种物品都通过大运河进行输送，诸如箭杆和制服之类的军需品，笤帚和竹耙之类的家用器具，也经过运河运送到北京去。"① 整个明代，漕运成为朝廷首都赖以供给所在，这种依赖性一直存在，从未中断。

明代后期，运河江浙段经济最为发达，水上镖户趋于成熟，大运河成为镖行最早的摇篮，时下"白粮"漕运，实质就是水镖押运。

（三）运河沿岸经济与练武保镖生计方式的形成

运河的贯通，漕运的兴盛，工商业的发展，人口的剧增，沿运河各个城镇百物聚处，客商往来，不分昼夜。商品经济的繁荣，促进了沿线城镇手工业的发展和壮大，也使大小不等的码头、楼阁、寺庙应运而生，如北京的通州塔、聊城的山陕会馆、常州的舣舟亭、无锡的清名桥、苏州的瑞光塔、杭州的乾隆御碑……依托运河，这些结构独特、造型别致、精美绝伦的建筑，连同本身的故事一并为后世留下了宝贵的遗产。

运河流经区域的国计民生，徐光启描述为："吉贝（棉花）泛舟而鬻诸南，布则泛舟而鬻诸北"；钟化民《救荒图说》称："中州沃壤，半植木棉。乃棉花尽归商贩，民间衣服，率从贸易。捆载舟输，行贾于齐鲁之境。"② 沧州青县有谚语："东看粮，西看房，运河两岸看衣裳"，意谓运河两岸是物资繁荣、人文昌盛之区。李东阳《京杭大运河巡礼》形容徐州地区人口稠密，客舟如梭："十里人家两岸分，层楼高耸入青云。官船贾舶纷纷过，击鼓鸣锣处处闻"，大运河繁忙的运输为沿岸城镇国计民生的发展提供了巨大契机。

"积德行善，家住运河两岸"表明了这条河对于当时人们的生产生活是多么重要。可以说，"靠水吃水"成了大运河边的重要生计方式。漕粮和商业运输业的繁荣大大刺激了镖行、装运等行业的兴盛，让京杭运河成了官府巨富

---

① ［美］黄仁宇：《明代的漕运》，新星出版社 2005 年版，第 57 页。
② 刘长源：《运河经济促进商业繁荣的关键》，《商业经济研究》1998 年第 9 期。

走镖的要道。"是时客官来往多用武人卫之"①，于是运河两岸的镖行也就适时壮大起来，练武之人为商旅提供保驾护航的服务，防身自卫的武术成了他们重要的谋生手段。"他们起先只推着一个小车子，客人雇妥了，就推着小车子上路，一天要走七八十里地，这是保镖的源起。后来买卖一天比一天发达，就自己立个字号，开一家车店，备有轿车，听候客商雇用，这就是镖局"②。

镖行的特别之处就是依靠提供有偿武术服务来经营，武术是镖行生存的手段，有一身武艺的人纷纷入行当镖师，或入帮会负责漕运。沿运河城镇自古武术氛围浓厚，练武者豪侠仗义，商旅遭遇劫匪时喜好挺身而出，后来发展成商旅过境登门求助，使教人习武成为一种职业，保镖业逐渐形成。运河不仅造就了区域经济的繁盛和商业贸易的发达，也迎来了五湖四海的镖师，这些镖师会聚在沿运河各个城镇或码头定居营生，到明代后期形成众多武林门派，沿运河武术开始进入按照套路发展的关键时期。总之，明代运河漕运促成保镖业和镖行产生，而镖师得以声名远扬，均是借助了便利的水路交通条件。

三 清代运河水路交通与镖局的形成

（一）清代运河水路交通

清代建成黄、淮、运交汇枢纽，开凿中运河，改善了漕运条件。河道管理机构大体沿袭明制，职责愈加明晰，如把明代的总河变为"河督"，派驻在济宁，负责综合治理黄河、运河的河务（韩文政，2014）。清代商品经济有了大的发展，但仍摆脱不了封建社会阶级矛盾尖锐、土地兼并严重、流民遍及各地、治安环境混乱的事实。运河沿途货物运输，常遇到水匪船贼的打劫，商业风险并没有随着商品经济的发展而降低。如"在旧社会，社会不安宁。各地都有贼人铤而走险。有七八十人一伙的，有二三十人一伙的，也有三五成群的，盘踞在各地"③。"凡行船，宜早湾泊口岸，切不可图快夜行，陆路

---

① 王德乾：《南皮县志·文献志国术》卷11，民国二十二年铅印本。
② 中国人民政治协商会议全国委员会、文史资料研究委员会编：《文史资料选编第七十五辑》，文史资料出版社1981年版，第13页。
③ 刘东波、马振东、周春太：《镖局的生存空间与民间武术的传承与创新》，《北京体育大学学报》2008年第12期。

宜早投宿睡卧，勿脱里衣，为防不测。"① 以上反映出当时沿运河社会和水路治安的混乱状况。

清代运河两岸的黑社会团伙统称为"吃漕的"。吃漕方式"非偷即抢"，以偷为主。从官方来讲，"吃漕的"自有漕标官兵进行镇压，偷者捉拿送县，交官治罪，抢者格杀勿论。有时官船或运粮船上的官兵也为非作歹，晚间脱下官衣或偷或抢，作案之后跑回运粮船，地方官也对其无奈。"吃漕的"既然敢偷抢官船，更不会轻易放过运河上的民船。② 这种治安环境下，官方、非官方、合法、非法的行商贩运都存在着"保卫"问题，为保证沿途安全，商人们雇用保镖是最常用的办法，现实的社会需求使运河城镇的镖局盛行。

（二）清代运河镖局的形成

清初实行海禁，大运河成为清廷经济的交通命脉，商贾贸易、官员上任出差都雇用私船，水镖再次兴盛起来。清代漕运史上，京杭运河的运量超过全国一半，对镖局的产生和发展起到了重要的推动作用。同时清代不同武术流派相继出现，各派镖师陆续涌现。自元代起，汉、回、蒙古、满等数十个民族就居住在运河流域，沿运河城镇多是"五方杂处"之地，是武林高手的荟萃之地。其中，回族武师也是运河镖师的摇篮。白寿彝的《回族史论集》记载："杭州到通县、沿运河两岸各地形成一个回回聚居地带，如杭苏州、丹阳、扬州和山东境内的一些地方，外加北京，在元时就有回回居住，这一长条的聚居地带，由山东境内的济宁、曹州和河南境内的开封、洛阳联系与陕西相通，这一条线可以和运河联系起来。"

除了水运，运河沿岸的陆路通达四方，南北纵横，东西交错。清朝实录记载，康熙执政期间4次、乾隆执政期间8次沿运河水陆交替南行出巡。借助便利的水陆交通条件，各派武师沿运河北上京师，南下江南，撂地卖艺，赖以谋生，这一古老的风俗一直沿袭到清代末期。

清代镖局通常有镖车和镖船两种承载工具，镖局一般不会置买镖船，往往是雇主自购或自租。但是无论镖局大小，必须置办镖车，从马车、轿车到

---

① 周义义、王智慧：《论镖局文化与中国武术文化的融合》，《北京体育大学学报》2016年第2期。

② 秦义春编著：《镖行》，中国社会出版社2010年版，第142页。

推车不一而足。早期镖车一般都是独轮车，适合崎岖不平的山路，后期镖车一般规格较大，利于安全防护，保证所运物资安全。使用何种镖车首先由运送的货物决定，其次要看走什么样的道路，同时兼顾走镖时间。镖车挂出的旗帜名为镖旗，挂镖旗是让沿途的人或劫镖人知晓这是谁保的镖，起到警示作用，并展示镖局的江湖地位。

（三）镖局的兴盛与"镖不喊沧"

镖局的主要生意是给客商押运货物或银两，称为"走镖"，负责押运任务的是武功高强颇有名望的武林高手，称为镖师，"宋以后的武侠，有相当一部分存在于镖师之中"[①]。例如，沧州处于京、津、冀、鲁、苏、浙、豫商品流通的必经之地，成为官府巨富走镖的要道，"沧州一带，最出镖师，高人尽多也"[②]。地方志中记载的运河重镇吴桥时，"连镖按辔出西关，牝牡骊黄虎豹斑，价是千金足千里，半供车骑半田间"[③]。正是商品经济快速发展的需要，对走镖的需求也越来越大，保镖成为当地人一种重要的谋生职业，许多本地习武之人以此为生，同时外地一些失意的拳师和落难的侠客也纷纷来沧州，隐身镖局，既可以谋生，又能以武会友，切磋功夫。保镖成为沧州武术的重要社会功能之一，练武保镖的生计方式也有力地带动了沧州人的兴武之风，许多拳械套路经过互相切磋提炼和改进，使沧州武术就像一个越滚越大的雪球走向开放，武林门派和技艺更加丰富精湛。

走镖路上，镖师一般喊出"以武会友""扬我威武"之类的"镖号"。但预经过沧州一带，一定要拉下镖旗，寂静过去，谨防喊出镖号。不然，不管你多有名气，再有权贵，只要在沧州喊镖叫板，保管你颜面尽失。这就是"镖不喊沧"，一个唯一以地域来界定的行内规矩。清代"镖不喊沧"的武术谚语，一般认为是从乾隆年间开始流传的，存有李自然、张碧霄、回族马氏父子等版本[④]，也有人认为清代中后期以后，这句武谚才被广为认可。近代

① 陈山：《中国武侠史》，上海三联书店1992年版，第196页。

② 万籁声：《武术汇宗》，北京市中国书店1984年版，第240页。

③ （清）施崇礼：《吴桥县志——北吴歌十七首并序》，台北：台北成文出版社1968年影印本，第1270页。

④ 于秀萍、童广俊：《试析明清以来京杭大运河沧州段的日常民生》，《沧州师范学院学报》2018年第3期。

"镖不喊沧"的版本主人公有沧州李冠铭、李凤岗、刘化龙等六合门弟子。在"镖不喊沧"的流传过程中，沧州武术更是声威大振。对于外界武林为什么会认同这一说法，一般的解释是：各地镖局为表示对沧州武术界的敬畏，在经过沧州时不再喊镖；或者说知道沧州武林高手太多，经过此地的镖局不敢造次，只能乖乖收起镖旗，停止喊镖，以示尊重；等等。所有版本中，沧州武师是武林秩序的维护者，现今，武术从一种文化资源更多地变成了他们成名一方的文化资本。

在一个信奉"强者为尊"价值观的地方社会，喊镖就被视为挑衅，"镖不喊沧"成为武林默认的一条潜规则，并被武林界集体认同，标志着沧州武术在武林中的显赫地位。对于这一谚语的形成以及究竟哪一个才是事实的争议本不重要，正如"不必研究具体文化现象的所谓真相，就是分析相关文化研究的文本，已经是一个非常有趣的课题"[①]。确实哪一个"镖不喊沧"的版本为事实不重要，重要的是我们要解构这一现象，对之做出合理的解释。沧州武术的地位，在"镖不喊沧"的谚语中确立起来，身为"武术之乡"，沧州武术历史辉煌，声名远扬，引起沧州人的自豪感。穿城而过的南运河，成就了沧州人闯天下的渴望，于是，个个身怀绝技的沧州人带着"镖不喊沧"的气魄开始闯荡江湖。

（四）镖局的分类与组织机构

金融业的兴起与发展，到清代中期，押送银镖成为镖局的主要业务，产生了票镖和银镖两大镖系。随着票号的衰败，至清末民初，护卫官富达贵的人身安全和押送衣、物、首饰等，转化为镖局的主要业务，并形成了六大镖系：信镖、票镖、银镖、人身镖、粮镖和物镖。镖局架构上是合伙的组织形式并行股份制，是安全押运公司和保安公司的前身，规模兴盛的镖局总号可以分为多家分号（图7-14）。

总号：一般设在京城或省会城市；

分号：一般设在州府或经济发达的县；

外柜：总分号均设有外柜，一般设于县城或重要集镇码头。

为充分发挥成员力量，完善经营管理，完成押运目标，镖局既要处理好运行上的外部社会关系，也形成了内部严格的组织系统。外部社会关系方面，

---

① 黄兴涛：《"话语"分析与中国近代思想文化史研究》，《历史研究》2007年第2期。

保证镖局正常运转要建立起三个社会关系，况且这三者缺一不可：（1）在官府要有硬靠山，如兴隆镖局创办人是乾隆帝的武术师傅，成立了被朝廷肯定的第一个镖局；会友镖局的后台是李鸿章，其家宅由镖局看护。（2）绿林有硬关系，即与聚结山林反抗官府或抢劫财物的团伙要熟，清末年间的大刀会、红枪会都属于这类组织，他们常与官府作对，但与镖局通常成为江湖朋友；源顺镖局大刀王五与义和团首领张德成关系密切，所有镖路上畅通无阻。（3）自身要有硬功夫，从上述运河镖局创办人可以看出，个个都有看家本领，武艺高强，既是镖师的操业前提，也是镖局生存之本。镖局内部素来遵从历代社会"一日为师终身为父"的道德约定，其运作上多是依靠清晰的宗族关系来维系。如若群体中创办人是镖头，而其亲属或徒弟大多被发展为镖局中的镖师，这种宗族关系贯穿于镖局运作的整个过程。镖局遇到危机，这种宗族关系群体团结一致同仇敌忾。

图 7-14　镖局的组织机构

四　镖局文化属性分析

（一）镖局文化的物态属性

镖局文化的物态属性首先体现在"镖"字上，"镖"字望文生义是一种武器，属于暗器，使用暗器的镖师固然有之，但不是镖师偏爱的武器。最初镖师的推车上所放武器是许多短矛，尖锐的矛头朝上并排一列，遇到劫匪时迅速"飞"出，被称为"飞矛"，它比镖的杀伤力大，可以收回重复使用。镖师偏爱的武器是长枪和单刀，长枪被称为百兵之王，最适用于车站和马战。单刀是防身佳器，近战、夜战必不可少。走水镖时所携带的兵器更为短小，除单刀，还带上舱战和水战时使用的峨眉刺、雁月刺、分水揽等兵器[1]。19

---

① 方彪：《京城镖行》，学苑出版社 2004 年版，第 49 页。

世纪中叶，随着洋枪的引进，左轮手枪成为镖师们的新式武器，但多是备而不用，对贼人起威慑作用。

另外一种说法，"镖"是镖师所护送的财物银两，根据所押送的货物，将走镖分为六类即信镖、银镖、粮镖、票镖、物镖、人镖。陆镖的走镖离不开车马，由于商家多将货运交镖局代办，所以镖局就纷纷附设大车行、骡马店，形成保镖、运输、出售骡马的"一站式"服务。民国之后，传统镖局趋于瓦解，走镖生意惨淡，贩马、赛马和跑车便成为镖局扩大走镖关系网的一条重要通道。

（二）镖局文化的制度属性

水路三规。水镖沿运河而行，存在难以预料的变数，要想一路平安不出岔子，必须遵守水路三规。第一规是"昼寝夜醒"。白天除了值班的镖师，其余的镖师都进舱酣睡，直到红日西斜才走出船舱，准备夜晚上岗。因为白天几乎不会发生拦河抢劫，只有夜晚贼人才常会前来偷袭，镖师不得不防备。第二规是"人不离船"。运河沿线多是人烟稠密的地区，城、镇、村、集数里相望，一些繁华地段，茶楼、酒肆比比皆是。献艺者、卖唱者出没其间，村会、社戏亦属常见，运河之中"花船""江山船"经常是笙、管、笛、箫歌舞翩翩。镖师绝不能登岸围观或者移船观看，避免贼人调虎离山之计。第三规是"避讳妇人"。船家以船为家，妻女同舟，镖师向来重视武德，登船后均不入后舱，船家女亦守妇道，皆知自尊自重，恪守封建道德规范。

陆路镖的"三不住"。一不住新开设的店。由于不知根底，怕陷入劫匪陷阱，总是驱车直过，绝不留宿；二不住易主的店，老店易主必有原因，未弄清之前，怕是贼店，所以镖师总是策马先行，打探一番；三不住娼店，娼店正经人少，歹人多，难免暗者为盗。住店后，还要遵守"进店三要"的规矩：首先在店内巡视一遍，看看有无"异象"，以防被贼人"瞟上"。二是要在店外巡视一遭，看有无"异风"，以防被人"贴上"。三是要进厨房巡视一遍，看看有无"异味"，以防被人暗中下药。

入睡执行"三不离"。一是武器不离身，一旦手无寸铁，与贼人格斗必会吃亏，所以兵器绝不离身；二是身不离衣，镖师走镖时都是和衣而卧，因为一旦出事，穿衣耽误时间；三是车马不离院，镖车进店后，就专心值班看守车马，不管院外发生什么事，他们都不会过问，怕中"调虎离车"之计。总之，镖师走镖中规章制度非常之多，但均未成为条例，而是在多年实践中形成的，总结了几代甚至十几代人的教训与经验，实践中得到自觉贯彻并不断完善。

（三）镖局文化的行为属性

旧时一说"走会"，大多和习武团体、镖局有关，千里走会也只有镖局才有这份人力和物力，因为走会和江湖卖艺不同，是一项自我娱乐的活动，表演是分文不取的。走会分为文会和武会，武会是专门在朝山进香过程中进行自我娱乐性表演①。镖局组织走会，从表面上看是劳民伤财的买卖，其实不然，走会这种亮镖活动是一箭双雕，名利双收，借用每年朝山进香的机会，在武会上展演各种功夫和武艺，与地方武林人士进行擂台较量，增强个人和镖局的影响力。镖局也会参与武会舞狮、龙灯、旱船、高跷、开路等项目，派镖师参加当地举行的跑骡车、赛骡马比赛。镖师们都是驱车骑马的好手，为招揽生意，通过参与赛车跑马比赛，吊"秧子"们的口味，迫使他们出高价售卖，为镖局获利。

镖局业务好坏取决于能否将保护的货物和人安全地送到指定的地方，如果镖局护送的财物反复被人抢劫，不仅声誉受到极大损害，也将面临倒闭的风险，因此，镖局里的镖师定是武艺高强、功夫过人的硬汉子，而且人际关系广泛，在社会上享有盛誉，责任重大。除此之外，遵守尊师爱国的忠诚伦理秩序，很多镖师在国家危难时挺身而出，保家卫国，如会友镖局李尧臣认为"一人练武可以强身，全民练武可以强国"②，源顺镖局大刀王五为抵抗八国联军英勇牺牲。

（四）镖局文化的精神属性

1. 谦和精神。"三分保平安"，是一个资深镖师的修养，也是镖局的一个重要精神。所谓"三分保平安"就是：带三分笑，让三分理，饮三分酒。镖师的做派不是影视里横眉立目的形象，而是十分谦和，待人接物总是面带三分笑容，尊老敬长，礼贤下士，实为谦谦君子，颇有绅士风范。如在行车、

---

① 方彪：《京城镖行》，学苑出版社 2004 年版，第 17 页。
② 吴宣廷、郭玉成：《明清镖局武艺传播研究》，《体育文化导刊》2018 年第 8 期。

打尖、住店时与人发生矛盾，总是礼让三分，不以武功压人，尽量不与地方上的"恶人"发生冲突，遵行强龙不压地头蛇的行事方法。

2. 先声夺人。镖师一年四季在外走镖，如处理不好与官方关系，将是寸步难行。与镖局发生关系的官方机构分三种：一是管理地方治安的巡防营、巡检司等武装力量；二是设关卡、课收税款的税务司、厘金局等财税机关；三是水路镖上的河政、漕政机关。镖师每到一处，都要先客气地递上自己的镖单和路引，而后请安、问好。如是初次相会，还要出示后台官帖，让对方摸不清自己底细，于是许多官兵在镖师恭敬礼让的感召下，也愿意做个顺水人情。

3. 以礼相待。首先要以礼相待、坐而论道、即兴表演、绝不较量，对于上门挑衅者，采取三种方法解决：对武林中的落魄朋友，本着人不亲、功夫还亲的精神，留他吃顿饭，好生送他上路；对武林中的高手，先把他稳住，当贵宾招待，一旦确认是正道中的朋友，就直言请他帮忙，走上几趟镖后，认为"是块材料"，就由前辈老镖师出面请他留下来一道干了；若道不相合，则婉送之。

4. 先礼后兵。镖局先礼后兵的精神，其实还是想赢不打之仗，作为贼首横刀拦住镖车，往往是等待镖师前来"春点"。镖师自然也是求之不得，先礼后兵的"礼"，当然是放下武器，承认吃的是朋友的饭，穿的是朋友的衣，天下习武之人同师同源，所以得讲江湖义气，求朋友借路。一般情况下很少有"先礼"之后，又"兵"动干戈的，多是化干戈为玉帛。

5. 忠诚守信。镖局以保护雇主人身财产的安全为第一职责，习武者重名节、重名声的内心规约，有效规避了镖局违反信誉之事的发生，反映出镖师"言出必行""敢于担当"的优秀民族精神。① 如果强人危害到了雇主的利益和生命财产的安全，所有的谦和和求全精神都不复存在，他们就会拔刀向前，舍命护主，用刀光和生命，履行自己的职责。总之，镖局的尚武、谦和、诚信、无畏、扶弱、助人精神，指导着几百年来镖局的镖师们，前赴后继地追逐着自己的人生价值，有的甚至出师未捷身先死，但是他们没有一个人退缩，哪怕是遇到再大的困难，再凶悍的敌人，从来不知道逃逸和后退是什么，他

---

① 徐锋、徐俊：《中国传统武德文化的当代价值》，《体育文化导刊》2017 年第 11 期。

们只知道一点，人在镖在！

五 镖局文化管理的当代启示

（一）镖局推动了武术的传承与发展

在时代的大潮下，民国初年，镖局纷纷歇业，最终退出历史舞台。在镖局存在的历史阶段，不仅促进了运河流域经济的发展，而且对中国武术的传承、发展起到了推动作用。首先，在热兵器时代来临之前，人们能够用以自卫防身、进攻的主要措施是习武，除了投身于武术，设武馆传播武艺，镖局的建立为习武者开辟了一种新的生存手段，客观上促进了传统武术的传承与发展。

其次，镖师职业的逐步消失，让那一代习武者从闯荡江湖向开门授徒转型，各种民间武术组织纷纷出现。如李尧臣在北京外五区警署所创办了半日武术学校，后因经费不足停办，后续创办了季节性茶馆，在茶馆中摆下十八般武器，供武林人士表演比武。① 清末武术家霍元甲，出身镖师家庭，其在上海创办的精武体育会，从 1901 年至 1929 年已有会员约 40 万人，分会 42 个。② 万通镖局创始人李存义，以发展传统武术、振起国民尚武精神为宗旨，在天津创办中华武士会。这些组织破除了武术传播的门户之见，为武术在民间的传播与发展起到了重要作用。

最后，长年的走镖生活，惊险的职业生涯，使镖师们养成了即使离开镖局，不操镖师行业，也能将"诚信无畏""扶危济贫"的武术精神发扬光大。镖师们在走镖过程中所表现的敬业精神以及在其习武当中所体现的中华传统武德，是值得夸赞的。因此，镖局文化的存在是中国武术发展史上的一个里程碑。

（二）为新时代体育文化企业管理、弘扬武术文化提供借鉴

镖局既无丰裕资本，亦非殷实商家，均由一些武术家组织而成。镖局将武术作为商品进行经营，为运河商人提供安全保卫服务，保障了运河商业的正常运营，同时运河商业也为镖局提供了可观的服务报酬，由此带来不同规

① 曲彦斌：《中国镖行——中国保安业史略》，上海三联书店 1996 年版，第 33 页。
② 刘映海、乔增光：《晋商五百年·镖行四海》，山西教育出版社 2014 年版，第 192 页。

模的镖局在全国范围内如雨后春笋般大批出现。因此，镖局在组织管理、技术
管理和运营管理等方面，有可供运河城市体育文化企业管理借鉴的独特之处。

武术为镖局提供了强有力的技术支持和理论支撑，是保障镖局接镖、押
镖、走镖得以正常开展运行的关键，也是让镖局能够立足江湖、声名远扬的
信誉保障；镖局为武术提供了良好的服务平台和得以实现武术交流传播的便
利和媒介，为各门派武术家和习武人士提供了切磋武艺的场所和谋生门路，
两者之间形成了有力的互动关系，互相促进，互相影响，共同发展。与此同
时，运河商人（第三方）的需求也是促使镖局实现接镖和正常运营的关键，第
三方的需求为镖局提供了物质保障，是镖局得以实现运营的基础，毫不夸张地
说，运河商人是镖局和镖师的"衣食父母"，间接促进了武术文化的发展和武术
竞技能力的提高。所以，运河商人、镖局和武术三者之间，是一种在相互依赖、
密切互动过程中获取共赢的动态模式，实现了从共融到共荣的局面（图7-15）。
运河商人、镖局和武术的融合与共荣现象，既是地域文化、经济文化等综合因
素作用下的一种独特的文化现象，也是京杭运河历史上一个值得考究的文化现
象，更是当今弘扬运河武术文化发展中一个值得借鉴的历史经验。

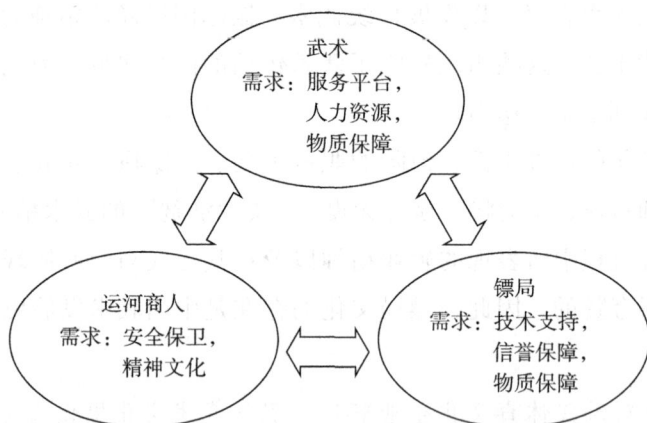

图 7-15 运河商人、镖局和武术关系图

（三）以文化保护为途径，开辟镖局文化之旅，走科研化之路

从上述的分析中可以发现，镖局的出现不仅是顺应时代需求的结果，也
推动了社会的发展。镖局从明代的镖户、镖行起步，到清代鼎盛时期的百家
争鸣，再到民国时期的衰败，不只是其自身的原因，更是一个时代更迭的原

因。科学技术的进步，运河漕运的停止，新式交通工具的出现以及国外资本的输入等，都对镖局的衰败和分化造成了影响。镖局作为明清以来中国社会经济发展的一个缩影在告诉我们，在发展的过程中一定要紧跟时代的步伐，在保持原有核心的基础上要大胆创新，才不会被时代的洪流所淹没。

首先，申请非物质文化遗产保护，并将镖局文化申请加入运河地理标志尤为重要，沿京杭运河镖局数量占全国比例最高，通过申请非物质文化遗产保护是对镖局文化保护与传承的一种有效手段。

其次，依托文化旅游开发利用镖局文化，对于镖局文化的发源地，充分利用旅游资源，开辟有特色的镖局文化之旅，为游客提供历史场景的回归和旅游娱乐的体验，大力宣传镖局文化，提升知名度。

最后，镖局文化形式上是传统的、分散的，因历史上以民间流传为主，遗存流失现象严重，需加大对镖局旧址的原貌恢复，对其历史渊源、名人逸事、实物器具等进行调研、考察、收集和记录，结合图文信息，建立资料数据库，走科研化之路。

镖局文化的传承不仅仅是简单的现象重现，而是要通过有重点的甄别与选择使其与时代发展相融合，抢救、整理镖局历史文化遗产，深入挖掘镖局文化内涵和价值，弃其糟粕，取其精华，对镖局文化中有价值的思想或理念合理继承，古为今用。

六 镖局文化案例研究结论

（一）镖局始于明，盛于清，衰落于民国。京杭运河水路交通、漕运和商业运输业的繁荣，促进了练武保镖生计方式的形成以及镖局的产生与发展。目前镖局文化与遗存流失现象严重。

（二）镖局文化是中国武术文化的重要组成部分，也是武术文化传播的重要载体，借助镖局文化的物态、制度、行为和精神四种属性，其传承有利于武术文化的传播和区域文化的交流。

（三）尚武、谦和、诚信、无畏、扶弱和助人精神是镖局文化和武术文化的核心，镖局文化践行了中国武术文化的价值与体现，诚信教化、关系互动的社会属性与武术文化深入融合，丰富了武术文化的内涵。

（四）运河商人、镖局和武术是一种相互依赖、密切互动过程中获取共赢的动态模式，三者间的融合与共荣现象，可为当今弘扬武术文化提供历史经验。

（五）镖局推动了武术的传承与发展，在组织管理、技术管理和运营等方面，有可供运河城市体育文化企业管理借鉴的独特之处，适宜以文化保护为途径，开辟镖局文化之旅，走科研化之路。

第三节 运河城市与高校龙舟运动项目的品牌塑造

一 京杭运河城市龙舟运动的历史渊源

（一）龙图腾与龙舟起源学说

龙，是中华民族的象征，也是汉族龙图腾文化的代表之一。龙图腾形成的时间，可上溯到上古伏羲时代，伏羲氏以蛇为图腾。闻一多先生《端午考》指出，中国人被称为"龙的传人"来源于黄帝时代的传说，黄帝在统一中原后，它的标志兼取了其他氏族的标志性图案，如鸟、马、鹿、蛇、牛、鱼的图案，最后拼合成了"龙"，成为汉族的标志。端午节最初是人们祛病防疫的节日，后因诗人屈原逝世于这一天，便成了我国纪念屈原的传统节日习俗；也有端午节最初起源于江浙地区的龙图腾祭的说法，如《史记·吴太伯世家》载，太伯南奔吴地后筑城守民，汇通百渎，受到拥戴，因吴人"常在水中，故断其发，文其身，以象龙子，故不见伤害"，同时，以"龙"作为原始崇拜图腾。端午是"飞龙在天"吉祥日，龙和龙舟文化始终贯穿在端午节的传承历史中。

表 7-3   龙舟竞渡缘起学说

种类	缘由与记载
图腾说	闻一多《端午考》提出，四五千年前的吴越人，以龙为图腾，每年端午节都要举行盛大的龙图腾祭，要在鼓乐中竞划龙形独木舟。在生产和原始祭祀等活动中，逐渐形成了竞渡之俗 江绍原《端午竞渡本意考》认为"竞渡起于送灾，本是一种用法术处理的公共卫生事业，与屈原无关，经过历史变迁，龙舟竞渡逐渐由实用主义的竞遣不祥转化成为娱乐主义的竞渡"

续表

种类	缘由与记载
伍员说	东汉《曹娥碑》（一）记载，吴国将领伍子胥得罪吴王夫差，五月初五遭暴君诛戮，尸首被投入江内，国民纷纷驾舟逐潮，企望重见伍子胥之灵，由此逐步形成了划龙舟、迎伍君的民风习俗
勾践说	《事物原始》载有："竞渡之事，起于勾践，今龙船是也" 汉代赵晔《吴越春秋》也认为，龙舟的起源"起于勾践，盖悯子胥之忠作" 西汉《越地书》记载，越王勾践被吴王夫差释放归来后，十年卧薪尝胆，做狭长舟船，快速如飞，桨位众多。常在五月初前后，坐船上亲自指挥竞渡，用划龙船的形式作掩护，实则秘训水军。经过十年艰辛，于公元前473年打败了吴国。为纪念这位君王，每逢端阳，越国各地举行盛大龙舟竞渡活动，祈求平安
屈原说	公元前278年，因楚王昏庸致都城被秦国攻陷，爱国诗人楚大夫屈原五月五日抱石块跳入汨罗江中，百姓驾船拯救。《隋书·地理志》载"湖大船小，士人追至洞庭不见，莫得济者。乃歌曰：何由渡湖？因而鼓棹争归，竞会亭上，习以相传，为竞渡之戏。诸郡皆然，而南郡尤甚"。这种传说最广

龙舟运动又称龙舟竞渡，也有赛龙舟、划龙舟、划龙船、扒龙船、扒龙舟、龙船赛会等称谓，是我国传统节日端午前后的主要习俗。目前，龙舟的起源有江浙地区的吴越民系和湖南西北部沅陵两种说法，观点繁杂（表7-3）。其实，龙舟运动早在屈原之前就已经有了。闻一多先生《端午考》说，距屈子投江千余年前，划龙舟习俗就已存在于吴越水乡一带，目的是通过祭祀图腾——龙，以祈求避免常见的水旱之灾。

（二）运河江浙段龙舟运动的历史渊源

在吴地，即现在苏州一带，划龙舟是为了纪念伍子胥，因为吴王夫差误杀了忠良，且是在五月初五这天把伍子胥的尸体装入袋中沉江，所以吴地百姓在这一天划龙舟，就是为了纪念忠臣伍子胥。到清代，苏州端午龙舟竞渡盛极一时，地点众多，"龙船，闾、胥两门，南、北两濠及枫桥西路水滨皆有之"①。

浙江一带，划龙舟是为了纪念古代著名的孝女曹娥。传说曹娥之父亲落水于江边，曹娥悲哭找寻，沿江寻求十七日无果，继而于五月初五投江以身

---

① （清）顾禄撰：《清嘉录》，上海古籍出版社1986年版，第90页。

殉父，本地人为了纪念她，才有了划龙舟的习俗。还有一种说法，说划龙舟是为了纪念"鉴湖女侠"秋瑾的。

在"吴根越角"嘉兴，伍子胥被称为河神和潮神，民间有"五月五日，时迎伍君"的说法，接到潮神的一方百姓，这一年就会太平无事，消灾避难。嘉兴端午主要是为了纪念吴国名相伍子胥，而源远流长的端午龙舟竞渡，相传也是源于春秋时期纪念伍子胥的活动（图7-16）。

宁波市划龙舟的最早图案，发现于鄞县（今鄞州区）云龙镇甲村，1976年当地出土了国家一级文物——战国时期的"羽人竞渡纹铜钺"，器身上方双龙昂首相向，前肢弯曲，尾向内卷；下部以弧形边框线为舟，上坐四人成一排，双手持桨做奋力划船状，羽冠的羽毛似乎迎风飘扬，这是宁波中秋划龙舟的雏形。

据专家考证，划龙舟的先决条件是必须在产稻米和多河港的地区，这正是江浙地区的特色。自古以来，江浙先人与水作斗争，他们兴修水利，开凿运河，孕育了独特的江浙水乡文化，而且逐渐形成了水网交织、水路畅通的景象。

图7-16 嘉兴河神伍子胥像与南湖龙舟祭河神仪式

二 常州"天下第一舟"的考察

（一）龙舟运动起源于吴越水乡

常州，坐拥古运河、太湖、长江、二泉等水系，依龙山而建的阖闾城遗址博物馆成为太湖之滨的一道风景（图7-17）。在此处河姆渡遗址和田螺山遗址的文化调查发现，早在 7000 年前，吴越先民就用独木刳成木舟并加上木桨划舟。以代步为始的舟，逐步发展为交通工具和生产工具，对古代中国生活在江浙水网地区的人们而言，已经习以为常了，因此有了"胡人便于马，越人便于舟"的记载。人们在捕鱼捉虾的劳作中，攀比渔获的多寡，休闲时又相约划船竞速，寓娱乐于劳动、生产及闲暇中，应该是古代划龙舟的雏形。

图 7-17 太湖畔阖闾城遗址

馆内《太湖备考》记载，吴越第一次大规模水战，就发生在太湖。春秋时，吴王在此训练水军，停泊战船，太湖是吴越争霸的主战场，当年谁控制了太湖的水权，谁就掌握了向外扩张的通途。挑起战争的越国，以三万兵力出征，而吴国以十万水军迎敌，结果是吴王完胜，并乘胜攻打越国，越王勾践被吴军围困在会稽山上，向吴国求和称臣。[1] 当时吴越两国水军的发达程度，从阖闾城本身的建筑位置、城池遗址和遗迹规模中仍旧可见一斑。阖闾城北部有一块很大的区域叫胥湖，伍子胥就曾在胥湖之上训练水军，像夫椒之战的主战场，不管是无锡一侧的马山、大小椒山，还是苏州市西南端的洞庭西山（太湖东南部第一大岛，距苏州古城 45 公里，面积 80 平方公里），都是在太湖中间岛上发生的战争。吴国"以舟为车，以楫为马"，骁勇善战，轻舟如梭，所向披靡。

距离阖闾城不远的常州武进，有一处春秋淹城遗址，空中俯瞰，三座城池由三河围绕，城河相间，仿佛一只大地之眼，这种建筑形态，在中国的城池遗存中独一无二，可见两千多年前的吴人，已经是利用水系构筑城池的建筑高手。在淹城河道中，发现了春秋时期的独木舟，用整段楠木，火烤斧凿

---

① （清）金友理：《太湖备考》，江苏地方文献丛书标点本，江苏古籍出版社 1998 年版，第 175 页。

而成，表明春秋时的古人已经将船作为主要交通工具。据了解，1958 年初夏，淹城村民取泥积肥时，在此发现独木舟一条，舟中装有 13 件青铜器。其后淹城又出土了 3 条独木舟，其中两条收藏于武进淹城博物馆，最长 11 米的独木舟，迄今为我国发现的保存最完整、最古老的独木舟，有"天下第一舟"的美称（图 7-18）。

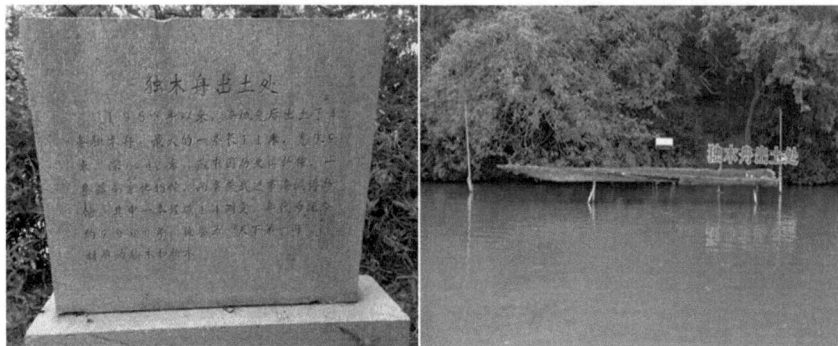

图 7-18 常州"天下第一舟"出土处

（二）古代水上军事活动为开展龙舟运动奠定了基础

当时的吴王夫差，为了北上争霸，开凿了历史上最早的运河——邗沟，用舟师水军运送部队，并用专门的水军部队进行战斗，吴国拥有春秋时期最大战舰艅艎大舟，有人开玩笑说，就相当于现在的航空母舰（图 7-19）。吴国舟师凭借舟船技术，作战水上，从吴楚争夺艅艎的战争，和越灭吴后首先屠其艅艎大舟，可见其在春秋战事中的重要地位。后期吴国北上争霸跟齐国战争，水军和舟楫在战争中，也发挥了重要的作用。吴王夫差凭借强大的水军，将被誉为千里之国的越国，变成百里之国，越王勾践也成了夫差的奴仆，后来，回到越国的勾践卧薪尝胆之时，也不忘吸取教训，不断提升水军实力。正是看到越国水军的崛起，吴国在太湖龙山修建了石墙，作为吴国城池最外围的一道防御工事。以上这些，为龙舟起源于吴越水乡提供了又一佐证，同时证明，古代水上军事活动，对增强舟船技术、适应水上作战产生了积极影响，为提高操舟技能和开展龙舟运动奠定了基础。

运河江浙段是"舟"的故乡，也是桨的故乡。随着独木舟的出现，桨也应运而生，而且快速成型。古代的舟桨与当今的船桨差距较大，桨板既窄又

图 7-19　吴国艅艎大舟（摄于阖闾城遗址博物馆）

长，握杆比较短。至秦汉时期，水军舟师逐步兴盛，帝王们（如秦始皇）为求长生不老多次发动"东渡"活动，促进了船桨的发展。桨逐渐趋于大型化，桨板缩短变薄，握杆变长，挥动起来灵便有力，使水上航速大大加快。唐代以后，桨在外形上基本定型，表面积与体积持续加码，用桨规模逐渐提升，由先前的一舟二桨，因舟体积变大，演变成"一舟桨叠层"，即用上下两排桨。

（三）当今国内龙舟运动发展境况

为适应当代竞技体育发展需要，走多元发展途径，龙舟已列入国内外正式比赛。2011 年端午节第一届中华龙舟大赛，在无锡江阴市月城镇开幕，历经十年的蓬勃发展，中华龙舟大赛已发展成国内级别最高、竞技水平最高、奖金总额最高的龙舟赛事，2014 年以后中华龙舟大赛共设八站赛事，开展现状如火如荼。目前，全球约 5000 万人参加龙舟运动，龙舟已经成为国际体育项目，每年由中国龙舟协会举办的国际性、全国性龙舟邀请赛达 30 余次，"南舟北移"也取得了飞快发展，龙舟运动正在不断向着规范化、科学化和品牌化的轨道发展。此外，龙舟比赛进入奥运大家庭充满希望，2021 年东京奥运会已经把龙舟运动定为正式表演项目。开展龙舟运动，弘扬民族传统文化，推动齐心协力、同舟共济、敢为人先的龙舟精神，是新时代赋予的体育文化使命。

在运河沿线城市，龙舟传统体育属于发展势头比较好的项目，借用了现代龙舟竞技的规则和器材，积极进行竞技体育的发展改造，尤其在节假日，各个运河城市将龙舟比赛打造成集文化、旅游、商贸于一体的多功能盛会。节日龙舟与全民健身紧密结合，参赛队员既有企事业单位的职工，也有来自社会的个体工作者和社会体育爱好者，这些参与者不分民族、性别、职业、教育程度和财产状况，彻底改变了过去在固定行业、领域或者地域开展龙舟运动的状况。时至今日，沿运河城市承办的系列龙舟赛事已成为景观体育品牌项目，对加快城市体育文化产业、推动群众体育活动的蓬勃开展具有积极意义。

三 运河城市苏州龙舟品牌赛事培育路径分析

（一）赛事规模与存在问题

苏州市端午龙舟赛自 2010 年起已成功举办 12 届，是企事业单位、社会团体、高等院校等广泛参与的群众体育盛会，举办地包括苏州工业园区金鸡湖、胥江河、相城漕湖等。龙舟赛是苏州市"家在苏州"和弘扬传统文化的重要组成部分，为赋予传统节日文化全新的魅力，近几年端午龙舟赛被列入"同乐江苏"大运河非遗分享荟系列活动，充分展示了龙舟文化的活力与吸引力。由表 7-4 可见，苏州龙舟赛经过 12 届的举办，从开始创办阶段的 19 支队伍、300 名运动员、0.8 万人次客流量，到现在的 68 支队伍、1364 名运动员、4 万余人次（计最高值）客流量。依托苏州各方面的优势，该赛事已成为苏州文化繁荣和对外宣传的品牌活动之一，在弘扬传统文化、推动国际交流、丰富市民生活、提高城市影响力和美誉度等方面发挥了积极的作用。

表 7-4 　　　　　　　　2010—2021 年苏州龙舟赛发展规模统计

年份与届别	参赛队伍	组别	赛事级别	主题	客流量
2010 年第 1 届	19 支队伍 304 人	男女 12 人小舟	市级	乐享	0.8 万余人次
2011 年第 2 届	37 支队伍 500 余人	男女 12 人小舟	市级	家在苏州	1.2 万余人次
2012 年第 3 届	50 支队伍 600 余人	男女 12 人小舟	省级规模	同乐江苏	2 万余人次
2013 年第 4 届	76 支队伍 700 余人	男女 12 人小舟	国际交流	同乐江苏	2 万余人次

续表

年份	参赛队伍	组别	赛事级别	主题	客流量
2014年 第5届	39支队伍 600余人	男女12人小舟	国际交流	弘扬传统文化	2万余人次
2015年 第6届	60支队伍 800余人	男女12人小舟	国际交流	弘扬传统文化	2万余人次
2016年 第7届	54支队伍 900余人	男女12人小舟和 22人大舟	国际交流	弘扬传统文化	2.5万余人次
2017年 第8届	56支队伍 1150余人	男女12人小舟和 22人大舟	国际交流	弘扬传统文化	3万余人次
2018年 第9届	70支队伍 1200余人	男女12人小舟和 22人大舟	国际交流	同乐江苏	3.3万余人次
2019年 第10届	66支队伍 1400余人	同上，并增加女队 和大舟比重	国际交流	同乐江苏	4万余人次
2020年 第11届	56支队伍 1168名运动员	男女12人小舟和 22人大舟	国际交流	同乐江苏	1万余人次
2021年 第12届	68支队伍 1364名运动员	男女12人小舟和 22人大舟	国际交流	同乐江苏	0.4万余人次

研究期间，笔者团队调研了"2019苏州金鸡湖端午龙舟赛"（2019年6月），并随参赛队伍亲临"2020苏州漕湖金秋国际龙舟赛"（2020年10月）现场，实地考察了苏州龙舟赛的场地设施、秩序册、安全保障、媒体宣传、赛事运作流程等环节，发现苏州市龙舟品牌赛事存在以下问题。

1. 在比赛项目上，除龙舟竞技，需要增加类似龙舟拔河赛等项目，增加比赛的观赏性与业余大众的参与性。

2. 在品牌管理上，苏州龙舟赛的品牌没有形成固定的组织构架，在相关规章制度上不够完善，需要设置固定组织机构并更新完善赛事规章制度。

（二）传统龙舟习俗的承继

祭龙阶段。保留悬挂菖蒲、佩挂香囊、喝雄黄酒、悬挂钟馗像的习俗，舞龙一般作为垫场表演，抬高龙头，东西方向展开长龙，面朝江河三叩首，寓意敬拜河神伍子胥。

点睛阶段。先把17节龙身摆为高低不平像龙舟一样的样式，擂起狮鼓，敲响铜锣，暗示龙舟赛即将开始，岸上的人们点燃鞭炮，由组织领导或者德高望重的老者为蛟龙点睛，此时锣鼓声愈加喧闹猛烈……

赛龙阶段。除了船头和船尾用五彩涂抹，20 多条龙舟的龙身画为蓝、绿、黄等色，每舟 12—22 位划手握桨端坐，其中船头反向坐有 1 人担任鼓手，船尾插有一面龙旗并有舵手 1 人，划手身着各色背篓，不同龙舟划手的服装允许相同，但是头巾颜色必须严格区分，包括红、蓝、青、黄等色。

龙舟赛每次发动 4—5 支船，统一用红色令旗指挥发令。发令后各舟疾速起动你追我赶，划手们动作整齐划一气势万钧，跟随着充满节奏的鼓点挥动船桨，船桨击打水面，溅开朵朵水花，龙舟飞快驰近。划船距离 100—500 米，最先冲刺到终点者取胜告捷，各组取胜者进入下一轮复赛或决赛，比赛结束后，所有龙舟泊于码头，由司仪将 20 多只彩球分别挂在龙舟的龙头上。

收龙阶段。一番龙争虎斗的赛龙夺锦后，进入龙舟赛的尾声，各舟负责人摘下彩球缠挂于颈部，陆续上岸步入彩台并自成一排，主持者请组织领导或行政首长宣告比赛结果并授奖，礼毕舞龙再度上台献技，宣布龙舟比赛收场。

（三）文化、龙舟与商贸深度融合

以 2020 年为例，"2020 首届漕湖金秋国际龙舟赛暨苏州中日文化与商品交流会"在相城区漕湖湿地公园举行，赛事由苏州市龙舟协会、苏州市相城文商旅集团有限公司主办。调查发现，作为一项亲民、聚民、乐民的民族传统体育活动，比赛吸引了外籍队伍 6 支（占比 11%），包括来自法国、德国、美国、俄罗斯等 15 个国家和地区的 108 名拥有不同语言、文化、肤色的龙舟爱好者，共同在漕湖之畔感受龙舟魅力。传承活动秉承国际化与本土化相结合、文体旅与经济相交融、龙舟赛事与衍生活动互补的理念，策划组织了包括开幕式、龙舟赛事及国际舞台艺术展演、创意美食、中日非遗文化市集、水上极限运动表演和中日文化与商品交流会五大赛事衍生活动，以传承千年的龙舟精神和开放再出发的奋斗姿态，彰显苏州历史文化与高质量发展相融合之美。

从 2018 年起，每年的相城漕湖龙舟赛都办得有声有色，深受市民喜爱。作为国内观赏龙舟竞渡的主要城市，在赛事期间举行的中外文化与商品交流会上，Sake Flash、系列风味小吃、近百种中外体育服装、30 余个日本货物品牌集体亮相，为市民提供了一个集消费、商贸及中日餐饮一条街于一体的休闲体验场所，更让漕湖湿地成为社会各界关注的焦点。

图 7-20　苏州金鸡湖龙舟赛

（四）经验总结

1. 苏州市龙舟品牌赛事，比较完整地保留了舞龙表演、点睛、佩挂香囊、喝雄黄酒、悬挂钟馗像等习俗。

2. 苏州市得天独厚的地理优势、人文资源、经济资源和自然资源，以及政府支持、企业关注，为龙舟赛事创造了核心竞争力。

3. 苏州龙舟赛规模不断扩大，赛事水平不断提高，品牌龙舟赛事的形象已经形成，品牌名称和识别主要通过赛事名称、特点和赛事的主题等方面来提高赛事品牌的认知度。

4. 品牌赛事由弘扬民族传统文化，定位于"同乐江苏"大运河非遗分享，赋予传统龙舟新的生命力，通过文化、龙舟与商贸深度融合，为广大市民和国内外友人提供一个欢聚和交流的平台。

四　校地共建，高校龙舟运动项目的品牌塑造——以聊城大学为例

（一）高校龙舟运动发展背景

从中华龙舟大赛注册高校队伍来看，已有 40 支高校队伍在网站上进行了注册，包括港澳高校队伍及国内其他高校队伍 12 支，高校成为推广和开展龙舟运动的主阵地之一。聊城大学坐落于风光秀丽的国家级历史文化名城——素有"江北水城"之称的聊城，京杭大运河、徒骇河穿城而过，东昌湖环绕古城，悠久运河文化和漕运文化的浸润，聊城体育因"水"而兴。学校根据所处地理位置，依托地方资源优势，大力发展龙舟运动，传承中华优秀传统文化。

聊城大学龙舟队成立 20 年，不断汲取中华文化精髓，用"走在前列"砥砺前行，积极参加国内外重大比赛，大力推进龙舟人才培养模式改革，经历"校地合作、校俱结合"办队模式，以及"以赛促训、全面发展"的人才培养特色，全方位塑造竞技文化品牌。以龙舟文化的传承创新，形成了竞技体育与文化建设协调发展、专业龙舟与业余龙舟同步推进、思想建设与经费保障措施有力、社团组织与教学活动紧密结合、学校主导推动与地方大力支持的发展局面。

（二）龙舟运动发展历程与成就

1. 发展历程

（1）初步发展阶段（2002—2007 年）

2002—2003 年，聊城大学服务地方文化事业发展，校地共建龙舟队参加国内国际重要比赛。2005 年，开始招收龙舟高水平运动员。2006 年 5 月，龙舟队获得第 32 届日本国际龙舟邀请赛 800 米银牌。同年获得第 14 届全国龙舟锦标赛 500 米直道赛第四名。其间学校每年专项投入 17.9 万元。

（2）短暂停滞阶段（2008—2009 年）

2008—2009 年，迫于学校扩建和办学经费不足，龙舟队没有参加中国大学生体育协会组织的赛事活动。尽管建设经费不足，但队员们间歇性地开展了训练活动。2009 年 9 月，龙舟队获得泰安全国龙舟邀请赛 500 米亚军。其间，每年的龙舟经费支出为 2 万元，经费保障不足，训练水平不高，队伍进入短暂停滞阶段。

（3）恢复发展阶段（2010—2013 年）

2010 年聊城大学恢复龙舟训练工作，但经费投入依然有限，恢复初期非常艰难。2012—2013 年，与江阴协统俱乐部、广东汕尾仁荣俱乐部联合组队参加中华龙舟大赛，有"小决赛之王"之誉。"校俱合作模式"缓解了经费不足压力，队伍水平得到迅速提升。2013年龙舟队代表中国大学生获得第17届美国长堤国际龙舟锦标赛3金2银，创造中国大学生参加该项赛事以来最好成绩。"借鸡生蛋"是本阶段发展特点，其间学校每年专项投入36.66万元。

（4）全面发展阶段（2014—2021年）

2014—2021年，是龙舟队快速发展并占据高校制高点、在国内外产生重大影响的阶段。为了继续打造龙舟品牌，学校不断加大经费投入，参赛队伍数量和参赛频次不断增多，获奖层次不断提升，龙舟队进入"以赛促训"的崭新阶段，训练补贴与奖励高校最高。本阶段，学校每年专项投入173.75万元。

本阶段，龙舟项目获得第12届、13届亚洲龙舟锦标赛、世界龙舟锦标赛6枚金牌，其中的第13届世界龙舟锦标赛1000米直道赛金牌，是中国队参赛史上首个长距离项目奖牌。青少年女队5次、男队2次获得中华龙舟大赛总决赛冠军；全国大学生锦标赛五连冠；2019年，职业女子组获中华龙舟大赛总季军，青少年男女队夺双冠。

2. 发展成就

（1）龙舟队取得的运动成绩

自2002年聊城大学开展龙舟项目传承活动并成立龙舟队至今，代表国家及学校获得国家级、国际级重大比赛奖励545项。其中，金牌213枚、银牌115枚、铜牌71枚，四至六名146项（表7-5）。获奖牌率73.21%，夺金率39.08%，是一支名副其实的国内强队。女队获得中华龙舟大赛总决赛"四连冠"，共四次代表国家参加亚洲龙舟锦标赛、世界龙舟锦标赛，获得6金7银1铜，四至六名2项。此外，2017年龙舟团支部获评共青团中央"全国活力团支部"，2018年龙舟队被共青团山东省委授予"山东省青年五四奖章集体"荣誉称号，2020年获"山东省最具活力健身组织"，2021年9月体育学院首次获评"全国群众体育先进单位"。

表7-5　　　　　2002—2021年参加国家级、国际级比赛获奖统计

比赛类别	金牌	银牌	铜牌	第四名	第五名	第六名	合计
中华龙舟大赛	139	73	45	37	27	13	334

续表

比赛类别	金牌	银牌	铜牌	第四名	第五名	第六名	合计
中国龙舟公开赛	14	8	17	16	22	8	85
全国青少年锦标赛	5	1	0	0	0	0	6
全国大学生锦标赛	17	5	0	0	0	2	24
世界大学生锦标赛	2	2	1	0	0	1	6
亚洲龙舟锦标赛	3	5	0	0	0	0	8
世界龙舟锦标赛	3	2	1	1	1	0	8
其他类型的比赛	30	19	7	8	7	3	74
合计	213	115	71	62	57	27	545
%	39.08	21.10	13.03	11.38	10.46	4.95	100.00

（2）龙舟队社会影响力与日俱增

龙舟是我国具有民族情怀、以"龙"文化为主导的传统体育项目，是中央电视台广泛传播并深度报道的民族记忆，在坚定民族传统文化自信中发挥着积极作用。龙舟团队获得国家级集体荣誉 3 次，获得省级个人与集体奖励 8 次，省级、国家级媒体为龙舟队制作专题片 6 个，中央电视台《新闻联播》栏目曾 30 余次报道队伍参赛情况，中央电视台 4 次制作校队龙舟专题片，在中华龙舟大赛直播比赛期间面向全国电视观众播放（表 7-6、表 7-7、表 7-8）。2019 年，山东省教育厅以"铸就特色品牌，提升育人质量——聊城大学龙舟队迈出山东走向世界"为题，印发教育工作简报（31 期），呈报给山东省委和省人民政府，龙舟已经成为聊大品牌。

表 7-6　　中央电视台新闻栏目报道龙舟队时间统计（98 次，4498.20 秒）

中央电视台	报道栏目	x±s	n	Σ
综合频道 CCTV-1	新闻联播（晚间）	10.72±9.07	22	235.83
	新闻30分（午间）	7.00±3.46	3	21.00
	朝闻天下	10.25±5.09	8	82.00

续表

中央电视台	报道栏目	x±s	n	Σ
新闻频道 CCTV-13	共同关注	17.17±20.73	6	103.00
	东方时空	12.00±0.00	1	12.00
	新闻直播间	105.76±102.17	21	2221.00
	午夜新闻	15.37±0.00	1	15.37
体育频道 CCTV-5	体育新闻	58.20±96.71	30	1746.00
	体坛快讯	10.33±6.89	6	62.00

表 7-7　　　　　　　　　　龙舟队社会影响力一览表

中央电视台	中央网信办、央视网、 共青团中央、教育部、 国家体育总局	共青团山东省委、 山东省体育局	山东广播 电视台、 大众网	山东省教育厅 高校工委
新闻联播 22 次	70 年 70 城	2018 山东青年 五四奖章集体	2017 山东省 对外宣传片	2017 山东十大师 德标兵提名奖
新闻直播间 21 次	2016 全国最有 活力团支部	2019 最具活 力健身组织	2018 上合青岛 峰会宣传片	2019 山东女职工 建功立业标兵
体育新闻 30 次	2019 国家体育运动 一级奖章教练		2018 飞越齐鲁	2019 山东教育厅 工作简报
朝闻天下等 47 次	2019 国家体育运动 一级奖章 12 人		2020 一路向南	2020 山东高校 三八红旗手
制作专题片 4 个			2020 我的城　我的歌	2021 山东最美 教师提名
中外媒体跟踪 报道 80 余家			2020 竞渡	

表 7-8　　　　　　　　　　各阶段参赛频次、金牌数统计

	初步发展 （2002—2007）	短暂停滞 （2008—2009）	恢复发展 （2010—2013）	全面发展 （2014—2021）
参赛频次	15	3	18	61
均数	2.50	1.50	6.00	10.17
获金牌数	12	0	10	191
均数	2.00	0.00	3.33	31.83

（三）龙舟运动文化品牌的塑造

回顾总结发展历程，学校龙舟品牌塑造包含如下十大要素：制度创新、经费支持、人才选拔、科学训练、思想建设、文化建设、媒体宣传、交流推广、项目普及、学科建设（图7-21）。

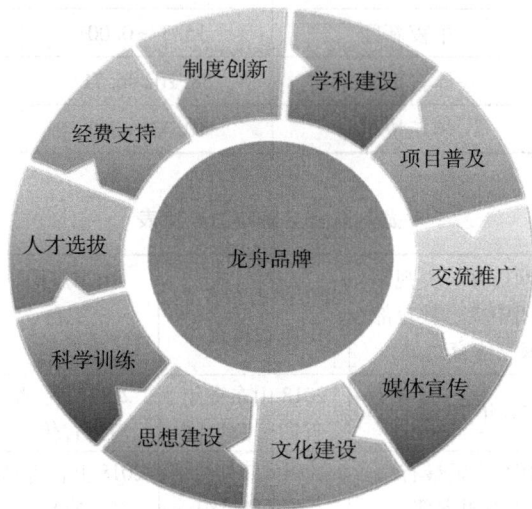

图7-21 龙舟品牌塑造十大要素

1. 制度创新是塑造龙舟品牌的重要依据

多年来，认真贯彻实施《教育部、国家体育总局关于加强普通高校高水平运动队建设的意见》和《山东省普通高校高水平运动队管理规定》，制定学习与训练相长、激励与约束并存的管理制度。经过 20 余年的建设发展，形成了以龙舟项目为龙头的高水平运动队管理体系，并坚持长年训练比赛。

（1）《聊城师院体育运动队管理办法》（1998）：开始提供经费保障。

（2）《聊城大学关于业余训练问题的有关规定》（2003）：落实队伍管理、成绩认定、经费支出、训练补贴、奖励标准等。

（3）《聊城大学关于高水平运动员、运动队管理的规定》（2017）：根据成绩发放训练补贴，调动学生积极性，满足市场发展需要，制度创新成为龙舟品牌建设的重要依据。

（4）《聊城大学关于体育运动队、运动员管理的规定》（2022）。

2. 加大经费投入是塑造龙舟品牌的必要条件

（1）央视直播比赛产生巨大品牌间接经济效益

央视 5 频道直播聊大夺金项 86 个、颁奖仪式 71 次、授旗仪式 10 次，累计用时 3 万 7375 秒（表 7-9），按直播比赛广告报价刊例 2000 元/5 秒计算，聊城大学获得的直播广告间接经济效益 1 亿 4950 万元。

表 7-9　　参加中华龙舟大赛夺金项目直播、颁奖、授旗时间（10.38 小时）

年份	100 米		200 米		500 米		授旗	Σ
	比赛	颁奖	比赛	颁奖	比赛	颁奖		
2016	0	0	701	0	660	0	0	1361
2017	708	74	1442	202	1201	202	122	3951
2018	1735	1016	1797	1063	2086	230	597	8524
2019	1214	739	2547	1337	1657	580	226	8300
2020	489	272	1078	436	2355	1067	75	5772
2021	1168	595	2842	1209	2649	873	131	9467
合计	5314	2696	10407	4247	10608	2952	1151	37375

（2）加大投入是塑造龙舟品牌的必要条件

2014—2020 年，龙舟项目经费投入 1630.48 万元，投入产出比为 1∶9.17，产生了较大的间接经济效益（图 7-22）。在初步发展、恢复发展、全面发展阶段，每枚金牌的经费投入分别为 8.95、13.33、8.54 万元。虽然全面发展阶段投入产出效益与初步发展阶段相当，但获奖层次已远超以往，品牌影响力得到极大提升。可见，经费投入是塑造龙舟品牌的必要条件。

3. 思想建设是塑造龙舟品牌的基本原则

（1）办队宗旨明确

2013 年下半年，龙舟队开启独立办队模式，提出了"文武兼修、龙舟育人"的办队宗旨，将学生的学业放在首位，通过龙舟项目教育学生，不断提高学生的综合素养。"文武兼修"的办队宗旨，成为塑造龙舟品牌的持续动力。青少年男女队都产生了学霸级选手，青女队长王杏如保研进入中央民族大学。2019 年，龙舟队被山东省体育局评为"山东省最具活力的健身组织"。

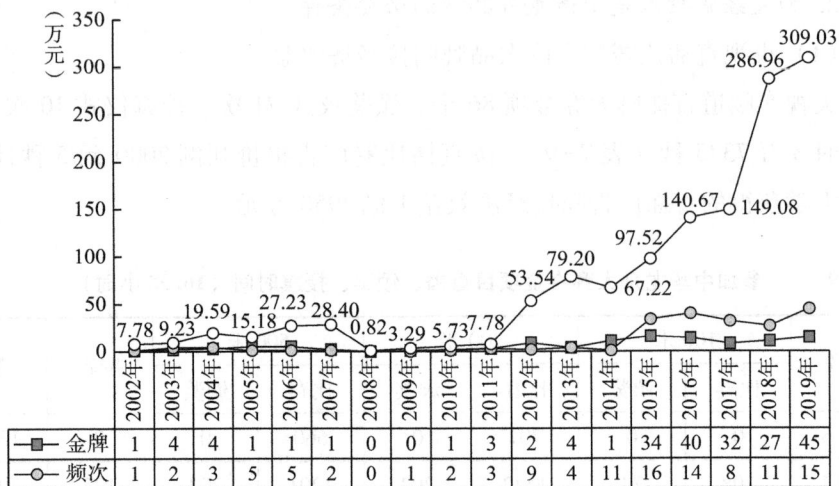

（万元）	2002年	2003年	2004年	2005年	2006年	2007年	2008年	2009年	2010年	2011年	2012年	2013年	2014年	2015年	2016年	2017年	2018年	2019年
金牌	1	4	4	1	1	1	0	0	1	3	2	4	1	34	40	32	27	45
频次	1	2	3	5	5	2	0	1	2	3	9	4	11	16	14	8	11	15

图 7-22　龙舟队参赛频次、获金牌数、经费投入统计（万元）

（2）给予队员充分锻炼机会

队员分工明确、职责清晰，充分利用训练比赛锻炼学生。队员参与队服挑选、奖金分配；参加教练领队会议、分组抽签；参加训练方案、比赛战术制定、监督训练量与强度，核心队员具备独立指挥比赛能力，这种以生为本的管理理念在其他队伍中是很少见的，也是聊大龙舟队的管理特色，是队伍成绩稳定、可持续发展的积极因素。

（3）支部建设保障塑造龙舟品牌

2011 年成立龙舟团支部，为队伍全面发展打下坚实基础。2016、2018 年龙舟团支部、龙舟队获评"全国最有活力支部、山东五四奖章集体"。2019年 4 月成立党支部，组建思想教育和科研保障团队，设立龙舟奖学金，制订基层支部发展规划。教练员、科研人员、龙舟队员任支部委员，开展"不忘初心、牢记使命"主题教育活动，丰富竞技龙舟的运动内涵、学术内涵、党建内涵，全方位弘扬传统龙舟运动文化。2019 年中华龙舟大赛总决赛后，60余名党团员走进重庆红岩文化区接受革命理想与信念教育。疫情防控期间，13 名学生党团员自发担任志愿者。党、团支部建在队上，为打造政治、思想素质过硬团队保驾护航。

4. 科学训练是塑造龙舟品牌的积极方式

队伍在初创和恢复发展期，突破了耐力项目建立起优势。结合训练实践，创新提出"突出强度、重桨下效果"的训练理念，形成了"回桨上扬、大开合划桨"技术风格，一次次超越成绩极限。进入全面发展阶段，通过团队心率测定仪监督队员训练状态，提高了训练的针对性。增加体能教练、引进康复保障团队，补足了队员能力短板，延长了运动寿命，竞技能力得到跃升。

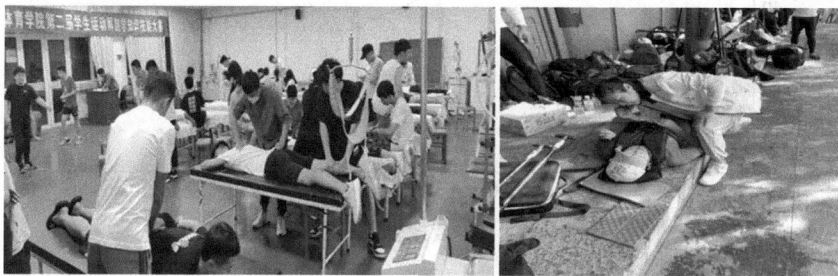

图 7-23　运动康复专业本科生和研究生为队员做康复保健

5. 人才优势是塑造龙舟品牌的关键因素

（1）引进专业教练员使得龙舟品牌快速形成

教练员的专业水平、执教水平、应变能力、敬业精神决定运动队的发展成就，2004 年引进皮艇一级运动员、全国锦标赛冠军吕艳丽。该教练员具备在短期内迅速提高运动员竞技水平的能力，其训练理念和手段方法符合高校学生训练特点，是聊大龙舟品牌走向成熟的重要因素。吕艳丽获评山东省教育系统"女职工建功立业标兵、十大师德标兵提名奖、山东省高校三八红旗手"。

（2）选拔机制助力龙舟人才快速成长

首先，校外选材助力储备更多优秀人才。队员来自全国 18 个省市的 162 名专业运动员，省外考生占 60.12%，逐年增长，一级运动员占 57.35%（图 7-24）。建立了 4 个省内外后备人才输送基地，分别在淄博、济南、日照、河源等地市。其次，建立"两集中三联动"的校内人才选拔机制。两集中：学生体质健康测试、田径运动会成绩优秀学生；三联动：专职辅导员摸排、体育教师推荐、老队员推荐等。

（3）为国内职业龙舟俱乐部输送专业人才

有 23 名毕业生进入 12 家职业龙舟俱乐部（表 7-10）。2019 年，乐从罗浮宫职业龙舟俱乐部队员、毕业生刘金明获得国家体育总局"体育运动荣誉

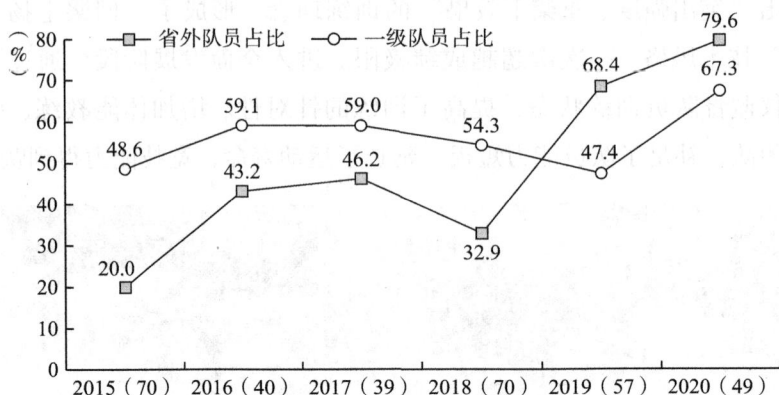

图 7-24　年度招生人数百分比

奖章"。教练员吕艳丽和王杏如等 12 名同学，获得"国家体育运动一级奖章教练员、运动员"表彰，成为竞技龙舟的年度佼佼者。

表 7-10　　　　　　　　国内职业龙舟俱乐部专业人才分布

珠江啤酒	东莞麻涌	福州浦下	潍坊滨海	江苏武进	眉山启明星	乐从罗浮宫	新会泓达堂	南海九江	名门世家	增城明达	江阴协统
2	2	4	3	2	2	3	1	1	1	1	1

（4）为国家培养了大批高素质专业人才

先后有 9 男、21 女、49 人次成为国家队队员。4 次代表国家参加亚锦赛、世锦赛，获得 6 金 7 银 1 铜（表 7-11）。13 届世锦赛 1000 米金牌是中国队史上最好成绩，聊城大学为国家龙舟事业发展作出了突出贡献。2021 年，龙舟队员在全国大学生龙舟锦标赛上共获得 4 枚金牌、2 枚银牌，同时获得女子丙 A 组团体总分第一名。

表 7-11　　　　　　　　国家队队员培养与成绩

届数	第 12 届亚锦赛	第 13 届世锦赛	第 13 届亚锦赛	第 14 届亚锦赛
人数	9 男、5 女	11 女	12 女	12 女
成绩	2 银	3 金 1 银	3 金 3 银	1 银 1 铜

（5）为高校及俱乐部培养高水平教练员

2 名硕士毕业生担任高校龙舟教练员，3 名本科毕业生担任职业龙舟俱乐部教练员，带队参加中华龙舟大赛青少年组比赛皆获得前三名。2019 年中华龙舟大赛总决赛 36 支队伍中，有"聊大血统"的教练 10 支。学校培养的教练员已成为国内龙舟竞技场的重要力量，呈现龙舟赛场的"聊大现象"。

6. 项目普及是塑造龙舟品牌的重要因素

（1）社团活动是宣传龙舟项目的重要形式

2014 年成立校级龙舟社团，团员深入学院、中小学、社区开展龙舟文化宣传教育与普及活动。至今组织龙舟文化传承与实践活动 50 余次，开展龙舟文化下乡村活动 30 余次。面向全校学生开展"龙舟文化沙龙""龙舟运动直播间""中外龙舟文化交流""龙舟情·聊大情"等主题访谈活动，加快了龙舟在学校的普及，努力实现从高端引领到群众普及的过渡，被《中国青年报》《中国体育报》《中国教育报》多家媒体报道，龙舟社团是普及龙舟文化的重要形式。

（2）广泛的人员参与使龙舟走向普通学生

2005 年开始招收高水平龙舟运动员，品牌形成之初就具备一定的参与面，来自不同学院的学生本身就是一种宣传。为强化"一校一品"建设，不断探索龙舟运动的课程化之路，将龙舟运动知识梳理、整合、提炼，形成系统化的课程内容体系，编写《龙舟运动实用教程》。2015 年，龙舟专项提高课纳入运动训练专业课程体系，在体育专业中开设了必修课、专选课。2019 年，龙舟成为公共体育选项课程，实现学习与训练相结合、普及与提高相结合，龙舟走进课堂、走向普通学生。2021 年，《龙舟训练理论与实践》获批山东省一流课程建设点。近三年，来自 20 个学院的 186 名同学选修了通识教育龙舟课（表 7-12），参加人数越来越多，影响范围越来越广。

表 7-12　　　　　　近两年通识教育龙舟课程学生统计表

学院	人数	学院	人数
材料科学与工程学院	8	农学院	7
传媒技术学院	12	商学院	17
法学院	3	生命科学学院	4

学院	人数	学院	人数
化学化工学院	7	数学科学学院	6
环境与规划学院	10	外国语学院	18
机械与汽车工程学院	9	文学院	12
计算机科学学院	9	药学院	4
教育科学学院	15	音乐与舞蹈学院	2
物理科学与信息工程学院	19	政治与公共管理学院	4
历史文化与旅游学院	9	美术学院	9

7. 媒体宣传是塑造龙舟品牌的推动力

（1）及时报道队伍比赛成绩，不断扩大品牌影响力

赛前通过校园网发布直播比赛通告。赛后新闻报道稿上传校园网、校报和地方媒体，学校宣传部上传教育厅网站，各类媒体转发比赛消息。至今，制作年度参赛视频9个、下发表彰决定9个，比赛视频、年度总结视频都上传校园网，龙舟品牌已深入聊大人心。

（2）多家省级以上媒体深度报道，龙舟品牌影响力迅速提升

中央电视台：新闻栏目报道98次、制作专题片与纪录片6个；其他媒体跟踪报道比赛80余家。山东省电视台、教育厅等单位制作专题、采编素材、下发简报共6个。获省级个人及集体奖励5个。获国家级集体奖励1个。

8. 学科建设是塑造龙舟品牌的牵引力

（1）龙舟训练需要体育科技

2017年和2019年，学校分两期投入580万元，兴建龙舟体能室、龙舟技术诊断室（图7-25）。组建研究团队，开展"核心力量训练方法在龙舟体适能教学中的应用""竞技龙舟科训一体化研究平台""技术诊断服务于学生专业技能提高"等研究，以训练的科学化、个性化为保障，服务于专业训练与文化建设工作。

积极推进国家体育总局体育文化研究基地建设，构建了省部级"民生体育发展研究科研平台"，以文化研究为引领，积极开展"龙舟文化"研究，支撑塑造龙舟品牌，赋予龙舟运动新的科技内涵（表7-13）。为进一步发挥龙

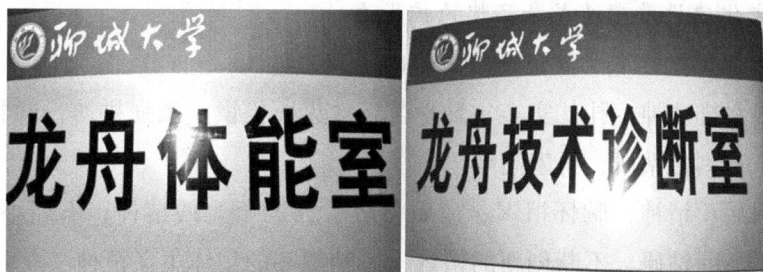

图 7-25　龙舟体能训练研究室

舟文化的育人功能，学校筹划设计在端午节、重阳节等传统节日举行"龙腾聊大"校级比赛，打造体育特色文化活动品牌。

表 7-13　　　　　　　　　　　**龙舟文化相关研究**

单位：万元

课题名称	来源	起讫时间	经费
中国传统龙舟文化的现代发展研究（17BTY054）	国家社科	2017—2021 年	20 万元
城镇民生体育服务产业健康发展的路径研究（17ATY006）	国家社科	2017—2021 年	33 万元
我国农村公共体育服务需求特征与供给策略研究（15BTY069）	国家社科	2015—2019 年	20 万元
中国龙舟文化的传承与发展研究（15CTYJ03）	山东省社科	2015—2018 年	3 万元
山东运河文化带体育创意产业开发研究（10CTYJ06）	山东省社科	2010—2013 年	2 万元
新农村社区体育发展的社会支持系统研究（16TYG11）	山东省社科	2016—2019 年	3 万元
专业转型背景下体育特色人才培养模式改革（Z2016M045）	山东省教改	2016—2020 年	6 万元

（2）体育学专业助力塑造竞技龙舟品牌

体现在田径高水平运动员招生资格、运动训练专业为塑造龙舟品牌提供基础人才支撑（高水平+运训专业+体育专业+普通本科生+研究生）；运动康复专业为龙舟队员的可持续发展提供健康支撑；推免研究生资格为高层次龙舟人才培养提供了学科支撑等。

9. 文化建设是塑造龙舟品牌的扩张力

（1）无形文化成为塑造龙舟品牌的精神力量

中国女排精神：扎扎实实，勤学苦练，无所畏惧，顽强拼搏，同甘共苦，团结战斗，刻苦钻研，勇攀高峰。

中国乒乓精神：胸怀祖国、放眼世界、为国争光的精神；不屈不挠、勤学苦练、不断钻研、不断创新的精神；团结战斗的集体主义精神。

中华体育精神：为国争光、无私奉献、科学求实、遵纪守法、团结友好、坚强拼搏。

聊大龙舟精神：齐心协力、敢为人先、同舟共济、奋发有为。

聊大龙舟文化：团结协作、顽强拼搏、不怕困难、激流勇进。

总之，聊大龙舟精神、龙舟文化和建立起的荣誉表彰体系，成为塑造聊大龙舟品牌的精神力量。

（2）有形文化成为塑造龙舟品牌的标志符号

2012年设计队徽，队徽设计进入大队旗、小队旗、比赛服、救生衣、龙舟桨等。2014年中华龙舟大赛万宁站，将校名设计进比赛服上臂部，后被其他队伍效仿，成为展示龙舟文化的新时尚。2016年建成了由图片、奖杯、证书、队服、龙舟桨、纪念品、交流品、参赛品、比赛视频等内容构成的展藏馆（图7-26）。2020年学校开展了"龙行天下"雕塑群设计工作，2021年10月通过了体育场馆改造和建设方案，规划建设7000平方米的校内运动社区，成为校地合作共建的文化地标，借助校内人造浅水湖，核心区设有龙舟体验区、龙舟码头、龙舟看台、龙舟博物馆等，将成为锻造聊大龙舟品牌、弘扬中华传统文化重要实践基地，有形的龙舟文化，成为龙舟品牌的永恒符号。

图7-26 龙舟展藏馆和学校"龙行天下"雕塑

10. 交流推广是塑造龙舟品牌的提升力

（1）"校俱结合"办队模式提升了队员的竞争力

在恢复发展期，与仁荣、协统联姻参赛，恢复元气；在全面发展期，备战第13、14届龙舟世锦赛，得国家队职业教练真传。"校俱结合"办队模式，迅速提升了队员的竞争力。

（2）授渔交流增强了龙舟品牌的效力

先后有11所高校领导、教练员考察龙舟高水平运动队建设情况。临沂大学、热带海洋学院、枣庄学院邀请我校教师指导训练，枣庄学院、青岛大学、枣庄科技职业学院龙舟队多次来校集训。毫无保留地传授训练经验，经我们指导的队伍异军突起，经常与我校会师中华龙舟大赛总决赛。授人以渔的工作态度，增强了聊城大学龙舟品牌的效力。

（3）国际交流使龙舟品牌享誉世界

聊城大学龙舟队6次走出国门代表国家参加重大国际比赛，获得5金10银1铜的优异成绩，成为国际赛场的优胜者（表7-14）。在国内举办的第13届亚洲和世界龙舟锦标赛，我校获得6金4银，为中国竞技龙舟事业的发展作出了重要贡献，聊城大学不断扬威国际赛场，龙舟品牌光鲜耀目，含金量十足。

表 7-14 　　　　　　　　　　龙舟队参加国际比赛人数与成绩

时间	比赛地点	比赛名称	人数	比赛成绩	派出单位
2006 年	冲绳	第 32 届日本国际龙舟邀请赛	27 人	1 银	中日友好协会
2013 年	洛杉矶	第 17 届美国长堤龙舟锦标赛	15 人	3 金 2 银	中国大体协
2015 年	符拉迪沃斯托克	边疆州国际龙舟邀请赛	27 人	2 金 4 银	中国龙舟协会
2016 年	阿德莱德	第 12 届亚洲龙舟锦标赛	16 人	2 银	体育总局
2019 年	芭提雅	第 14 届世界龙舟锦标赛	14 人	1 银 1 铜	体育总局
2020 年	法国	12 届世界龙舟俱乐部锦标赛			体育总局
2021 年	香港	第 14 届亚洲龙舟锦标赛			体育总局

（四）小结

（1）聊城大学龙舟队以"文武兼修、龙舟育人"为宗旨，创新提出"突出强度、重桨下效果"训练理念，形成了"回桨上扬、大开合划桨"技术风格，通过宣传与对外交流，重视制度创新、聚集龙舟英才，持续增加经费投入，依托学科专业优势引领龙舟蓄力前行，总结提炼出"齐心协力、敢为人先、同舟共济、奋发有为"的龙舟精神，形成了独特的龙舟运动文化品牌。

（2）校地合作、校俱结合、以赛促训的办队模式，在聊城大学龙舟队的初步发展阶段、恢复发展阶段、全面发展阶段皆发挥着不尽相同的积极作用。校外选材助力储备更多优秀人才，校内"两集中三联动"的人才选拔机制，为国内职业龙舟俱乐部和高校培养了大批高素质专业人才。

（3）加大投入是塑造龙舟品牌的必要条件，制度创新是塑造龙舟品牌的重要依据，思想建设是塑造龙舟品牌的基本原则，科学训练是塑造龙舟品牌的积极方式，人才优势是塑造龙舟品牌的关键因素，项目普及是塑造龙舟品牌的重要因素，媒体宣传是塑造龙舟品牌的推动力，学科建设是塑造龙舟品牌的牵引力，文化建设是塑造龙舟品牌的扩张力，交流推广是塑造龙舟品牌的提升力。

（4）龙舟运动具有延续中华民族文化基因、培育民族强健体魄、促进民族文化自信、增进文化国际认同等文化价值，塑造龙舟品牌是一个开拓创新的过程，也是品牌要素不断叠加、对项目认识水平不断提高的过程，聊大龙舟品牌塑造对指导其他高校塑造竞技文化品牌具有借鉴价值。

第八章　结论与展望

第一节　结论

1. 运河体育文化是指京杭运河流域民众以竞技性、娱乐性和教育性为手段，在长期从事的体育和实践中，通过有形的动作技能、体育器材、体态转化和无形的意识、观念等所表现出来的体育物质、体育制度和体育精神文化总和。

2. 运河京津冀段各类武术、摔跤、杂技、骑射等传统体育活动，与古燕赵地区慷慨悲歌、武勇任侠的民风相结合，是在生计生存、保家护院和提高作战能力的基础上产生。众族聚居、乱世谋生的需要，尚义重德、侠义豪放的人文品格，铸就了燕赵武术的"尚武崇侠"。

3. 以古代军事体育、民间武术和民俗传统体育为代表的运河山东段体育文化资源与形态，具有简单实用、注重实战、多元开放特点，与人们保护自身安全、抵抗统治、防御外敌等国计民生的事件存在着坚不可摧的关系，是地理位置的决定作用、生产方式的能动作用和民俗民风的熏陶等综合作用的结果。

4. 舟楫之利、漕运经营、农耕细作的影响，决定了运河江浙段水上竞技活动历久不衰，摇快船、龙舟竞渡、游泳项目遍及全域，舞龙舞狮、船拳、杂技、导引养生等民间项目文武兼备、风格各异，并有效地提高了水上谋生手段。

5. 运河三大段落传统体育活动的差异：运河京津冀段主竞技与武力，运河山东段主保卫与御敌，运河江浙段主舟楫与民俗。古典兵家军事思想对运河体育文化产生深远影响，运河体育文化融汇吸附了燕赵文化、齐鲁文化、吴越文化的精髓与涵养，是沿运河不同民族、文化的融合共同体。

6. 运河体育文化具有时空依赖性、群众性与开放性、传承性与变异性、多样性与整体性等历时性特征，也具有民族性、娱乐性与竞技性、主体参与平等化等共时性特征。国外5个世遗运河在生态治理、体育文化项目开发、旅游资源管理和遗产保护等方面，为京杭运河体育文化发展提供了有益经验与启示。

7. 运河体育文化旅游宜于开发游山玩湖型、民俗表演型、节庆参与型、现代游乐型、赛事观赏型产品。在民俗体育资源、地理、交通和政策方面具有优势，存在体育文化传承利用不够、旅游体验质量不足、文旅融合有待深化等劣势，借助"大运河国家文化公园建设"和区域规划升级的机遇，需要规避多类型旅游市场分流客源、协同发展不力、专业从业人员匮乏等威胁，实施体育旅游示范基地推动策略、整体性开发策略、联盟化营销策略和一体化服务策略。

8. 设计通州、天津、沧州、济宁、枣庄、淮安、常州、苏州和杭州等国家级历史文化名城，作为运河体育文化旅游的增长极，通过全国示范基地和体育文化产业示范区的创建，构建"一轴三段多节点"空间布局，产生"极化—扩散"效应，助力运河体育文化旅游的可持续发展。

9. 运河体育非遗保护存在以下问题：（1）传承人缺乏；（2）家族传承方式脆弱；（3）经费不足致农村体育非遗难以为继；（4）运河遗产保护条例缺乏操作性。运河体育非遗保护措施包括：（1）增加鼓励与补助，保护非遗传承人；（2）敦促传承人履行权利、责任与义务；（3）应对城镇化背景下人口流动对遗产传承的冲击；（4）健全保护主体，完善资助与监督管理制度。

10. 运河体育文化发展面临的困境：（1）传统体育文化失去了生存空间；（2）武术技击本质的流逝和核心价值的消解；（3）体育文化产业化水平低；（4）运河文化带建设步调不一，区域联动不足；（5）传统体育项目发展失衡。提出运河体育文化发展路径：（1）保护层次分类和利用模式规划；（2）拓宽运河体育文化传承形式；（3）推动传统体育项目进学校；（4）组建运河城市体育文化联盟；（5）经济搭台，文化唱戏；（6）加强区域和城市联动，打造运河体育文化品牌。运用因子分析法构建出的运河城市体育文化软实力评价指标体系，对指导运河城市体育文化建设具有重要作用。

11. 本研究将运河传统体育项目分为优势项目、一般项目和劣势项目 3 类，对应划分为规模开发型、市场培育型和静态保护型。其中"市场培育型"在扩大体育文化旅游、文化创意、品牌体验、信息服务、健身娱乐等方面释放潜力。建议对"规模开发型"实行产业化经营，对"市场培育型"实行省内外推广化发展，对"静态保护型"实行区域内静态化展示。

12. "文化搭台，经济唱戏"源自运河城市传统文化的产业焦虑和"搭台文化"中体育文化品位的变异。运河体育文化传承与发展，适宜"经济搭台，文化唱戏"模式，以民众社会生活为根，以企业经济发展为助，以保护文化特色为重，以体育文化旅游为先，实现运河体育文化的活态传承。

13. 运河文化建设彰显"各唱各调，各吹各号"现象，提出改变传统管理观念，加强区域联动和政府部门之间的联系，建立健全运河文化建设工作协调机制，共同推动政策落实等措施。并且以统一品牌策略、扩展品牌策略、品牌创新策略，打造运河体育文化品牌，提高知名度。

14. 武术个案调查与研究发现，沧州武术 53 个拳种能够良性生存的不足 10 个，习练者缺乏，各种器械和功法性练习濒临失传；而船拳武术也深受生存环境改变、传承价值演变、表现形式衰退等问题的影响，传承缺乏自觉。传统武术的普遍套路化是其技击能力缺失的主要原因。提出各级行政部门发挥政府的主导作用、拓展传承主体、扩大武术在学校教育中的发展空间、强化体育非遗数字化保护等对策。

15. 镖局文化与遗存流失现象严重，尚武、谦和、诚信、无畏和助人精神是镖局文化的核心。运河商人、镖局和武术是一种相互依赖、密切互动过程中获取共赢的动态模式，三者之间的融合与共荣，可为当今弘扬武术文化提供历史经验。镖局推动了武术的传承与发展，在组织管理、技术管理和运营等方面，有可供运河城市体育文化企业管理借鉴之处，适宜以文化保护为途径，开辟镖局文化之旅，走科研化之路。

16. "天下第一舟"的实地考察，再次证实龙舟起源于吴越水乡，古代水上军事活动对增强舟船技术、提高操舟技能和开展龙舟运动奠定了基础。苏州品牌龙舟赛事形象已经形成，品牌识别主要通过赛事名称、特点和赛事主题提高认知度，政府支持和企业关注为龙舟赛事创造了核心竞争力，也存在没有形成固定的组织构架，相关规章制度不够完善等问题。

17. 聊城大学龙舟队以"文武兼修、龙舟育人"为宗旨，以校地合作、校俱结合、以赛促训为办队模式，借助"两集中三联动"人才选拔机制，通过对外宣传与交流，重视制度创新，持续增加经费投入，依托学科专业优势引领龙舟蓄力前行，总结提炼出"齐心协力、敢为人先、同舟共济、奋发有为"的龙舟精神，形成了独特的龙舟运动文化品牌，可为其他运河城市和高校保护、传承、传播运河体育文化，塑造体育文化品牌提供有效的经验与方法支持。

第二节　展望

1. 京杭运河历史悠久且体育文化资源丰富，原以为运用一个理论或者得出一条结论并非什么难事，然而筛选各类材料过程中，还是感触到了驾驭之难。由于外语水平、获得外文文献资料的可能性、研究能力的局限等，导致利用国外文献不足，不得不说是一个遗憾。

2. 本研究针对运河体育文化存在的问题，提出了一些可行性的策略和建议，希望能对运河体育文化的传承与发展起到一定实际作用。研究尚处于开创性的研究即起步阶段，尤其理论应用还不成熟，研究框架也不十分明确，希冀经过进一步的努力，为当代中国传统体育文化的研究和发展提供更有益的启示。

3. 针对"运河体育文化及其遗产保护数据库的建设与利用"的诸多问题，仅是作了一般的理论分析并提出相关措施建议，必然还有较多未尽之处和值得推敲之处，是以后最需要深入研究的问题。笔者及相关研究人员多来自体育学科，对诸多运河传统体育文化问题有待进一步探讨，尤其对运河体育文化保护与传承，以及传统体育产业理论体系丰富内涵的探讨，这些成果只是其中的一小部分，还有待进一步充实和发展。

4. 沿京杭运河流域的不同段落、不同地市、不同时段的传统体育文化自始至终处于变换之中，既要做历史性的判别又要做时效性的分析。由于时间紧任务重，调研范围与深度仍然不够，这也是研究今后前进的方向。

参考文献

一 古籍

（春秋）孙武：《孙子》，（汉）曹操等注，袁啸波校点，上海古籍出版社 2013
年版。

（汉）司马迁：《史记》，中华书局 2009 年版。

（唐）李延寿撰：《南史》，中华书局 1975 年版。

（唐）李延寿撰：《北史》，中华书局 2003 年版。

二 中文著作

陈峰：《漕运与古代社会》，陕西人民教育出版社 2000 年版。

程光泉：《全球化与价值冲突》，湖南人民出版社 2003 年版。

崔乐泉总主编：《中国体育通史》，人民体育出版社 2008 年版。

董文虎等：《京杭大运河的历史与未来》，社会科学文献出版社 2008 年版。

傅崇兰：《中国运河城市发展史》，四川人民出版社 1985 年版。

谷世权：《体育理论与体育史论丛》，当代中国出版社 2011 年版。

胡小明、陈华编著：《体育人类学》，高等教育出版社 2005 年版。

淮安市政协文史委、淮海晚报社编：《淮安运河文化长廊》，黑龙江人民出版
社 2007 年版。

［美］黄仁宇：《明代的漕运》，新星出版社 2005 年版。

黄亚玲：《论中国体育社团：国家与社会关系转变下的体育社团改革》，北京
体育大学出版社 2004 年版。

李鸿江主编：《中国传统体育导论》，中国书籍出版社 2000 年版。

李文治、江太新:《清代漕运》,中华书局 1995 年版。

梁晓龙主编:《体育非物质文化遗产研究》,青岛出版社 2013 年版。

罗澍伟主编:《近代天津城市史》,中国社会科学出版社 1993 年版。

苗大培:《论体育生活方式》,北京体育大学出版社 2004 年版。

彭云鹤:《明清漕运史》,首都师范大学出版社 1995 年版。

邱春林:《钟九闹漕》,中国文联出版社 2001 年版。

邱丕相主编:《中国武术史》,高等教育出版社 2008 年版。

任海:《中国古代体育》,中国国际广播出版社 2011 年版。

王俊奇:《魏晋南北朝体育文化史》,北京体育大学出版社 2011 年版。

王铭铭:《社会人类学与中国研究》,广西师范大学出版社 2005 年版。

王云:《明清山东运河区域社会变迁》,人民出版社 2006 年版。

王云、李泉:《山东运河文化研究》,齐鲁书社 2006 年版。

吴家兴主编:《扬州古港史》,人民交通出版社 1988 年版。

吴琦:《漕运·群体·社会——明清史论集》,湖北人民出版社 2007 年版。

谢雪峰编:《体育生态论纲》,北京体育大学出版社 2011 年版。

杨向东、张雪梅:《中国体育思想史(古代卷)》,崔乐泉、杨向东主编,首
　　都师范大学出版社 2008 年版。

于德源:《北京漕运和仓场》,同心出版社 2004 年版。

张新、郝勤:《体育赛事简史》,人民体育出版社 2013 年版。

中国社会科学院历史研究所、北京民俗博物馆编:《漕运文化研究》,学苑出
　　版社 2007 年版。

朱力:《变迁之痛——转型期的社会失范研究》,社会科学文献出版社 2006
　　年版。

三　学位论文

曹玺武:《大运河北京段传统聚落空间特征研究》,硕士学位论文,北京建筑
　　大学,2020 年。

程欣:《济宁大运河文化创意产品设计研究》,硕士学位论文,齐鲁工业大学,
　　2021 年。

付昊:《大运河山东段传统城镇民居的景观基因及其传承途径研究》,硕士学

位论文，山东大学，2021 年。

郭静：《京杭大运河沿线儒学物质文化遗产研究》，硕士学位论文，曲阜师范大学，2019 年。

郭荣男：《大运河文化带苏州段产业发展研究》，硕士学位论文，苏州科技大学，2019 年。

郝凌飞：《苏州民俗体育文化研究》，硕士学位论文，苏州大学，2016 年。

侯家心：《协同发展视角下传统体育文化旅游资源开发研究——以佛山醒狮为例》，硕士学位论文，上海体育学院，2021 年。

胡梦飞：《明清京杭运河沿线水神信仰研究》，博士学位论文，南京大学，2015 年。

李文博：《新中国以来沧州回族武术变迁研究——以六合拳世家三代人口述史为线索》，硕士学位论文，上海体育学院，2014 年。

李先达：《京杭大运河京津冀段建筑遗产活化利用研究》，硕士学位论文，天津理工大学，2019 年。

林伟彬：《论体育文化交流对"一带一路"国家间民心相通的作用》，硕士学位论文，广东外语外贸大学，2018 年。

刘道凡：《中国特色社会主义体育文化建设的研究》，硕士学位论文，郑州大学，2014 年。

刘栋：《跨域治理视角下京杭运河山东段水运问题与对策》，硕士学位论文，山东大学，2021 年。

刘美子：《江苏省大运河文化带建设的问题与对策研究》，硕士学位论文，苏州大学，2020 年。

刘艳芹：《汉代丝绸之路中外体育文化互鉴》，硕士学位论文，中国矿业大学，2017 年。

马志刚：《英国体育文化研究——以英国足球为例》，硕士学位论文，四川大学，2007 年。

牛放：《文化线路视域下的大运河（京津段）非物质文化遗产传承趋势研究》，硕士学位论文，天津理工大学，2020 年。

牛会聪：《多元文化生态廊道影响下京杭大运河天津段聚落形态研究》，博士学位论文，天津大学，2012 年。

朴海涛：《京杭运河及沿岸区域地表水中药物及个人护理品污染地理分布特征及来源辨析》，博士学位论文，中国地质科学院，2017 年。

钱天华：《世界文化遗产大运河之石拱桥保护实践探索——以欢喜永宁桥为例》，硕士学位论文，浙江工业大学，2019 年。

秦建军：《大运河沧州段文化遗产保护利用研究》，硕士学位论文，华中师范大学，2020 年。

任树强：《京杭运河杭州主城区段滨水景观研究》，博士学位论文，浙江大学，2012 年。

史友宽：《体育文化国际传播的实践考察与理念探索》，博士学位论文，河南大学，2013 年。

王璞榕：《京杭大运河（京津冀段）沿岸传统会馆建筑群的价值研究》，硕士学位论文，天津理工大学，2021 年。

王艳泽：《河北省新农村体育文化建设研究》，硕士学位论文，河北师范大学，2013 年。

夏青：《中国女性体育文化管理研究》，博士学位论文，山东大学，2015 年。

杨静：《京杭大运河生态坏境变迁研究》，博士学位论文，南京林业大学，2012 年。

袁立云：《释意派理论指导下的世界运河城市论坛演讲模拟同传实践报告》，硕士学位论文，扬州大学，2021 年。

张宏宇：《现代体育文化的哲学反思与重构——基于社会批判理论的视角》，博士学位论文，苏州大学，2016 年。

张华锋：《线性文化遗产保护评价体系研究——以京杭大运河京津冀段、京承古御道为例》，硕士学位论文，河北师范大学，2019 年。

张慧：《基于区域协同视角的大运河江苏段遗产旅游利用模式研究》，硕士学位论文，扬州大学，2020 年。

张基振：《文化视野中民间体育的保护、传承与发展——以潍坊风筝为表述对象的实证研究》，博士学位论文，上海体育学院，2008 年。

张键华：《中西体育文化比较以体育文化精神为视角》，硕士学位论文，武汉体育学院，2014 年。

张亚楠：《中国当代文化遗产传播中的问题与对策研究——以中国大运河为

例》，硕士学位论文，烟台大学，2019 年。

张媛媛：《邯郸市体育文化资源类型与产业开发分析——以太极文化产业发展为例》，硕士学位论文，河北师范大学，2012 年。

张梓晗：《后申遗时代京杭大运河（京津冀段）现状分析及价值研究》，硕士学位论文，天津理工大学，2020 年。

周天达："A Report on the C-E Translation of Huai'an Canal Museum in the View of the CIC Principle of 'Three Close'"，硕士学位论文，天津财经大学，2020 年。

朱全飞：《常州大学城体育文化构建的研究》，硕士学位论文，苏州大学，2010 年。

四　期刊论文

白晋湘：《中国民族传统体育文化建设的使命与担当》，《体育学研究》2019 年第 1 期。

陈浩等：《京杭运河生态体育旅游可持续发展研究》，《北京体育大学学报》2015 年第 4 期。

陈建峰、殷怀刚：《中华民族传统体育文化的传承困境、陷落归因与发展策略》，《广州体育学院学报》2021 年第 2 期。

丛密林、邓星华：《体育非物质文化遗产的价值新论与学校传承》，《体育文化导刊》2019 年第 11 期。

崔乐泉、林春：《基于"文化自信"论中华传统体育文化的传承与发展》，《北京体育大学学报》2018 年第 8 期。

崔乐泉、张红霞：《中华优秀传统体育文化的缘起与特征》，《武汉体育学院学报》2020 年第 7 期。

代永胜、张琨：《互联网传播与中国传统武术的传承发展》，《武汉体育学院学报》2021 年第 6 期。

高嵩、纪永波、骆义：《京杭运河船型标准化与航道适应性》，《中国航海》2015 年第 4 期。

葛耀君、张业安、李海：《媒介生态视阈下我国民族传统体育文化传播问题研究》，《北京体育大学学报》2018 年第 10 期。

韩梅花、罗军：《京杭运河沿岸文献的传承与齐鲁私家藏书文化研究》，《图书馆工作与研究》2014 年第 9 期。

韩美群：《新时代传承与发展中华优秀传统文化的方法论探析》，《马克思主义与现实》2020 年第 5 期。

胡磊、王美娟、童世敏：《新时代民族传统体育文化的内涵定位、价值取向与发展策略》，《体育文化导刊》2021 年第 2 期。

姜莉莉、齐清文、赵锴：《中国明、清时期黄河和京杭大运河地图的特征与价值》，《地球信息科学学报》2016 年第 1 期。

靳鑫、李金龙、张晨昕：《中国传统体育文化的主体性建构》，《武汉体育学院学报》2017 年第 3 期。

李德楠：《明清京杭运河引水工程及其对农业的影响》，《农业考古》2013 年第 4 期。

李舒涵、王长松：《基于新闻数据挖掘的京杭运河治理网络与影响因素研究》，《南京社会科学》2021 年第 1 期。

李雪等：《京杭运河杭州段城市景观格局对河网水环境的影响》，《生态学报》2021 年第 13 期。

林艳、王钧：《少数民族传统体育文化的空间表达与现代重构》，《贵州民族研究》2020 年第 8 期。

刘庆余：《"申遗"背景下的京杭大运河遗产保护与利用》，《北京社会科学》2012 年第 5 期。

柳邦坤：《京杭大运河流域城市形象传播问题研究》，《现代传播（中国传媒大学学报）》2014 年第 10 期。

马廉祯：《论现实视角下的近代"土洋体育之争"》，《体育科学》2011 年第 2 期。

孟林盛、李建英：《民间体育非物质文化遗产的法律保护研究——以山西忻州挠羊赛为视角》，《体育与科学》2012 年第 2 期。

牟艳：《儒家伦理思想对齐鲁传统体育文化的影响》，《体育文化导刊》2017 年第 4 期。

彭进：《我国民族传统体育文化的崇拜传承研究》，《广州体育学院学报》2016 年第 4 期。

宿凤玲、朱磊、李金龙：《武术传统师徒关系的传承与发展研究》，《武汉体育学院学报》2021 年第 4 期。

孙春、林志刚、陈浩：《京杭运河生态体育文化旅游资源开发研究》，《山东体育学院学报》2019 年第 4 期。

孙文波、叶世俊：《论中国民族传统体育文化的异化与回归》，《体育文化导刊》2020 年第 5 期。

谭徐明等：《京杭大运河遗产的特性与核心构成》，《水利学报》2009 年第 10 期。

王程、曹磊：《京杭大运河的历史演变及文化遗产核心价值》，《人民论坛》2019 年第 30 期。

王洪珅、韩玉姬、梁勤超：《少数民族传统体育文化发展的生境困境与消弭路径》，《体育科学》2019 年第 7 期。

王俊奇：《也论民间体育、民俗体育、民族体育、传统体育概念及其关系——兼与涂传飞、陈红新等商榷》，《体育学刊》2008 年第 9 期。

王智慧：《民族传统体育文化自信何以成为可能——基于文化自信生成理论基础与实践研究分析》，《体育与科学》2019 年第 1 期。

熊晓正：《机遇与挑战——对我国民族传统体育发展之浅见》，《成都体育学院学报》1988 年第 4 期。

杨冬冬、曹磊：《空间结构定量分析的京杭大运河遗产保护研究》，《中国园林》2012 年第 3 期。

张秉福：《京杭运河非物质文化遗产保护与旅游开发互动机制研究》，《中州学刊》2019 年第 8 期。

张晨昕、刘映海：《中华武术戒约及其当代传承与发展的伦理学思考》，《体育与科学》2019 年第 2 期。

张珩、王园悦：《莫让传统体育文化被边缘化》，《人民论坛》2017 年第 31 期。

张凯：《民族传统体育文化价值与发展途径研究》，《山东社会科学》2016 年第 1 期。

郑国华等：《广西少数民族传统体育现状及发展对策研究》，《天津体育学院学报》2005 年第 1 期。

附　　录

附录 A　政府及其相关部门人员访谈提纲

1. 作为京杭运河城市，您认为此段运河的体育项目有哪些？

2. 您参与或组织过运河传统体育活动吗？

3. 现在运河传统体育发展现状怎么样？

4. 针对运河传统体育发展，我们有哪些政策？

5. 政府在运河传统体育文化传承中担当什么样的角色？

6. 您认为政府、学校和民间组织应该如何协调？

7. 列入各级体育非物质文化遗产的项目有哪些？

8. 就××这一项目，谈谈您对此项目的认识。

9. 就××这一项目，您对此项目的价值认识有哪些？

10. 就××这一项目，谈谈您对此项目的传承前景认识。

11. 谈一下体育非物质文化遗产传承人状况。

12. 在体育文化的传承与发展过程中遇到了哪些阻力？做出了哪些努力？

13. 您对运河传统体育未来发展有什么展望？

附录 B　专家访谈提纲

1. 运河传统体育有什么文化寓意？

2. 从改革开放到现在，传统体育项目的发展有哪些重大的变化？

3. 您认为政府在运河传统体育文化保护中应该起何作用？有什么建议？

4. 如何对传统体育学校、研究会、协会或者教学点进行管理?

5. 您认为运河传统体育应该如何与学校教育结合?

6. 您认为如何衔接运河传统体育在学校、社会和政府之间的关系?

7. 运河传统体育项目能唤起人们对本地或本民族文化的意识吗?

8. 运河传统体育的发展面临什么困难?

9. 运河传统体育文化的生存环境受到的破坏,有什么办法可以应对?

10. 您认为对运河传统体育的文化建设有必要吗?

11. 运河传统体育活动项目和形式越来越少,原因和对策有哪些?

12. 您认为运河传统体育未来发展应该用什么样的方式?

13. 国外体育项目对运河传统体育文化造成哪些冲击?

14. 影响运河体育文化发展质量的因素有哪些?

附录 C　传承人访谈提纲

1. 就××这一项目,谈谈此项目的历史起源情况。

2. 您是第几代传承人?谈一下以往传承人状况。

3. ××项目一般在什么时间、地点、场合习练?

4. ××项目的动作方法有变化吗?表现在哪里?原因是什么?

5. 当地保存的××项目文献典籍有哪些?

6. ××项目以前是如何组织,现在又是怎么组织的?有变化吗?

7. 政府部门对××项目给予了哪些政策、资金、保护与传承的支持?

8. ××项目还受到过哪些社会团体和相关企业的资助?

9. 当代年轻人对××项目的态度如何?为什么?您对此如何看?

10. 作为非遗代表性传承人,有无作为被告对其他体育技艺构成侵权?

11. 运河传统体育文化可以依托博物馆或者文化生态保护区平台吗?

12. 影响运河体育文化发展质量的因素有哪些?

附录 D　群众访谈提纲

1. 您喜欢运河传统体育项目吗?

2. 当地的传统节庆体育项目有哪些？

3. 您参与过哪些运河传统体育项目？

4. 您了解哪些关于运河传统体育的典故？

5. 当地运河传统体育活动由谁组织开展？

6. 平时在哪儿能看到或者参与到运河传统体育项目？

7. 参与运河传统体育文化活动的人群规模有多大？

8. 您所见现代体育项目与运河传统体育项目有哪些不同？

9. 当地运河传统体育的器械有哪些？

10. 您认为运河传统体育如何增进人与人之间的交流？

11. 您认为影响运河传统体育文化发展的因素有哪些？

12. 哪些运河传统活动对弘扬中国传统文化具有实际意义？

13. 运河传统体育项目如何才能有效传承？

附录 E　运河体育文化软实力指标重要程度专家调查表

专家咨询表（第一轮）

尊敬的××：

您好！鉴于您的学识和成就，诚挚邀请您参加本次专家调查，以完成国家社科基金项目"京杭运河传统体育文化的传承与发展研究"，您的意见对本课题具有重要的参考价值，在此深致谢意！填写说明：

1. 各个指标判断标准分为"很重要""较重要""一般""较不重要""很不重要"5个等级。请用"√"进行选择。

2. 对所列指标可以增加、删除、修改，并请简单说明理由。

3. 如果您对各项指标有其他需要补充的意见，请直接填写在"其他"一栏。

《京杭运河传统体育文化的传承与发展研究》课题组

2020 年 1 月

您的年龄：＿＿＿＿性别：＿＿＿＿职称：＿＿＿＿工作单位：＿＿＿＿＿＿＿

表 E-1　　　　　　　　运河体育文化软实力一级评价指标

序号	指标内容	很重要	较重要	一般	较不重要	很不重要
1	运河体育文化基础力					
2	运河体育文化保障力					
3	运河体育文化生产力					
4	运河体育文化传播力					
5	运河体育文化吸引力					
6	运河体育文化创新力					
其他						

补充与修改建议：_____

表 E-2　　　　　　　　运河体育文化软实力二级评价指标

一级指标（A×6个）	二级指标（B×17个）		很重要	较重要	一般	较不重要	很不重要
	属性	指标内容					
A 基础力	A1	政策制度					
	A2	赛事举办					
	A3	设施与发展					
	其他						
B 保障力	B1	文化生态					
	B2	意识形态					
	B3	延续性					
	其他						
C 生产力	C1	商业化					
	C2	教育投入					
	C3	参与程度					
	其他						
D 传播力	D1	传媒体系					
	D2	文化展示					
	D3	人才输出					
	其他						

续表

一级指标 （A×6个）	二级指标（B×17个）		很重要	较重要	一般	较不重要	很不重要
	属性	指标内容					
E 吸引力	E1	文化交流					
	E2	荣誉					
	E3	体育遗产					
	其他						
F 创新力	F1	教学科研					
	F2	比赛表演					
	其他						

补充与修改建议：_____

表 E-3　　　　　　　　　　运河传统体育文化软实力三级评价指标

二级指标 （A×17个）	三级指标（C×67个）		很重要	较重要	一般	较不重要	很不重要
	属性	指标内容					
A1 政策制度	A11	体育与文化政策支撑力度					
	A12	体育与文化管理制度合理性					
	A13	文化保护政策力度					
	其他						
A2 赛事举办	A21	赛事举办频率					
	A22	赛事规模					
	A23	比赛项目、规则的合理性					
	A24	城镇政府职能办事效率					
	其他						
A3 设施与发展	A31	运河城乡人均 GDP					
	A32	全民健身工程数					
	A33	体育文化健身俱乐部数					
	A34	体育公园、场馆及广场数量					

二级指标 (A×17 个)	三级指标（C×67 个）		很重要	较重要	一般	较不重要	很不重要
	属性	指标内容					
A3 设施与发展	A35	体育公园和广场公共厕所数量					
	其他						
B1 文化生态	B11	体育节庆礼仪成熟度					
	B12	体育文化区位优势和便利度					
	B13	体育风俗习惯成熟度					
	B14	体育师承关系					
	其他						
B2 意识形态	B21	部门商务服务能力					
	B22	部门生活服务能力					
	B23	运河体育文化的价值观					
	B24	运河体育文化的认同度					
	其他						
B3 延续性	B31	管理机构的完善度					
	B32	专职的管理人员					
	B33	发展战略计划					
	其他						
C1 商业化	C11	体育文化资源开发利用程度					
	C12	国际国内体育文化旅游收入					
	C13	赛事赞助规模					
	C14	体育文化资源市场规模					
	C15	体育文化产品上市公司数					
	其他						
C2 教育投入	C21	政府体育文化教育投入					
	C22	开发相关课程学校的密度					
	C23	体育教育后备人才数量					

二级指标 （A×17个）	三级指标（C×67个）		很重要	较重要	一般	较不 重要	很不 重要
	属性	指标内容					
C2 教育 投入	C24	基层体育学校数量					
	其他						
C3 参与 程度	C31	地方群众体育文化自主化程度					
	C32	体育文化资源消费人群					
	C33	境内外游客数					
	C34	机场、船舶、火车客运量					
	其他						
D1 传媒 体系	D11	对外联系机构数					
	D12	政府网站反馈					
	D13	企业网站反馈					
	D14	体育文化广告媒体公司数量					
	其他						
D2 文化 展示	D21	宣传、展览、活动次数及规模					
	D22	民间体育风俗礼仪及公众道德					
	D23	相关节庆赛事宣传力度					
	D24	体育文化特色知名度					
	其他						
D3 人才 输出	D31	传承人专业水平、等级及人数					
	D32	裁判专业水平、等级及人数					
	D33	体育文化人才占总人数比重					
	D34	人力资源管理					
	D35	国际国内百强大学数					
	其他						
E1 文化 交流	E11	国内外影响力及受欢迎程度					
	E12	与域外文化交流次数					
	E13	举办大型竞赛次数					

二级指标 （A×17 个）	三级指标（C×67 个）		很重要	较重要	一般	较不 重要	很不 重要
	属性	指标内容					
E1 文化 交流	E14	代表地区参与演出次数					
	其他						
E2 荣誉	E21	表彰有突出贡献工作者或集体					
	E22	赛事荣誉说服力					
	E23	体育文化公众声誉					
	其他						
E3 体育 遗产	E31	占世界文化遗产比重					
	E32	体育文化遗产等级					
	其他						
F1 教学 科研	F11	体育文化科研机构					
	F12	体育文化成果占 GDP					
	F13	发明体育文化专利数量					
	F14	发表体育文化论文、专著数量					
	F15	教学训练体系的科学性					
	其他						
F2 比赛 表演	F21	技术动作创新					
	F22	比赛规则与制度创新					
	F23	比赛表演道具和服装创新					
	F24	体育文化产品集群创新基地数					
	其他						

补充与修改建议：＿＿＿＿＿＿＿＿＿＿＿＿＿＿＿＿＿＿＿＿＿＿＿＿＿＿＿

附录 F 运河体育文化软实力指标赋值评价专家调查表

专家咨询表（第二轮）

尊敬的××：

在您的大力帮助和支持下，第一轮专家咨询工作顺利结束，综合各位专家意见，利用各指标的均数和变异系数，我们对指标体系进行了一定的修改，形成了本轮专家赋值评价表，恳请您在繁忙的事务中抽出时间填写问卷。说明：

1. 本轮指标增加了下位指标对上位指标判断的影响度，分为很高、高、一般、低、很低等 5 个等级，等级越高，说明该下位指标对上位指标影响度越高。请在"对上位指标影响度"一栏相应的空格内画"√"。

2. 重要性分为"很重要""较重要""一般""较不重要""很不重要"5个等级，分别赋值 5、4、3、2、1 分。

《京杭运河传统体育文化的传承与发展研究》课题组

2020 年 4 月

您的年龄：_____ 性别：_____ 职称：_____ 工作单位：_____

表 F-1 运河体育文化软实力一级指标赋值评价表

一级指标	第一轮咨询结果		第二轮专家咨询					
	重要性		重要性	对上位指标影响度				
	算术均数	标准差	（1—5分）	很高	高	一般	低	很低
A 运河体育文化基础力								
B 运河体育文化保障力								
C 运河体育文化生产力								
D 运河体育文化传播力								
E 运河体育文化吸引力								
F 运河体育文化创新力								

表 F-2　　　　　　　　　　运河体育文化软实力二级指标赋值评价表

一级指标	二级指标	第一轮专家咨询结果		第二轮专家赋值评价					
		算术均数	标准差	重要性(1—5分)	对上位指标影响度				
					很高	高	一般	低	很低
A 基础力	A1 政策制度								
	A2 赛事举办								
	A3 设施发展								
	其他								
B 保障力	B1 文化生态								
	B2 意识形态								
	B3 延续性								
	其他								
C 生产力	C1 商业化								
	C2 教育投入								
	C3 参与程度								
	其他								
D 传播力	D1 传媒体系								
	D2 文化展示								
	D3 人才输出								
	其他								
E 吸引力	E1 文化交流								
	E2 荣誉								
	E3 体育遗产								
	其他								
F 创新力	F1 教学科研								
	F2 比赛表演								
	其他								

表 F-3 运河体育文化软实力三级指标赋值评价表

一级指标	二级指标	三级指标	第一轮咨询结果		第二轮专家赋值评价					
					重要性：1—5分	对上位指标影响度				
			算术均数	标准差		很高	高	一般	低	很低
A 基础力	A1 政策制度	A11 体育与文化政策支撑力度								
		A12 体育与文化管理制度合理性								
		A13 文化保护政策力度								
		其他								
	A2 赛事举办	A21 赛事举办频率								
		A22 赛事规模								
		A23 比赛项目、规则的合理性								
		A24 城镇政府职能办事效率								
		其他								
	A3 设施与发展	A31 运河城乡人均GDP								
		A32 全民健身工程数								
		A33 体育文化健身俱乐部数								
		A34 体育公园、场馆及广场数量								
		A35 体育公园和广场公共厕所数量								
		其他								
B 保障力	B1 文化生态	B11 体育节庆礼仪成熟度								
		B12 体育文化区位优势和便利度								
		B13 体育风俗习惯成熟度								
		B14 体育师承关系								
		其他								

一级指标	二级指标	三级指标	第一轮咨询结果		第二轮专家赋值评价				
					重要性：1—5分	对上位指标影响度			
			算术均数	标准差		很高	高	一般	低	很低

一级指标	二级指标	三级指标	算术均数	标准差	重要性：1—5分	很高	高	一般	低	很低
B 保障力	B2 意识形态	B21 部门商务服务能力								
		B22 部门生活服务能力								
		B23 运河体育文化的价值观								
		B24 运河体育文化的认同度								
		其他								
	B3 延续性	B31 管理机构的完善度								
		B32 专职的管理人员								
		B33 发展战略计划								
		其他								
C 生产力	C1 商业化	C11 体育文化资源开发利用程度								
		C12 国际国内体育文化旅游收入								
		C13 赛事赞助规模								
		C14 体育文化资源市场规模								
		C15 体育文化产品上市公司数								
	C2 教育投入	C21 政府体育文化教育投入								
		C22 开发相关课程学校的密度								
		C23 体育教育后备人才数量								
		C24 基层体育学校数量								
		其他								

一级指标	二级指标	三级指标	第一轮咨询结果		第二轮专家赋值评价					
			算术均数	标准差	重要性：1—5分	对上位指标影响度				
						很高	高	一般	低	很低
C 生产力	C3 参与程度	C31 地方群众体育文化自主化程度								
		C32 体育文化资源消费人群								
		C33 境内外游客数								
		C34 机场、船舶、火车客运量								
D 传播力	D1 传媒体系	D11 对外联系机构数								
		D12 政府网站反馈								
		D13 企业网站反馈								
		D14 体育文化广告媒体公司数量								
		其他								
	D2 文化展示	D21 宣传、展览、活动次数及规模								
		D22 民间体育风俗礼仪及公众道德								
		D23 相关节庆赛事宣传力度								
		D24 体育文化特色知名度								
		其他								
	D3 人才输出	D31 传承人专业水平、等级及人数								
		D32 裁判专业水平、等级及人数								
		D33 体育文化人才占总人数比重								

一级指标	二级指标	三级指标	第一轮咨询结果		第二轮专家赋值评价					
			算术均数	标准差	重要性：1—5分	对上位指标影响度				
						很高	高	一般	低	很低
D 传播力	D3 人才输出	D34 人力资源管理								
		D35 国际国内百强大学数								
E 吸引力	E1 文化交流	E11 国内外影响力及受欢迎程度								
		E12 与域外文化交流次数								
		E13 举办大型竞赛次数								
		E14 代表地区参与演出次数								
		其他								
	E2 荣誉	E21 表彰有突出贡献工作者或集体								
		E22 赛事荣誉说服力								
		E23 体育文化公众声誉								
		其他								
	E3 体育遗产	E31 占世界文化遗产比重								
		E32 体育文化遗产等级								
		其他								
F 创新力	F1 教学科研	F11 体育文化科研机构								
		F12 体育文化成果占 GDP								
		F13 发明体育文化专利数量								
		F14 发表体育文化论文、专著数量								

续表

一级指标	二级指标	三级指标	第一轮咨询结果		第二轮专家赋值评价					
			算术均数	标准差	重要性：1—5分	对上位指标影响度				
						很高	高	一般	低	很低
F 创新力	F1 教学科研	F15 教学训练体系的科学性								
	F2 比赛表演	F21 技术动作创新								
		F22 比赛规则与制度创新								
		F23 比赛表演道具和服装创新								
		F24 体育文化产品集群创新基地数								
		其他								

建议：_____

问卷至此结束，再次感谢您的帮助。